Von Thomas Wieczorek sind bei Knaur außerdem erschienen:
Die verblödete Republik. Wie uns Medien, Wirtschaft und Politik für dumm verkaufen
Die DAX-Ritter. Wie Manager unser Land ruinieren
Schwarzbuch Beamte. Wie der Behördenapparat unser Land ruiniert
Die Stümper. Über die Unfähigkeit unserer Politiker

Über den Autor:
Thomas Wieczorek, Jahrgang 1953, ist Journalist und Parteienforscher. Nach dem Volkswirtschaftsstudium an der Freien Universität Berlin war er bei *dpa* Volontär, Politischer Redakteur und Chef vom Dienst und anschließend Leiter des Baden-Württemberg-Büros von *Reuters*. Als freier Autor arbeitete er u. a. für die *Frankfurter Rundschau*, den *Deutschlandfunk* und den *Südwestfunk,* seit 1989 auch für das Satiremagazin *Eulenspiegel*. Am Berliner Otto-Suhr-Institut promovierte er über »Die Normalität der politischen Korruption«. Das Spektrum seiner Radio- und Fernsehauftritte reicht von RBB bis Sat 1. Von Thomas Wieczorek sind bereits mehrere Bücher erschienen.

Thomas Wieczorek

Die Dilettanten

Wie unfähig unsere Politiker
wirklich sind

Knaur Taschenbuch Verlag

Besuchen Sie uns im Internet:
www.knaur.de

Originalausgabe Juni 2009
Knaur Taschenbuch. Ein Unternehmen der Droemerschen Verlagsanstalt
Th. Knaur Nachf. GmbH & Co. KG, München
Alle Rechte vorbehalten. Das Werk darf – auch teilweise –
nur mit Genehmigung des Verlags wiedergegeben werden.
Umschlaggestaltung: ZERO Werbeagentur, München
Satz: Adobe InDesign im Verlag
Druck und Bindung: CPI – Clausen & Bosse, Leck
Printed in Germany
ISBN 978-3-426-78266-8

Die Überzeugung, dass er es »draußen im Lande«
mit Millionen von Idioten zu tun hat, gehört zur
psychischen Grundausstattung des Berufspolitikers.

Hans Magnus Enzensberger

Danksagung

Mein herzlicher Dank für ebenso befruchtende wie erbauliche Mitarbeit durch Diskussionen, Hinweise und Ratschläge gilt besonders Brigitte und Michael Müller, Helge Meves, Wolf-Dieter Narr, Ernst Röhl, Peter Saalmüller, Henning Voßkamp, Klaus Kampa, vor allem aber Karin.

Inhalt

Einleitung

Seit der Finanzkrise ist alles anders: Der Turbokapitalismus hat fertig.

Ob Union oder SPD, ja sogar Grüne und FDP: Niemand will mehr mit der eben noch von ihnen entfesselten Wirtschaftsform etwas zu tun haben und beruft sich auf die gerade noch als »total antiquiert«, als »Weicheier-System« verhöhnte oder als »DDR ohne Mauer« verhasste *Soziale Marktwirtschaft*. Ehrliche Arbeit war *out*, leistungsloses Einkommen *in*. Dass die Bevölkerung immer ärmer, die oberste Oberschicht immer reicher wird, galt selbst Linken noch als notwendiges Übel: »Der Kapitalismus ist ungerecht, aber er funktioniert«, lobte Gregor Gysi.

Aber dann kam der Knall: Der Funke der US-Immobilienkrise wurde flugs zum globalen Steppenbrand – und prompt rufen die Neoliberalen nach dem Staat wie der Junkie nach dem Stoff. Plötzlich flehen die »Marktteilnehmer« ebenjenen Staat, dessen Einmischung sie sich bis dato als »sozialistischen Dirigismus« streng und arrogant verbeten haben, um Regulierung an, sprich: um Steuermilliarden. Resümee des Philosophen und Polit-Autors Robert Misik: »Der Neoliberalismus hat der Welt das größte globale Desaster seit Hitler und Stalin beschert. Tolle Bilanz.«[1] *Rettungsschirm* avanciert zum heimlichen Unwort des Jahres, und sogar die marktversessene schwarz-rote Koalition begeht im Januar 2009 mit der Teilverstaatlichung der *Commerzbank* einen bis dato undenkbaren Tabubruch.

Und derselbe Staat, der weder den Armen ein menschenwürdiges Existenzminimum noch dem Nachwuchs ein Minimum an Bildung zu sichern gedenkt, schüttet plötzlich das Milliarden-füllhorn über die Wirtschaft und ihre teilweise hochkriminel-len Akteure aus. Selbstheilungskräfte des Marktes?

Über Nacht erweist sich der unantastbare Neoliberalismus als banale Hellseherei mit gezinkten Tarotkarten und die Deregu-lierung als Blindekuhspiel auf Glatteis, als russisches Roulette, bei dem die Pistole allerdings immer auf das Volk gerichtet ist.

> Die Philosophien der Deregulierung und des Neo-liberalismus in den westlichen Ländern sind tot.
>
> *Joseph Stiglitz, Wirtschaftsnobelpreisträger, im Oktober 2008*

Besonders die Börsen-Analysten glänzen als marktradikale Blindschleichen: Obwohl mit »hochwissenschaftlichen« Zah-len, Daten, Fakten bis zum Abwinken versorgt, sagen sie Ende 2007 für 2008 einen durchschnittlichen DAX-Kurs von 8641 Punkten voraus – in Wahrheit liegt er mit 4779 Punkten um 45 Prozent niedriger.[2]

Als kein bisschen seriöser entpuppen sich auch die Wirtschafts-institute, die noch kurz vor Ausbruch der Krise das Hohelied auf die deregulierte entfesselte Marktwirtschaft singen: Neo-liberale sind wie die antiken Auguren, nur dass die römischen Hellseher wohl überwiegend nach bestem Wissen und Gewis-sen tätig waren. Umso absurder, dass sich die Politik bei ihrem »Wettlauf der Pessimisten« *(Süddeutsche)* ausgerechnet auf diese Scharlatane beruft – allerdings nicht ohne Hintergedan-ken: Je schwärzer die »Prognose«, desto leichter der weitere Sozialabbau und desto strahlender das Regierungsbild, wenn es dann doch nicht so schlimm kommt.

Natürlich wurde der Globalschlamassel nicht von ein paar besonders unfähigen Bundespolitikern verursacht. Aber selbst wenn das Unheil von den USA aus seinen Lauf rund um die Welt nahm: Dass dies »kein Mensch ahnen konnte«, ist eine der dreistesten Lügen dieser Tage. Beileibe nicht nur der frühere Bundesfinanzminister Oskar Lafontaine oder der geläuterte Kapitalismuskritiker Heiner Geißler warnten schon dann vor dem entfesselten Kapitalismus, als für Peer Steinbrück die Heuschrecken noch »geradezu ein Segen für die Volkswirtschaft eines Landes« waren. So konnte etwa am 25. September 2006 im *Spiegel*-Artikel »Die Billionen-Bombe« sogar jeder Halbgebildete haarklein alles über Derivate, Immobilienkredite und Spekulationsblasen nachlesen, was später »völlig unerwartet« eintraf.[3] Schon deshalb kann man allen Mitwirkenden und Wegbereitern unter den Volksvertretern pauschal ein »Ungenügend« plus Schulverweis verpassen.

Unkenntnis, Überforderung und Stümperei, so weit das Auge reicht: Altkanzler Helmut Schmidt konstatiert »eine unerhörte Fahrlässigkeit der politischen Klasse insgesamt, die sich leichtfertig auf die Illusion einer selbsttätigen Heilungskraft der Finanzmärkte verlassen hat, statt rechtzeitig einzugreifen«.[4] Und selbst Nobelpreisträger Paul Krugman sagt sehr höflich über die Kanzlerin und ihren Finanzminister: »Vielleicht fehlt ihnen intellektuelle Beweglichkeit.«[5] Anzeichen gibt es reichlich: Peer Steinbrück beispielsweise kennt, wie wir noch sehen werden, nicht einmal den Unterschied zwischen dem Abwickeln und der Rettung einer Bank, und derlei Inkompetenz kann teuer werden. So blockierte sein Ministerium laut *Spiegel Online* zwei Jahre lang eine verschärfte Aufsicht über die Krisenbank *Hypo Real Estate*. Bereits im Frühjahr 2007 hatte die Bundesanstalt für Finanzdienstleistungsaufsicht (BaFin) beim Ministerium eine bessere Kontrolle beantragt. Auch Finanzholdings sollten voll unter BaFin-Aufsicht gestellt werden. Reagiert wurde erst zum April 2009.[6] Hätte ein rechtzeitiges Handeln die Pleite verhindert?

Im Sozialismus werden die Banken erst verstaatlicht und gehen dann pleite. Im Kapitalismus gehen sie erst pleite und werden dann verstaatlicht.

Das Konjunkturprogramm vom Herbst 2008 dürfte eigentlich nicht so heißen, weil es erstens seit langem von der Partei Die Linke gefordert wird und zweitens das kindische Märchen von den »Selbstheilungskräften des Marktes« Lügen straft. Das Programm selbst gerät weitaus mickriger und zögerlicher als bei allen anderen Industrienationen. Grund: Statt rechtzeitige Krisenbekämpfung wenigstens zu versuchen, will die Regierung lieber ein Strohfeuer des Aufschwungs direkt zur Bundestagswahl erreichen. Schon rein fachlich sind die Maßnahmen eine einzige Blamage. Wer zum Beispiel kauft ein Auto für 19 000 Euro, um einmalig 109 Euro zu sparen?

Auch das zweite Paket über 50 Milliarden Euro vom Januar 2009 glänzt durch Stümperei. So hilft die Abwrackprämie – 2500 Euro für über neun Jahre alte Autos – nicht etwa den deutschen Arbeitsplätzen, sondern ist ein »willkommenes Geschenk für die Hersteller« und »ein Konjunkturprogramm für die Autowerke in Rumänien, Tschechien oder Italien, finanziert aus deutschen Steuergeldern«.[7] Zudem erweist es sich als »Förderprogramm für die organisierte Kriminalität« (Deutsche Umwelthilfe). Tatsächlich gelang es den Machern des Politmagazins *Monitor*, »verschrottete« Autos erneut anzumelden oder nach Polen zu verkaufen.

Zudem entlastet die Kfz-Steuerreform vor allem die teuren Spritschleudern: So zahlt etwa der Fahrer eines Audi Quattro Q7 mit knapp sechs Litern Hubraum statt 926 nur noch 656 Euro, wohingegen die Steuer eines VW Golf mit 1,4 Litern nur von 94 auf 86 Euro sinkt. Während sogar Barack Obama zwei Notwendigkeiten miteinander verbindet und in seinem Mammutprogramm auch den Klimaschutz berücksichtigt, kämpft Angela Merkel nach der Devise »Umwelterhaltung schadet der Wirtschaft« gegen »zu viel Klimaschutz«.[8] Für den früheren UN-Chefumweltschützer Klaus Töpfer (CDU) ist der Missbrauch des Klimaschutzes als »Verfügungsmasse« konjunkturpolitischer Überlegungen schlicht »ökonomisch und ökologisch unverantwortlich«.[9]

Ein soziales Konjunkturprogramm – also auch für die Arbeitslosen, Ein-Euro-Jobber sowie verarmten Rentner und Familien – war hingegen nicht einmal beabsichtigt. Stattdessen hilft das Paket »vor allem dem Mittelstand, und es tut den Reichen nicht weh«.[10]

Aber auch unabhängig von der Weltfinanzkrise dilettiert die Regierung fröhlich vor sich hin: In der EU erkämpft man günstige Abgas-Höchstwerte für deutsche Spritschleudern – nutzt aber nix, weil die Verbraucher sie weltweit nicht kaufen.

Beim neuen Gesundheitsfonds überlegt man lange, bei wem die Methode »teurer, aber dafür schlechter« auf den wenigsten Widerstand stoßen würde, und stößt einmal mehr auf die Senioren: Seit 2009 zahlen 76,2 Prozent der Rentner mehr Geld für eine immer fragwürdigere medizinische Versorgung.

Von der Online-Durchsuchung bis zur Pendlerpauschale stümpern Regierung und Parlament Gesetze zusammen, die das Bundesverfassungsgericht als grundgesetzwidrig stoppen muss.

Auf der anderen Seite ist die 2004 von Deutschland unterzeichnete UN-Konvention, die Korruption umfassend und nicht nur beim Abstimmen unter Strafe stellt, noch immer nicht umgesetzt.

Ebenso fehlen Gesetze zur »Straftat Geldverbrennung« (Heribert Prantl), so dass die Schuldigen an der Finanzkrise sich auf Kosten des Steuerzahlers ins Fäustchen lachen. Investmentbanker müssen teilweise nicht einmal auf ihre astronomischen Einkommen verzichten.

Wegen der Sturmflut von Klagen an den Sozialgerichten bringt Hartz IV bedeutend mehr statt weniger Bürokratie. Und die meisten Kläger bekommen recht. Das Bundessozialgericht erklärt »die massivste Leistungsreduktion in der bundesdeutschen Sozialgeschichte« (Franz Walter) für teilweise verfassungswidrig: Der Regelsatz für Minderjährige von 211 Euro im Monat sei nicht mit dem Grundgesetz vereinbar. Das Landessozialgericht Hessen findet sogar, Hartz IV sei insgesamt ungerecht und verweigere den Familien ein »soziokulturelles Existenzminimum«. Christian Bommarius von der *Berliner Zeitung* meint, »dass der Gesetzgeber sich schämen müsste, hätte er nicht im Umgang vor allem mit Familien als Hartz-IV-Empfänger längst jedes Schamgefühl verloren«.[11]

Zu Stümperei und Sozialraub kommt auch noch Schmu: Selbst Hessens Sozialministerin Silke Lautenschläger wirft der Regierung und der Bundesagentur für Arbeit »Statistik-Schwindel« vor: So rechnet man unter anderem die Ein-Euro-Jobber, die über 58-Jährigen, die Teilnehmer an Fortbildungskursen heraus und kommt auf 3,6 Millionen Arbeitslose. Addiert man aber die Bezieher von ALG I und II – 1,1 und 5,1 Millionen –, so kommt man auf 6,2 Millionen Erwerbslose. Grund für das Tricksen, frei nach dem antiken Römischen Senat: »Wenn die Sklaven sehen, wie viele sie sind, fegen sie uns hinweg.«

Auch die Spätfolgen früher neoliberaler Exzesse häufen sich. So fordert die Post pünktlich zum 20-jährigen Jubiläum ihrer

Privatisierung, samstags keine Briefe mehr zustellen zu müssen.

Nach der Devise »Nationalismus statt Menschwürde« verabschiedet der CDU-Parteitag 2008 die Forderung nach Deutsch im Grundgesetz. Nötig scheint es zu sein, wenn man sich die Pisa-verdächtige Begründung des saarländischen Amateurgermanisten Peter Müller anhört: »Deutsch ist deutsch sprechen und deutsche Identität« – für den Diplomlästerer Henryk M. Broder hat der Satz »gute Chancen, von kommenden Abiturientenjahrgängen auf seine formale und inhaltliche Richtigkeit überprüft zu werden«.[12]

Überhaupt das leidige Dauerthema Bildung: Bildungsministerin Schavan will allen Ernstes »Top-Mitarbeiter« aus der Wirtschaft als Lehrer einsetzen. »Die Schulmisere sollen also Manager beheben, die Banken ruiniert haben«, folgert die *Süddeutsche Zeitung*.[13]

Wesentlich begünstigt werden diese Glanzlichter des Dilettantismus durch eine atemberaubende Ausbildung und Kompetenz: Hindert selbst bei allem guten Willen schon allein der Mangel an Fachwissen viele Volksvertreter an einer Arbeit für das Gemeinwohl?

Würden Sportler für die Olympiamannschaft so nominiert wie Politiker für die Fachressorts, so träte eine gelernte Hochspringerin im Gewichtheben, ein Turmspringer im Freistilringen, eine Diskuswerferin im Dressurreiten und ein Hürdenläufer im Degenfechten an.

Jurist Olaf Scholz war früher Hamburger Innensenator und SPD-Apparatschik. Mit seinem Ressort »Arbeit und Soziales« hatte er zuvor aber laut Vita nichts zu tun.

Jurist Franz Josef Jung war Europaminister in Hessen, hatte mit dem Ressort Verteidigung nie etwas zu schaffen und bekam den

Job wohl als Dank, dass er in Roland Kochs Spendenaffäre das Bauernopfer gespielt hatte.

Sonderschullehrerin Ulla Schmidt ist für Gesundheit zuständig, Elektroingenieur Wolfgang Tiefensee für Bau und Verkehr, Elektrohandwerkerin Ilse Aigner für Ernährung, Landwirtschaft und Verbraucherschutz, Englischlehrer Sigmar Gabriel für Umwelt und Reaktorsicherheit, und lange Zeit war Müllermeister Michael Glos Bundesminister für Wirtschaft.

Die Kanzlerin selbst ist Physikern, was dem tumben Wahlvolk schon mal als Garantie für logisches Denken und Qualifikation für die Leitung der Staatsgeschäfte verkauft wird.

Es liegt auf der Hand, dass eine solche Regierung zum Spielball der verschiedensten »Berater« und Interessengruppen werden muss. Denn selbstverständlich vollbringen unsere Politiker ihre Glanztaten nicht im luftleeren Raum, sondern in einem Abhängigkeitsgeflecht:

So üben zum Beispiel die Medien, »die Wirtschaft« und einzelne Konzerne, die Gewerkschaften, die Kirchen und nicht zuletzt die eigenen Parteiführungen mehr oder minder Druck auf unsere Volksvertreter aus: Was aber ist tatsächlich ein »Sachzwang« und was nur dumme Ausrede?

Dies führt schließt zu der Frage, ob »Kompetenz« nicht neu definiert werden muss. Eine der Lehren aus der Weltfinanzkrise lautet, dass der Mensch eben nicht für die Wirtschaft da zu sein hat, sondern umgekehrt: Dass also reines Expertentum nichts ist ohne die soziale Kompetenz.

A. Alle vier Jahre wieder:
Die Parteien vor der Wahl

Einer Binsenweisheit zufolge haben Parteien in einer markt-wirtschaftlichen Demokratie »als Hauptmotiv den Wunsch, sich die mit dem Regierungsamt verbundenen Vorteile zu ver-schaffen; daher streben sie nicht die Regierung an, um vorge-fasste politische Konzepte zu verwirklichen, sondern formulie-ren politische Konzepte, um an die Regierung zu kommen«.[14] Entsprechend ist »das Hauptmotiv der Regierung »Maximie-rung der Stimmen, nicht des Nutzens oder der Wohlfahrt«.[15]

Das liegt zwar in der Natur der Sache, war aber nicht immer so offenkundig wie heute. In Weimar wählten überwiegend die »Gottesfürchtigen« das Zentrum, die Arbeiter die SPD, dann alle gemeinsam Adolf Hitler, und dann in der Bundesrepublik die (katholischen) Christen die Zentrumsnachfolger CDU/CSU und die Arbeiter wieder die SPD.

Aus den verschiedensten Gründen – zu den wichtigsten zählt die Umdefinition der SPD in eine Volkspartei durch das Godes-berger Programm von 1959 sowie das massive »Wegsterben« des Industrieproletariats – präsentieren sich die Parteien heute längst als machtorientierte »Allerweltsparteien«. Die Schrö-der-SPD schlägt beim Sozialabbau die Union um Längen, und die wiederum demonstriert mit diversen Änderungsforderun-gen zur Agenda 2010 ihr Herz für die Kleinen Leute. Die Folge: »Die alten Bindungskräfte dieser Parteien haben stark nach-gelassen, sie sind den Menschen nicht mehr, wie früher, eine politische Heimat, sondern eine Art Hotel: die Leute kommen und gehen – und bleiben immer öfter ganz weg. Sie finden dort nicht mehr, was sie jahrzehntelang gefunden haben: Grundorientierung.«[16]

Damit aber erweist sich die Vergrößerung der Zielgruppe als Nachteil: Ein nicht mehr traditions- oder ideologiegebundener Bürger wird nämlich nicht nur zum Wechselwähler, sondern auch im Wortsinn »wählerisch« und wendet sich verstärkt den kleineren Parteien zu: Die CDU koaliert inzwischen mit allen außer der Partei Die Linke, die SPD sogar mit der, und auch die Unversöhnlichkeit der Grünen und der FDP beruht kaum noch auf Inhalten, sondern im Gegenteil auf dem erbitterten Kampf um das weitestgehend selbe Wählerpotenzial.

Diese Beliebigkeit führt seit geraumer Zeit zu einem Raumgewinn der kleinen zu Lasten der beiden großen Parteien. Gut möglich, dass am Ende ein »System der mittelgroßen Parteien« entsteht.

In jedem Fall aber verlieren die Parteien durch die Aufgabe von Prinzipien und Visionen »an innerer Kraft, die aber unverzichtbar ist, um nach außen anziehend zu wirken, um kluge und ehrgeizige Mitglieder zu gewinnen, auch um Kraft- und Führungsnaturen zu rekrutieren«.[17] Was übrigbleibt, sind die Dilettanten: »Allerweltsparteien fehlen gesellschaftliche Wurzeln, intellektuelle Ambitionen; die Choreografie von Möglichkeiten jenseits dessen, was gerade ist«, bemerkt Franz Walter. »Aber wozu braucht man Parteien dieses Charakters eigentlich noch?«[18]

1. CDU: Neoliberaler Sozialstaat gefällig?

Nicht erst die Wirtschaftskrise, schon die Verwandlung von 640 000 Wählern in Nichtwähler bei der Bundestagswahl 2005 im Vergleich zu 2002 – bei der SPD waren es »nur« 370 000 –

zeigt deutlich, dass die Anhängerschaft der CDU/CSU aus verschiedenen Gruppen besteht, deren Erwartungen immer weniger unter einen Hut zu bringen sind.

1. Die zukunftsängstlichen Senioren, die sich von der Politik verraten fühlen und vor Altersarmut ebenso Angst haben wie vor dem Verfall der Demokratie und vor jeglicher sozialer Veränderung.
2. Die bröckelnde politische Mitte, die alle neoliberalen Reformen bislang bereitwillig mitgemacht hat, sich aber nun um den Lohn dafür betrogen sieht. Dass der »Umbau« des Sozialstaates auch die Zukunft ihrer Kinder gefährdet, also quasi ihren Lebensinhalt, entfernt sie mehr und mehr von der Union.
3. Die marktradikalen Scharfmacher, die die Grundwerte der Union hinwegfegten.

Der Feind der Parteimehrheit war diesmal nicht der Bolschewist mit Planwirtschaft, Mauer und Stacheldraht, sondern die selbsternannte neoliberale Elite, die die traditionellen Einrichtungen, Bräuche und Kulturen recht emotionslos vernichtete. Jene Spezies also, deren »rauschhafte Party entgrenzter Märkte«[19] wie zum Beispiel 2003 auf dem Leipziger CDU-Parteitag die meisten Funktionäre am liebsten ungeschehen machen würden.

Nun aber ist das Loblied auf den *Rheinischen Kapitalismus* und seine eben noch als Schnee von gestern verhöhnte Soziale Markwirtschaft wieder in Mode. Herablassende Bemerkungen über »Gutmenschen« und »Sozialkitsch« leistet sich inzwischen niemand mehr; möchte man doch selbst vor den Bürgern als guter Mensch in der Politik gelten. Kurzum: Geißler schlägt Merz.

Ob dies aber beim Bürger verfängt, ist schon deshalb fraglich, weil zum einen auch die SPD inzwischen auf diese Masche gekommen ist, zum anderen aber gerade christlich motivierte Anhänger der CDU mit denen der Partei Die Linke moralisch mehr gemeinsam haben als beispielsweise mit dem Wirtschaftsflügel der Union.

Dies umso mehr, als die CDU das Wiederentflammen ihrer Liebe zum Sozialstaat denkbar unglaubwürdig verkauft. Parteichefin Merkel zum Beispiel redet auf dem Stuttgarter Parteitag Anfang Dezember 2008 ellenlang und ermüdend über die Soziale Marktwirtschaft, ohne den Begriff inhaltlich zu füllen. »Die Kanzlerin will, sagt sie, die soziale Marktwirtschaft nach Europa, ja in die ganze Welt exportieren, sie will diese zum Exportschlager machen, wie Druckmaschinen, Kaffeefilter und Plüschtiere aus Deutschland. Druckmaschinen und Plüschtiere sind greifbar, Merkels Soziale Marktwirtschaft ist es nicht«, lästert Heribert Prantl. »Sie will etwas exportieren, was sie selber nicht beschreiben kann. Ein solcher Export ist ein Leerverkauf. Merkels Problem ist überdies, dass sie die soziale Marktwirtschaft vor ein paar Jahren noch abschaffen wollte. Also hört man Merkels frohe Botschaft, aber es fehlt einem der Glaube daran, dass sie ernst gemeint ist und auch morgen noch gilt. Wenn die Kanzlerin von sozialer Marktwirtschaft redet, dann klingt das so, als ob der Papst von den Vorzügen des Protestantismus spräche.«[20]

Und es ergänzt wohl das Bild der CDU, dass der Parteitag zwar keinerlei Beschlüsse zur Wirtschaftskrise, wohl aber die zur Festschreibung der deutschen Sprache im Grundgesetz fasste – und das auch noch gegen den Willen der Kanzlerin.

Dass echten Neoliberalen nicht einmal der Neoliberalismus heilig ist, sondern nur der eigene Nutzen, wird dann vom Vorteil zum Handicap, wenn der Wähler dahinterkommt. Er erkennt

Politik und Politiker als unberechenbar, und wenn man ihn oft genug auslacht, weil er auf Wahlversprechen hereingefallen ist, dann hält er am Ende jedes Programm und jede Aussage für eine Lüge.

Insofern geht es der Union nicht besser als der SPD und den anderen Parteien. Sie muss versuchen, sich dem Volk wenigstens als kleinstes Übel zu präsentieren. Deshalb war und ist auch für die »christlichen Parteiführer« die Verunglimpfung des politischen Gegners – etwa *Linke* als Stalinisten und die SPD als ihre Kumpanin – ebenso unverzichtbar wie als Zielgruppe das arglose, politisch ungebildete Stimmvieh.

Und für diese Klientel war wohl auch die Lobeshymne des Parteitags auf die SED-Blockflöten bestimmt. Ein Antrag mit dem Satz »Die Führung der Blockpartei CDU bestand aus Einflussagenten und Handlangern der SED« wurde verworfen und stattdessen einer verabschiedet, wonach die Mitglieder der Ost-CDU die Idee der christlichen Demokratie auch in Zeiten der Diktatur wachhielten. Sie hätten versucht, in den sich bietenden Freiräumen zu wirken und »konnten so einen Beitrag zur friedlichen Revolution leisten«. Gerade zu heldenhaft klingt das, wird damit aber nicht weniger unglaubwürdig.

Für dieses tumbe Wahlvolk ist auch die obligatorische Koalitionsaussage gegen die SPD und für die FDP völlig bedeutungslos. Auch nach der Wahl 2005 warf niemand der Union »Wahlbetrug« vor.

Fazit der *Süddeutschen Zeitung*: Die Wähler können sich aussuchen, welche Union sie denn gerne hätten: vielleicht die Peißenberger römisch-katholische CSU mit einem Schützenkönig als Generalsekretär oder die hanseatisch-urbane, angegrünte CDU mit dem Freiherrn von Beust oder die Kochsche Vierkant-CDU aus Hessen oder die sächsische Alles-passt-drunter-CDU?«[21]

2. CSU: Staatspartei oder nur noch Volkspartei?

Als die CSU bei der Bayernwahl im September 2008 über 17 Prozentpunkte und damit die Zweidrittelmehrheit im Landtag verliert, ist das Geschrei groß; dabei hat sie der Wähler doch nur von der Staatspartei zur Volkspartei zurückgestuft. Diesen Status, der sonst nur noch der Partei Die Linke in einigen neuen Ländern zukommt, besitzt sie freilich im Westen exklusiv.

Die CSU ist ein Lehrbeispiel, wie die Soziale Marktwirtschaft im Idealfall funktioniert. Das Volk nimmt korruptive Beziehungen – *Klüngel* oder *Amigosysteme* zwischen Politik, Wirtschaft und sogar Kirche – durchaus hin, solange es selbst davon profitiert. Dass der Wohlstand der Reichen mehr und schneller wächst als der eigene, wird dabei akzeptiert, solange Rieseneinkommen wenigstens dem Anschein nach auf Leistung und nicht auf bloßem Kapitalbesitz beruhen: Soll der Bauunternehmer doch Schmiergeld für Aufträge zahlen, wenn er dadurch Arbeitsplätze schafft und Menschen zu »Lohn und Brot« verhilft. Insofern ist die CSU ein Opfer der neoliberalen Reformen und des Turbokapitalismus: Hektische Ausrichtung des Schulsystems auf Konzernbedürfnisse, Vorrang der neoliberalen Ziele »schlanker Staat« und »ausgeglichener Haushalt« vor Sozialsystemen und Infrastruktur, dann auch noch das Rauchverbot im Wirtshaus und schließlich die hemmungslose und desaströse Zockerei der Bayerischen Landesbank – all dies wurde vom Wähler ebenso bestraft wie die dazu passende Personalpolitik. Erwin Huber als Parteichef und Günther Beckstein haben nach Meinung des Politikberaters Michael Spreng »den Verfall beschleunigt und dynamisiert. Die Bayern sind ein stolzer Volksstamm. Sie wollen nicht durch Leute repräsentiert werden, die von einigen als Witzfiguren angesehen wurden … Man kann aus zwei Zwergen keinen Riesen machen.«[22]

Als die CSU dann – wie auch die Die Linke – die Rückkehr zur alten Pendlerpauschale forderte, im Bundestag aber dagegen stimmte, nahm das Verhängnis seinen Lauf.

Der neue »Bayernkönig« Horst Seehofer profilierte sich gleich nach seiner Machtübernahme in Sachen Erbschaftssteuer und machte es erfolgreich, wie der Kölner Politikprofessor Christoph Butterwege formuliert, zur »Prestigefrage, Villenbesitzersgattinnen am Starnberger See und Kinder von Konzernherren ganz von der Erbschaftssteuer zu befreien«.[23] Dass man dies auch so begründete, sonst müsse etwa ein kleiner Handwerker den vom Vater geerbten Betrieb schließen und seine drei Angestellten entlassen, ist ein Meisterwerk an Demagogie. Selbst Arbeitgeberverbände können keinen einzigen derartigen Fall nennen.

Andererseits entspricht dies dem Bestreben, die Kastenunterschiede zwischen Arm und Reich möglichst zu verewigen. Die meisten der heutigen superreichen Familien sind schon seit allen Zeiten ganz oben – vom Kaiserreich über die Weimarer Republik und das Dritte Reich bis in die Nachkriegszeit und das vereinigte Deutschland.

Mal sehen, ob die anderen – die ebenfalls seit Generationen kleine Leute sind – dies weiterhin für Gottes Wille halten und CSU wählen oder im Zuge der Wirtschaftskrise den Ausruf eines Münchner Arbeiters von 1918 – »Na mach' ma halt a Revolution, daß endlich wieda a Ruah' is!«[24] – bei der kommenden Bundestagswahl parlamentarisch umsetzen.

3. SPD: Lieber klein, aber fein?

Auch für die SPD ist das Hauptproblem die Basis. Ihre Jahrzehnte als relativ einheitliche Partei der kleinen Leute und vor allem der Arbeitnehmer scheinen endgültig vorbei. Derzeit hat die Gesamtbevölkerung prozentual dreimal so viel Arbeiter wie die SPD Anhänger. Ähnlich wie die CDU leidet sie nun darunter, dass sich Interessen ihrer zwei neuen großen Mitglieder- und Wählergruppen unvereinbar widersprechen.

Da sind einmal die Agenda-Befürworter, die bereits die Mehrheit der Funktionäre und Mandatsträger stellen. Deren Zielgruppe sind die »Aufstiegsgewinner,« die durch »Bildung« (sprich: neoliberales Halbwissen), moralische Immunität und materielle Sicherheit für den skrupellosen Existenzkampf in einer immer ungleicheren Gesellschaft am besten gerüstet und motiviert sind. Entsprechend betreiben die Parteiführer seit Schröder Politik nicht mehr zur Durchsetzung von Überzeugungen, sondern von Marketingkonzepten und Werbekampagnen.

Einen solchen Betrieb halten anständige, sozial motivierte Funktionäre und aktive Mitglieder nur unnötig auf. Weshalb man sie auch schnell aufs Abstellgleis schob oder gleich ganz herausekelte. Dummerweise aber bilden die rüde Abservierten ein beträchtliches Wählerpotenzial. Schon Mitte Juli 2007 unterstützten 48 Prozent der SPD-Wähler und 30 Prozent der SPD-Anhänger die wichtigsten Forderungen der Partei Die Linke wie Mindestlohn für alle, Bundeswehrabzug aus Afghanistan sowie Rücknahme von Hartz IV und Rente mit 67, gerade mal 20 Prozent der Genossen lehnen sie ab. Soziale Gerechtigkeit ist für die meisten Mitglieder noch immer das Wichtigste. Sie wollen »nichts mehr hören von den Zwängen der Globalisierung, von kippenden Bevölkerungspyramiden, von Nullrunden in der Rentenanpassung. Sie wollen wieder echte Sozialdemokraten sein. Sozialdemokraten wie in den 70er-Jahren. Sozialdemokraten wie in der Partei Die Linke.«[25]

Deshalb macht Franz Walter der SPD für den Umgang mit der Linkspartei einen konsequenten Vorschlag: Statt sich ständig in Widersprüche und Zerreißproben zwischen neoliberalem und sozialem Anspruch zu verwickeln, solle sie sich als »moderne Agentur ressourcenstarker neuer Eliten in der modernen Wissensgesellschaft« verkaufen. »Für die Apologeten der überlieferten Wohlfahrtsstaatlichkeit und für die Kritiker des globalisierten Neokapitalismus wäre dann allein die Lafontaine-Gysi-Partei zuständig.«[26] Eine solche Partei wäre, wenn die Sozialdemokraten endlich den Mythos der »Einheit der allein sozialdemokratisch legitimierten Arbeiterbewegung« aufgäben, »eine Entlastung für einen Modernisierungskurs der ›Neuen Mitte‹. Man wäre dann nicht mehr Volkspartei. Aber darauf kommt es in einem Vielparteiensystem machtpolitisch auch nicht mehr an.«[27]

Wenn nur nicht mit der Wirtschaftskrise das gesamte neoliberale Konzept gescheitert wäre! Heute traut sich kaum noch ein SPD-Oberer, die Sozialstaatsanhänger als »ewig gestrige Weicheier« zu beschimpfen. Von daher war das Kaltstellen von Kurt Beck zumindest unglückliches Timing: Nicht dass der glücklose Pfälzer ein Sozialdemokrat im eigentlichen Sinne gewesen wäre – die gibt es ja selbst unter der sogenannten »Parteilinken« in der Führungsriege nicht mehr –, aber selbst das zaghafte Hinterfragen der Agenda 2010 war schon revolutionär, verglichen mit dem betonköpfigen Festhalten am rot-grünen Meisterwerk durch die Schröder-Nachfahren Steinmeier, Steinbrück und Müntefering. Zudem ist diese Troika schwer beschädigt, wie wir noch sehen werden: Steinmeier als »Guantanamo-Mann«, Steinbrück als »Heuschrecken-Mann« und Müntefering als »Altersarmuts-Mann«.

Nur folgerichtig ist keine Spur mehr von innerparteilicher Demokratie zu erkennen. Die einst berühmten inhaltlichen Flügelkämpfe wurden ersetzt durch die »Intrige von kleinen personalen Flechtwerken ... Der Putsch von oben ist zur Methode sozialdemokratischer Oligarchien im Prozess der organisatorischen Auflösung und ideologischen Entleerung der Partei geworden. Schröder machte 2004 Müntefering zu seinem Nachfolger, Steinmeier ruft 2008 wiederum Müntefering an und nominiert ihn dann öffentlich. So regelten einst feudale Gesellschaften die Thronfolge.«[28]

Diese Konstellation ist Lichtjahre von der SPD Willy Brandts entfernt und könnte daher jene angesprochene Arbeitsteilung mit der Lafontaine-Truppe begünstigen – aber nur scheinbar: Zum einen braucht auch eine noch so biegsame Linkspartei die Zustimmung ihrer Basis, und die besteht zum nicht geringen Teil aus enttäuschten Sozialdemokraten: Wer aber verlässt schon die SPD, um sich mit ihr in einer Koalition wiederzufinden? Zum anderen lehrte bereits das Platzen der *New-Economy*-Blase, dass bei Millionen von großspurigen Karrieristen mit dem Job und dem Traumgehalt über Nacht auch »Eigeninitiative« und »Selbstverantwortung« verlorengehen und lauthals nach der verachteten »sozialen Hängematte« gerufen wird: Mit der zur Elite strebenden »Neuen Mitte« dürfte auch das Wählerpotenzial der SPD rapide schmelzen.

Bleibt also das, was mehr oder weniger schon immer und weit mehr als bei der Union ein Markenzeichen der SPD war: Man versucht erst gar nicht, die Wähler für irgendwelche Programme oder gar Visionen zu begeistern – Steinmeier ist nun wirklich nicht Obama –, sondern sich als kleineres Übel gegenüber CDU/CSU und Schwarz-Gelb zu verkaufen.

4. FDP: Zu früh gefreut?

Bis vor kurzem war die FDP die einzige Bundestagspartei, die dem Wähler wenn schon nicht reinen, so doch vergleichsweise wenig gepanschten Wein einschenkte. Die FDP, darauf konnte man vertrauen, steht für den neoliberalen Aberglauben an die Allheilkräfte »des Marktes«, also für das kompromisslose Hauen und Stechen der einzelnen Bürger um den Maximalprofit als Garanten für Friede, Freude, Wohlstand sowie für Privatisierung, »Eigeninitiative« und »Selbstbestimmung«. Im Stile von Versicherungsdrückern wurde selbst der größte Depp zum »mündigen Bürger« verklärt – und auch dieser Unfug ehrlicherweise gleich relativiert: »Partei der Besserverdiener« nannten sich die Liberalen vorübergehend sogar selbst. Je mehr allerdings diese Schicht zwischen den Steinreichen und den Normalbürgern zerrieben wurde, desto mehr gerierte sich die FDP wieder als »Marktpartei für alle«.

Zunächst scheinbar mit Erfolg: Selbst ein versierter Parteienforscher wie der Göttinger Politprofessor Franz Walter kommt noch im Januar 2008 zu dem Schluss: »Es sind goldene Jahre für die Liberalen … Die bürgerliche Mitte … dehnt sich aus. Der Trend zur Selbständigkeit nimmt zu. Die Deutschen sind in den letzten zwei, drei Jahrzehnten gebildeter geworden, auch toleranter, weltgewandter, kurzum: liberaler.«[29]

Da war zuerst der Traum der *New Economy*, als jedes knapp dem Analphabetismus entronnene Würstchen ein »Startup«-Unternehmen gründete und man Heftklammern in Aspik via Internet verkaufen wollte – und FDP wählte. Dann kam – ein wenig tiefer gehängt – die Casting-Epidemie-Marke *Leistungslos reich und berühmt* für den Pöbel: eine unfreiwillige Bankrotterklärung des Neoliberalismus, die sich ja auch statistisch im Nicht-Ankommen des Aufschwungs bei den Bürgern niederschlug. Aber selbst hier mag noch das FDP-Dogma gewirkt haben: *Wer es nicht packt, ist selber schuld* – immerhin ging Guido Westerwelle im Herbst 2000 im *Big-Brother-Haus* auf Stimmenfang: »Es ist meine Aufgabe als Politiker, junge, politikverdrossene Menschen zu begeistern.«[30]

Doch nun hat man den Salat in Gestalt der Weltfinanzkrise, und die »FDP ringt mit eigener Sprachlosigkeit« *(Handelsblatt)*. Folglich ist das Problem gerade nicht, wie Walter fälschlich meint, die Besetzung der Führungsetage mit Witzfiguren: »Wo früher mal Scheel, Dahrendorf und Dehler waren, ist heute nur noch Westerwelle.«[31] Den Politiktrickser Hans-Dietrich Genscher und den Marktradikalen Otto Graf Lambsdorff vergisst er an dieser Stelle zu Recht, aber die früheren Innenminister Werner Maihofer und vor allem Gerhart Baum sind schon deshalb wichtig, weil sie lange Zeit das »verfassungsliberale« und insofern eigentliche Standbein der FDP verkörpert haben: »Polizei- und Schnüffelstaat« ist mit der FDP auch heute noch schwer zu machen.

Wer heute noch FDP wählt, tut dies zumeist freilich nicht wegen irgendwelcher bürgerrechtlicher Flausen. Der Mitgliederschwund von 86 500 im Jahr 1981 auf 65 000 Anfang 2008 spricht eine deutliche Sprache.

Andererseits bleibt die FDP die große Hoffnung naiver Mittelständler: Es war ja tatsächlich nicht die FDP, die – auch zu Lasten des Mittelstandes – dem Raubtierkapitalismus und den Heuschrecken alle Schleusen geöffnet hat. Ebenso wenig haben Rot-Grün und Schwarz-Rot den Mittelstand vom Wust an – teils aber notwendiger – Bürokratie entlastet. So entsteht nach zehn Jahren FDP-freier Bundesregierungen bei einigen hart arbeitenden Mittelständlern die infantile Vorstellung, die FDP könne irgendetwas für sie tun, und sei es auch nur auf Kosten der übrigen Bevölkerung.

Umfragewerte von über 15 Prozent ermutigen die FDP zu Plänen zur Teilhabe an der Macht, wobei eine schwarz-gelbe Koalition angesichts der zu erwartenden rechnerischen rot-rot-grünen Mehrheit nicht einmal die erfolgsträchtigste Option ist, wohingegen *Ampel* oder *Jamaika* sogar in diesem Bundestag schon möglich gewesen wären. Dem aber steht derzeit das eigenartige Verhältnis der FDP zu den Grünen entgegen, also die »sozialisationsbedingten Neurosen« (Franz Walter) ihres Vorsitzenden Westerwelle, der ein »fixes Feindbild« vor sich hertrage.

Für den nämlich bestünden die Grünen »immer noch aus all den verachtenswerten Menschen, die nach einem einundzwanzig Semester dauernden, unabgeschlossenen Soziologiestudium eine nach A15 bezahlte Festanstellung als Schmetterlingsbeauftragte der Stadt Freiburg anstreben«.[32] Nun wäre es aber schon seltsam, wenn ausgerechnet eine Partei, die den skrupellosen machtversessenen »rationalen« *homo oeconomicus* als Menschenbild predigt, sich aufgrund äußerst irrationaler Vorurteile den Weg zu den Futtertrögen der Macht selbst versperrte.

Ebenso vertrackt sieht es mit der natürlichen Zielgruppe der FDP aus: Die gutsituierten ellbogigen Karrieristen rund um die Generation Golf ließen sich schon vor der Wirtschaftskrise, die gleichzeitig ihre angeblich brillante Ökonomieausbildung als lächerliche Makulatur entlarvte, bestenfalls als Stimmvieh aktivieren, nicht aber für Parteiarbeit – da springt ja zunächst nichts heraus. Sie misstrauen allem, was nach »Gutmensch« riecht, also soziale Verpflichtungen, moralische Prinzipien und solidarische Regeln, kurzum: dem Sozialstaat. Weshalb es nicht ganz leicht ist, sie überhaupt an die Wahlurnen zu bekommen.

5. Die Linke: Pflegeleichte Populisten?

Weit entfernt von irgendwelchen Inhalten, wird von jeder Partei und möglichst jedem Politiker der Schwur verlangt, unter keinen Umständen an eine Koalition mit dem linken Gesindel auch nur zu denken – auf Bundesebene schon gar nicht. Nun ist das Ganze nicht sonderlich originell, wenn man sich nur gegen die faschistoide Hetze gegen die Studentenbewegung und die aus ihr hervorgegangene Grüne Partei erinnert: »Homosexuelle, ungewaschene, arbeitsscheue, bolschewistische Müslifresser« wurden sie beileibe nicht nur vom Boulevard betitelt. Nicht viel anders ergeht es heute der Partei Die Linke, nur dass man die eleganten »Womanizer« Lafontaine und Gysi schlecht als schwule Dreckspatzen bezeichnen kann. Nun ist die SED-Vergangenheit eines großen Teils der Partei und ihrer Mitglieder nicht etwa der Grund für die streckenweise unkontrollierte Hysterie, sondern eher ein willkommener Anlass zur Diffamierung. Gerade Lafontaine und Gysi nämlich legen bei jeder Gelegenheit mündliche Eide auf die Verfassung und das Wirtschaftssystem ab. Die »Parteidoktrin« ist der Keynesianismus, entgegen der Meinung selbst von Funktionären der Linken keineswegs eine »linke Ideologie«. Er besagt im Wesentlichen nur, der Staat solle für die fehlende private Nachfrage einspringen und durch Planung die Wirtschaft stärker bestimmen. Keynes selbst meinte, man könne seine Theorie akzeptieren, ohne Kommunist, Sozialist oder Faschist zu sein.

Wäre der Stiefnachbar von Lafontaines Urgroßvater Seeräuber gewesen, dann würde die Konkurrenz auch dies zum zentralen »Argument« erheben. Der wahre Grund für die tiefe Abneigung aber ist ebenso simpel wie offensichtlich: 40 Prozent der Bundesbürger sympathisieren mit den zentralen Punkten des Programms der Linken, und auch der Kampf gegen die Privatisierung findet zunehmend Anklang, wie der Parteieintritt von 221 der 300 Busfahrer der staatlichen *Saarbahn GmbH* im Sommer 2008 aus Protest gegen den geplanten Verkauf ihres Betriebes beweist.

Die außerplanmäßige Erhöhung der Renten durch die große

Koalition halte er für eine Reaktion auf die Kritik von Oskar Lafontaine, schimpfte Alt-Bundespräsident Roman Herzog: »Da hat er offenbar einen wunden Punkt bei den Volksparteien getroffen.«[33]

Der »wunde Punkt« besteht darin, dass die große Mehrheit der Menschen sich absolut nicht mit dem Ende des Sozialstaats abfinden will: Immerhin brachten die siebziger Jahre vielen Bundesbürgern nicht nur materiellen Wohlstand, sondern auch ein vergleichsweise riesiges und chancengerechteres Bildungssystem sowie soziale Sicherheit in Krankheit und Alter. Um dies alles aufzugeben zugunsten eines Systems des gegenseitigen Vernichtungskampfes, bei dem am Ende wie beim Lotto eine Handvoll Millionäre und Millionen Verlierer übrigbleiben, müssten die Bürger schon bessere Argumente hören als frei erfundene »Sachzwänge der Globalisierung«. Schon der sprichwörtliche gesunde Menschenverstand sagt: Es kann nicht sein, dass trotz ständig steigender Produktivität und einer gigantischen Vergrößerung des globalen und nationalen Gesamtreichtums die Masse der Menschen immer ärmer wird.

Dies zu benennen bringt der Partei den permanenten Vorwurf des Populismus ein, aber was bedeutet er schon? Ob Pendlerpauschale, Rente ab 67, Mindestlöhne oder Hartz-Korrektur: eben noch als »populistisch« diffamiert, wird eine Idee der Linken nach der anderen klammheimlich übernommen. Als die Fraktion schon im Februar 2007 im Bundestag eine Börsenumsatzsteuer gegen Zockerei vorschlägt, schäumen die anderen Parteien: »Milchmädchenrechnung« und »Rote Socken«. Zwei Jahre später fordern die Sozialdemokraten dasselbe. »SPD kupfert Wahlkampf-Idee bei Linkspartei ab«, titelt *Spiegel Online* am 12. Februar 2009.

Aber selbst wenn tatsächlich vereinfacht und das Blaue vom Himmel gefordert wird: Wieso fallen immer mehr Menschen darauf herein? Warum gelingt es den anderen Parteien nunmehr seit Jahrzehnten nicht so recht, ihr neoliberales Rezept zu »erklären«, die Bürger »abzuholen« und »mitzunehmen«? Vielleicht deshalb, weil die Bürger bereits sehr gut verstanden haben und weder »abgeholt« noch »mitgenommen« werden wollen? Rot-Rot könnte schon deshalb auch bundesweit eine realistische Option für die SPD werden, weil sich Die Linke als mitregierender Juniorpartner durchaus ähnlich entwickeln könnte wie in Berlin: Mit der einzigen Vision, um *jeden* Preis an der Macht zu bleiben.

Es spricht tatsächlich Bände, dass die Partei in einer Regierung mit dem SPD-Finanzsenator Thilo Sarrazin sitzt, der einen Mindestlohn von fünf Euro vorschlägt und mit seinem Speisenplan für Arbeitslose für einen Aufschrei sorgt. Ebenfalls nicht zufällig wird der in Offenbach geborene Wirtschaftssenator Harald Wolf, vorher Trotzkist und dann Grüner, von der Hochfinanz und dem Mittelstand hochgelobt, während er sogar von Oskar Lafontaine so offen wie eben möglich kritisiert wird.

Übrigens spielt hier ähnlich wie bei den Grünen die Sozialisation eine Rolle: Viele Spitzenfunktionäre könnten in puncto Bedeutung, Wichtigkeit und nicht zuletzt Einkommen außerhalb der Politik nicht annähernd so viel erreichen. Für sie ist Regierungsbeteiligung ein Wert an sich, und für ehemalige SED-Kader darüber hinaus eine späte Genugtuung in Sachen »Ankommen in der Demokratie«.

Hinzu kommt — jenseits von Karrierismus und Eigennutz — eine tiefsitzende, romantische Hassliebe zur SPD: »Pack schlägt sich, Pack verträgt sich«: Für viele westliche »Renegaten« einschließlich Lafontaine ist die SPD eine — wenn auch derzeit von Neoliberalen okkupierte — linke Partei. Ähnliches gilt für die Ostdeutschen: Wer den DDR-Staatskapitalismus mit »gescheitertem Sozialismus« verwechselt, der hält auch knallharte

Marktradikale für »irrende Sozialisten«. Allerdings erlitt die damalige PDS mit ihrer streckenweise peinlichen Umarmungstaktik 1998 bösen Schiffbruch. Als sie ankündigte, im Bundestag Schröder zum Kanzler zu wählen, kam sie mit 4,0 Prozent der Zweitstimmen erst gar nicht hinein.

6. Die Grünen:
Zu jeder machtpolitischen Schandtat bereit?

Mit der lauthals hinausposaunten Option Schwarz-Grün schließt sich für die Grünen der Kreis: Von der humanistischen Friedens- und Umweltbewegung zur allseits verleumdeten, dann nur noch ungeliebten Oppositionspartei, später zum frechen und nervigen Juniorpartner in Hessen und über den staatstragenden, pflegeleichten, nahezu kritik- und prinzipienlosen Mehrheitsbeschaffer für Gerhard Schröder bis hin zum Buhler um die Gunst der traditionell »rechtesten« aller Bundestagsparteien. Damit erfüllen sie gerade archetypisch die Hauptthese des neoliberalen Mitbegründers der Neuen Politischen Ökonomie, Anthony Downs, wonach »die Parteien in der demokratischen Politik den Unternehmen in einer auf Gewinn abgestellten Wirtschaft ähnlich sind. Um ihre privaten Ziele zu erreichen, treten sie mit jenen politischen Programmen hervor, von denen sie sich den größten Gewinn an Stimmen versprechen, so wie die Unternehmer ... diejenigen Waren produzieren, von denen sie sich den meisten Gewinn versprechen.«[34]
Und dies sind bei den Grünen Wahlversprechen an jene Zielgruppe der (rein formal und nur im Vergleich mit Pisa-Bürgern) »Hochgebildeten«, zu denen sich die Grünen bekanntlich selbst zählen. Wieso eigentlich? Parteichef Özdemir ist FH-Pädagoge, sein Vorgänger Reinhard Bütikofer Studienabbrecher und die

frühere Parteichefin Angelika Beer (2002 bis 2004) Arzthelfe-
rin. Als Umweltminister fungierte der Sozialwirt Jürgen Trittin
und als Außenminister ein Taxifahrer.

Jüngste Studien enthüllen allerdings, was sich hinter den »hochgebildeten Eliten« tatsächlich verbirgt: »›Statusmilieus‹, in denen nicht mehr Gesellschaftskritik geübt, sondern Luxuskon-
sum zelebriert wird.«[35] Der Modebegriff für diese Herrschaften
lautet LOHAS (»Lifestyle Of Health And Sustainability«). Frei
nach Oscar Wilde, »Mein Geschmack ist ganz einfach: Von allem nur das Beste«, prassen sie wie Lucullus in der Endpha-
se, strikt abgegrenzt gegenüber den Normalbürgern, die man
»Unterschichten« nennt und »klassisch oberschichtig als ordi-
när und vulgär ansieht.« Überhaupt sind die grünen LOHAS,
wie Franz Walter sie beschreibt, »explizit elitär; man achtet
darauf, ›entre nous‹ zu kommunizieren, mit anderen ›Gebildeten‹ in der gesellschaftlichen Beletage unter sich zu bleiben.
Alt- und Neubürgerliche treffen sich daher zumindest im ur-
banen Raum auf den gleichen Ausstellungen, bei den üblichen
Theaterpremieren, im besten Restaurant der Stadt.«[36]

Denen, die jeden Cent zweimal umdrehen müssen, empfiehlt
man wie zum Beispiel Renate Künast, sie sollten die »Geiz-ist-
geil-Mentalität« vergessen und höhere Qualität zu entsprechenden Preisen kaufen.

Dazu passt, dass sich ausgerechnet viele der ins gemachte
Nest hineingeborenen Berufssöhne und -töchter den Grünen
zuwenden und die längst sogar von der Union eingestandene
Tatsache vehement leugnen, dass die soziale Herkunft über Bildung, Karriere und Einkommen mitentscheidet.

Kein Wunder auch, dass Grünen-Fans Mindestlöhne ablehnen,
wohingegen ihr ehemals »kräftiger Impetus in der sozialen
Frage« nur noch aufblitzt, »wenn es um üppige Gehaltserhö-
hungen im öffentlichen Dienst geht. Denn keine Partei ist so

beamtenhaft geprägt wie die der Grünen«, und entsprechend groß war auch die Begeisterung zu Schröders Agenda-2010-Reformen – sie selbst betraf der Sozialabbau ja nicht. Gleiches gilt für die Bundeswehreinsätze in aller Welt.

Das aktuelle Problem der Grünen ist die Unvereinbarkeit der überholten neoliberalen mit der während der Wirtschaftskrise wiederauferstandenen humanistisch-sozialstaatlichen Ideologie. »Sie müssen sich weit spreizen … feurige Appelle an die neuen Protestkohorten senden, zugleich beruhigende Worte an die nun etablierten, konservativ gewordenen Postmaterialisten von ehedem richten.«[37] »Solche Parteien« aber, wie Franz Walter süffisant bemerkt, »sehen sich stets der Gefahr ausgesetzt, als prinzipienlos und machtversessen verschrien zu sein. Die Scharnierposition mag die machtpolitische Option der Grünen vermehren, doch zugleich kann sie dann die programmatische Schärfe mindern, die politische Sprache verdünnen, die kulturelle Eindeutigkeit von ehedem vernebeln – und der Flair von Authentizität und Alternative wäre endgültig dahin.« Die Folge sieht Walter schon 2007 voraus: »Wenn die Partei der Grünen nicht aufpasst, dann werden es nicht der Herr Bütikofer oder die Frau Roth sein, die an der Spitze einer erwartbaren Öko- oder Bürgerrechtsbewegung marschieren. Der neue Typus des voranschreitenden Weltverbesserers lauert vielmehr irgendwo zwischen Jauch und Kerner.«[38]

Andererseits bleiben die Grünen nach wie vor attraktiv für jene, die links wählen und rechts leben wollen.

B. Die Partei hat immer recht

Alle Staatsgewalt geht vom Volke aus, aber wo geht sie hin, fragte Bert Brecht, und entsprechend könnte man über die im Grundgesetz versprochenen Möglichkeiten zur Wahl der Volksvertreter frei nach Wilhelm Bendow fragen: »Ja, wo laufen sie denn hin?«

1. Ohne Parteien läuft nichts

So ähnlich wie in dem Witz *Der Feldwebel rät einem Rekruten: »Kaufen Sie sich einen Panzer und machen Sie sich selbständig«* verhält es sich mit dem Bürger und der Mitgestaltung der Gesellschaft: Der Weg zur parlamentarischen Einflussnahme führt bei uns nur über die Parteien. Wer also in der Politik etwas bewegen und selbst nicht zu kurz kommen will, der scheint in einer Partei gut aufgehoben. Aber selbst dort sind honorige Individualisten völlig chancenlos – auch bei exzellenter Sachkompetenz. Fähige, uneigennützige Politiker und sogar solche, die lediglich eine andere Meinung haben, werden oft aussortiert wie seinerzeit Rita Süssmuth, Norbert Blüm, Heiner Geißler von Helmut Kohl oder Rudolf Dreßler von Gerhard Schröder.[39]

Umgekehrt führt neben unserem Parteiensystem das Listenwahlrecht dazu, dass der Bürger Dilettanten in der Regierung und im Parlament gar nicht verhindern kann. Soll zum Beispiel eine CDU-Anhängerin Angela Merkels Partei deshalb nicht wählen, weil sie Wolfgang Schäuble für indiskutabel hält? Ebenso gelangen über die Listenplätze Personen in den Bundestag, die vermutlich in keinem Wahlkreis der Welt eine Chance hätten. Auch dies verstärkt natürlich das Gefühl, durch Wahlen nichts ändern zu können – man kann durch den Urnengang ja nicht einmal die von niemandem gewünschten Politiker loswerden.

Ohne Parteien läuft bei uns auch jenseits der Politik buchstäblich nichts, mit dem richtigen Parteibuch dagegen stehen einem alle Türen offen, ob nun in den nach Parteienproporz besetzten Rundfunk- und Fernsehräten oder im Mieterschutz, ob in den Gewerkschaften, im Sport oder sogar in den Amtskirchen:

- Präsident des *Deutschen Mieterbundes* ist der frühere SPD-Bürgermeister von Willich (NRW) Lukas Siebenkotten.
- Chef des *DGB* ist der SPD-Mann Michael Sommer, der *IG Metall* und der *IG Chemie-Papier-Keramik* seine Parteifreunde Bertold Huber und Hubertus Schmoldt, und von *ver.di* der Grüne Frank Bsirske.
- Generaldirektor des *Deutschen Olympischen Sportbundes* ist der frühere NRW-Umweltminister Michael Vesper, *IOC*-Vizepräsident der FDP-Mann Thomas Bach und Chef des *Bundes Deutscher Radfahrer* der frühere SPD-Verteidigungsminister Rudolf Scharping.
- Präses der Evangelischen Kirche in Deutschland ist die Nordhäuser SPD-Bürgermeisterin Barbara Rinke und Präsident des Zentralkomitees der deutschen Katholiken der frühere Sächsische CDU-Kulturstaatsminister Hans Joachim Meyer.

»Parteien sind Interessengruppen in eigener Sache«, sagt dementsprechend der Politologe Winfried Steffani, »die an politischen Führungsaufgaben interessierten Bürgern Karrierechancen eröffnen.«[40] Aber wie funktioniert das genau?

Beim Weg nach ganz oben ist es in der Politik wie in der Musik oder im Sport: Man kann nicht früh genug beginnen – wer laufen kann, ist schon fast zu alt. Wer zu spät kommt, den bestraft die Konkurrenz.

2. Die Sprossen der Karriereleiter

Ein Ratgeber »Wie macht man in der Partei Karriere?«, wie ihn vor Jahren der Politologe Ulrich von Alemann in Form einer Karriereleiter skizziert hat[41], sähe heute so aus:

1. Nachdem uns Mami und Papi schon seit der Kindergartenzeit zu Parteitagen oder Kneipenkonvents mitgeschleppt haben, treten wir einer Nachwuchsschmiede bei: Die SPD-Falken nehmen uns ab sechs Jahren, die Schülerunion ab zwölf, Junge Union und Jusos ab vierzehn Jahren. Aber Vorsicht vor sozialer Isolation! Altkluges Stammtischgesülze, verbohrte Parteienwerbung und Hetze gegen sozial Schwache und Ausländer gilt bei den meisten Jugendlichen als »uncool«.

2. Wir studieren nebenbei und für den Lebenslauf Politologie, Jura oder »auf Lehreramt«, derweil wir uns auf Orts- und Kreisebene nach oben schleimen und intrigieren sowie an unserem Netzwerk basteln: Wo spielt der Minister Golf, welcher MdB braucht einen Referenten oder wenigstens eine Hilfskraft?

3. Wir werden endlich echte Politiker, ob nun als Stadtrat, Parteigeschäftsführer oder Chef einer Parteigliederung, wobei wir aber keinesfalls die Verankerung in der örtlichen Basis vernachlässigen dürfen. Denn ohne Erfolg in Parteiämtern kein Bundestagsmandat.

4. Dieses Mandat erwerben wir mit etwa 37 Jahren als politischen »Gesellenbrief« (von Alemann). Wir haben es geschafft, und wenn wir uns nicht mit goldenen Löffeln bestechen und dabei erwischen lassen, kann uns keiner mehr was.

5. Im Bundestag hocken wir möglichst vier Wahlperioden lang, also normalerweise 16 Jahre. Dann sind wir Mitte fünfzig, haben uns eine fette Pension verdient und auch sonst einiges legal oder halbseiden auf die Seite geschafft. Ein neues Leben kann beginnen, gern auch mit neuem Lebensabschnittspartner.

6. Wir starten eine zweite Karriere in einem Dankeschönjob, ob als Aufsichtsrat, Heuschreckenberater, Verbandspräsident oder auch nur als Talkshow-Dauergast.

So begleitet die Partei den Politiker von der Wiege bis in den Tod: »Von Staub zu Staub«, und dazwischen ist die Partei.

3. Innerparteiliche Demokratie – Gift für das Rückgrat

Die Karrieren deutscher Spitzenpolitiker sind also kaum zu verstehen ohne einen Blick auf das Verhältnis zu ihren Parteien. Die wiederum ähneln in westlichen Demokratien nach den Worten des Begründers der neoliberalen *Neuen Politischen Ökonomie*, Anthony Downs, »den Unternehmen in einer auf Gewinn abgestellten Wirtschaft«.[42] Bedeutet dies, dass ein Politiker von seiner Parteiführung ähnlich abhängig ist und sich ihr gegenüber ähnlich verhält wie ein Siemens-Mitarbeiter gegenüber seiner Konzernspitze? Vom Bundestag aufwärts jedenfalls wird der Druck offenbar immer stärker. So geht es in der Fraktionssitzung zu wie in einem preußischen Militärcamp: Wer etwa zu Themen spricht, für die er nicht »zuständig« ist, oder gar Koalitionskompromisse in Frage stellt, gerät schnell ins Abseits. Außerdem soll bereits in der Fraktion einheitlich abgestimmt werden – was soll denn sonst die Öffentlichkeit denken? Explosive Themen sollen daher am besten gar nicht zur Sprache kommen.

Etwaige Gegenstimmen müssen der Fraktionsführung vorher mitgeteilt und so dosiert werden, dass sie die Annahme der eigenen Vorlage nicht gefährden und natürlich nicht zu häufig vorkommen. Dass Abweichler, Andersdenkende und erst recht chronische »Querulanten« oft einzeln »ins Gebet genommen« und nach der Methode *Zuckerbrot und Peitsche* umgarnt oder beschimpft, mit Posten gelockt oder mit Rauswurf bedroht werden, versteht sich am Rande.

Parlamentsforscher Ismayr betont, der »Gewissensartikel« 38 des Grundgesetzes solle die Unabhängigkeit der Abgeordneten vor allem gegenüber Fraktion und Regierung schützen, also gegenüber den »eignen Leuten«.

Zwei bereits legendäre Beispiele (neben dem Ypsilanti-Desaster) aus jüngerer Zeit belegen die Notwendigkeit dieses Schutzes: Bei den Abstimmungen 2001 zum Mazedonienkrieg und 2003 zur Gesundheitsreform drohte der damalige SPD-Fraktionschef Franz Müntefering den »Abweichlern«, ihnen beim nächsten Mal einen aussichtsreichen Listenplatz zu verweigern: Wer nicht spurt, fliegt raus.

Dies aber würde für viele das Ende der politischen Karriere und mangels einer gleichwertigen beruflichen Alternative auch den finanziellen »Ruin« bedeuten.

Wer dagegen von der Basis trotz allen Drucks von oben ein sicheres Direktmandat erhält, dem kann man immer noch den Weg zu höheren Ämtern in Fraktion, Parlament und Regierung verbauen. Dies ist zwar nicht die feine Art, aber die Unterscheidung zwischen erlaubter *Fraktionsdisziplin* und verbotenem *Fraktionszwang* ist in der Praxis kaum möglich. Nicht wenige Politiker dürften es deshalb für besser halten, ihr Gewissen der Parteidisziplin zu opfern.

Zur Klarstellung: Zwar verdanken die Politiker ihren Parteien oder deren Führung ihre gesamte Karriere – ohne Nominierung weder Listenplatz noch Direktmandat. Aber folgt daraus eine legitime Verpflichtung zur »Loyalität«? Ist etwa ein Angestellter, der vom Personalchef eingestellt und befördert wird, im Konfliktfall dem Personalchef mehr verpflichtet als dem Firmeninhaber? Natürlich nicht; dennoch würde das pflichtgemäße Verhalten des Angestellten beim Personalchef als »unkollegial« ankommen und abgestraft. Der Mitarbeiter weiß das, und der Inhaber muss ja nicht alles erfahren …

Dieses Dilemma erhärtet im Umkehrschluss den Verdacht, dass Jasager und Duckmäuser unabhängig von ihrer Qualifikation auf Karrierevorteile hoffen können. Gilt in der deutschen Politik, wie Michael J. Inacker in der *Welt* im Jahr 2002 vom rotgrünen Außenministerium behauptet hat, »Kumpanei statt Kompetenz«?[43]

Nutzt also die größte Fachkompetenz nichts, wenn man sich innerparteilich nicht nach oben boxen, intrigieren oder schleimen kann? Dabei kann man dem einzelnen Politiker nicht einmal viel vorwerfen: Wenn sich über den Wolken herausstellt, dass die Fluggesellschaft ausschließlich Stewards angeheuert hat, aber weder Kapitän noch Kopiloten – was kann dann der einzelne Flugbegleiter dafür?

C. Kompetenz von eigenen Gnaden – Unsere Spitzenpolitiker

Allgemeinbildung darf man von unseren Spitzenpolitikern sowieso nicht erwarten, wie der Wiener Philosophieprofessor Konrad Paul Liessmann festgestellt hat: »Die Bildungslücken der sogenannten politischen Eliten bei einfachsten historischen und kulturgeschichtlichen Fragen sind eklatant, und der Triumph des Meinungsjournalismus ist die Kehrseite der Tatsache, dass niemand mehr etwas weiß.«[44]

Aber gilt auch in der Fachpolitik das Prinzip *Unbeschadet von jeder Sachkenntnis*? Tatsächlich scheinen die Überzeugungsdilettanten einen prominenten Fürsprecher zu haben – Barack Obama nämlich will lieber nicht zu viel von den Dingen wissen: »Wir haben einen Haufen sehr kluger Leute um uns herum, die zehnmal mehr über bestimmte Sachthemen wissen als wir. Und wenn man dann versucht, alles bis in kleinste Details selbst zu regeln und Lösungen auszuarbeiten, dann endet man als Dilettant.«

So weit werden ihm viele Spitzenpolitiker begeistert zustimmen. Doch schon bei Obamas nächstem Satz dürften sich die Geister scheiden. »Aber man muss genug wissen, um ordentlich über das entscheiden zu können, was einem präsentiert wird.«[45]

Es geht also um die Frage, ob die Politiker »ihr Handwerk beherrschen«, also das Amt oder Mandat sachkundig ausüben oder wenigstens wissen, wovon sie reden und worum es überhaupt geht. Ein Vermögensverwalter muss nicht sämtliche Anlagemöglichkeiten bis ins letzte Detail kennen, er sollte aber wissen, dass ein Sparkonto relativ sicher und ein Warentermingeschäft relativ riskant ist.

1. Wann ist ein Experte ein Experte?

Herbert Grönemeyers Problem *Wann ist ein Mann ein Mann?* erscheint recht simpel, verglichen mit der Frage, was einen Experten ausmacht. Denn diese Bezeichnung ist nicht gesetzlich geschützt, und das ist für manche auch gut so.

In manchen Medien zum Beispiel geht ein Ägyptenurlauber als Nahostexperte durch, eine Schlüssellochvoyeurin als Societyexpertin, ein Glücksspielbetrüger als Börsenexperte. Nun macht es ja weiter nichts, wenn uns ein Wermutsäufer als Rotweinexperte und ein Astrologe als Zukunftsexperte präsentiert werden. Aber wenn man einen Fastfoodmanager als Ernährungsexperten, einen Pharmavertreter als Gesundheitsexperten, einen Konzernvorstand als Haushaltsexperten, einen Erbmilliardär als Steuerexperten und einen Rüstungshersteller als Friedensexperten ausgibt, dann wird es schon kritisch. Vollends irrwitzig und auch bedenklich aber wird der Expertenwahn bei Politikern.

In schätzungsweise 90 von 100 Fällen ersetzt das Beiwort Experte die solide Ausbildung: Als Wirtschaftsexperten etwa bezeichnen sich meist Lehrer, Anwälte, Soziologen, Theologen oder Studienabbrecher – ein Wirtschaftsprofessor braucht kein Zusatzetikett.

Dass selbst die größten Dilettanten damit durchkommen, hängt mit dem »ewigen Untertan« im Deutschen oder einem völkerübergreifenden Duckmäuser-Gen zusammen: Bei Titeln oder wichtig klingenden Bezeichnungen legt sich bei vielen – insbesondere bei simpleren Gemütern – der Grauschleier devoter Ehrfurcht über die letzten intakten Gehirnzellen. Schon die bloße Frage nach der Qualifikation gilt als ungehörig.

Heißt es, jemand habe »Jura studiert« – oft die nette Umschreibung eines Studienabbruchs –, dann gilt er bei den Untertanen schon fast als Verfassungsrichter, und ist jemand sogar irgendetwas mit der Vorsilbe Diplom- oder sogar »Herr Doktor«, dann zählt er gleich als Universalgenie: Diplom ist Diplom, und Doktor ist Doktor, egal in welchem Fach. So können sich gerade in der Politik Studienräte als Finanzexperten, Volkswirte als Gesundheitsexperten, Mediziner als Rechtsexperten oder Juristen als Bildungsexperten ausgeben.

Geradezu grotesk ist es, dass Politiker von der Sekunde an als Experten gelten, in der sie von ihren Parteien zu solchen ernannt werden. Dies ist, als würde sich ein Sportmuffel schon während der ersten Tennisstunde als neuen Boris Becker feiern lassen. Descartes verkehrt: »Ich denke, ich bin Experte, also bin ich Experte.«

2. Experte werden ist nicht schwer – Das Vortäuschen von Kompetenz

Experte werden ist also nicht schwer, Experte sein dagegen sehr. Unwillkürlich fühlt man sich an den Filmklassiker *Being There* (*Willkommen Mr. Chance*) erinnert, wo Peter Sellers als fernsehverblödeter Gärtner aufgrund seiner platten Sprüche für einen Weisen gehalten wird und sogar US-Präsident werden soll.

Im wirklichen Leben hat der berühmte falsche Psychiater und gelernte Postbote Gert Postel das Vorgaukeln von Fachwissen zur Wissenschaft entwickelt und es damit immerhin zum Bundeswehrmediziner, zum Rentengutachter und zum Oberarzt der Psychiatrie in einer sächsischen Klinik gebracht. Was er über den Kompetenzbluff in der Medizin schreibt, liest sich wie eine Anleitung für Politiker: »Wer die psychiatrische Sprache beherrscht, der kann grenzenlos jeden Schwachsinn formulieren und ihn in das Gewand des Akademischen stecken.«[46]

Und wer den neoliberal-betriebswirtschaftlich gefärbten Politsprech draufhat, kann mühelos bei Plasberg oder Illner über der Marktwirtschaft neue Kleider fabulieren und so bei manch einem Durchschnittswähler den Anschein von Kompetenz erwecken.

Betrachten wir einmal die Umfragen über Politikerkompetenz: So lässt das ZDF-*Politbarometer* im August 2008 die Nonsens-demoskopen der *Forschungsgruppe Wahlen* 1263 Bundesbürger befragen und verkündet einer gutgläubigen Fernsehgemeinde zur besten Sendezeit das Ergebnis: Demnach vermuten 33 Prozent der Deutschen Wirtschaftskompetenz am ehesten bei der CDU, 9 Prozent bei der SPD, 7 Prozent bei anderen Parteien. Dass 34 Prozent mit »keiner Partei« und 17 Prozent mit »weiß nicht« antworteten, lässt immerhin hoffen.

Dennoch scheint die eherne Maxime widerlegt, wonach zwar ein Nüchterner einen Betrunkenen imitieren kann, aber nicht umgekehrt: Offenbar kann Volksvertreter Schimmerlos doch erfolgreich den Fachmann mimen.

Woran aber »erkennt« der Bürger die Wirtschaftskompetenz? An *Zahlen, Daten, Fakten*? Woher will der Normalbürger wissen, welchen Anteil an der Konjunktur oder den Arbeitslosenzahlen der Bund, die EU, die Weltwirtschaft, die Bundesregierung und die CDU haben? Und wie will er Oppositionspolitiker beurteilen? Wie will der Normalbürger entscheiden, ob höhere Löhne gut sind, weil sie die Kaufkraft stärken, oder schlecht,

weil sie die Unternehmen belasten und so deren Investitions-
bereitschaft hemmen?

Dennoch halten sich die meisten Befragten nicht etwa mangels
Fachwissen aus einer Beurteilung heraus, sondern sich ihrerseits für kompetent zum Verteilen von Kompetenznoten, bei
den Wahlen in Form von Stimmen.

Wenn aber die Bürger wirkliche Kompetenz gar nicht beurteilen können, dann entscheiden sie nach dem Eindruck: Ruhig,
ernst und entschlossen wirkt kompetenter als fahrig, nörgelnd
und zaudernd; bombastische Rhetorik erscheint kompetenter
als unbeholfenes Stammeln. Auch das Aufsagen von Zahlen
schindet Eindruck: Aber wer kann schon beurteilen, ob die vom
»Experten« genannten Daten zur Bruttoninlandsverschuldung
oder zur Nettokreditaufnahme nicht in Wahrheit das Geburts-
datum der Tochter oder die Nummer des Schweizer Bankkontos
sind?

Jedenfalls ist im Gegensatz zur echten Kompetenz das Vortäuschen von Kompetenz erwünscht und notwendig: Einem
Fachpolitiker sollte die Inkompetenz nicht gleich aus allen
Knopflöchern hervorquellen. Er sollte wenigstens jenes allgemein übliche Geschwafel beherrschen, das sich auch ein Real-
schulabsolvent binnen zwei Wochen aneignen kann. Der Parteienforscher Hans Herbert von Arnim beklagt, Berufspolitiker
seien weniger auf den Erwerb und Besitz von Kompetenz als
auf ihr Vortäuschen spezialisiert, auf die »Darstellungskompe-
tenz von Kompetenz«. Dies unterscheide sie von »Angehöri-
gen wirklicher Professionen«, wie Ärzten, Rechtsanwalten oder
Unternehmern, »die durch anspruchsvolle theoretische und
praktische Spezialausbildungen ein hohes Maß an Fachwissen
erworben haben«.[47]

Kompetenzvortäuschung ist besonders in der sogenannten Me-
diendemokratie geradezu eine Existenzfrage. Schon der Journa-

list Günther Gaus beklagte, dass für eine Politikerkarriere die Präsentation in Talkshows und durch menschelnde Geschichtchen zunehmend wichtiger sei als wirkliche Fähigkeiten. Auch Parteienforscher Ulrich von Alemann betont die wachsende Bedeutung der Medien[48], und unvergessen ist Altkanzler Schröders Credo, zum Regieren reichten ihm »*Bild, BamS* und Glotze«.[49]

Recht zu bekommen ist wichtiger als recht zu haben, und Kompetenz auszustrahlen ist wichtiger als Kompetenz zu besitzen. Dies hört sich phrasenhaft an, entspricht aber exakt unserer Marktwirtschaft: Ein Produkt muss dem Käufer nützlich *scheinen*, nicht nützlich *sein*. Die Verpackung ist wichtiger als die Ware, die Werbung für ein Produkt teilweise teurer als seine Herstellung.

Nicht zufällig wird das Reizwort »Kompetenz« geradezu zum Fetisch aufgeblasen, etwa als im unvergessenen Wahlkampf 2002 der Möchtegernkanzler Edmund Stoiber sein Schattenkabinett »Kompetenzteam« nannte. Schon allein die Vokabel »Kompetenz« sollte Kompetenz suggerieren.

Welt-Autor Konrad Adam entkleidete damals das Zauberwort seines Mythos: »Politische Kompetenz? Aber für was eigentlich?«, fragt er und gibt auch gleich die Antwort: »Der Reiz des Wortes Kompetenzteam besteht darin, dass niemand weiß, was mit ihm gemeint ist. Definitionsversuche sind nur negativ möglich … Es verhält sich mit diesem Team wie mit Ludwig Erhards ›Formierter Gesellschaft‹, einer bewusst unbestimmten Wortschöpfung, die deshalb so erfolgreich war, weil sich jeder bei ihr denken konnte, was er wollte. Das Kompetenzteam soll die Phantasie beschäftigen, und das tut es ja auch.«[50]

Kein Wunder, dass Imageberater für die Spitzenpolitiker immer wichtiger werden. Wer glaubwürdig über des Kaisers neue Kleider schwadronieren will, braucht selbst welche: Kleider machen Leute!

So engagiert Peer Steinbrück schon Anfang 2006 eine professionelle PR-Agentur, »um sein Ansehen aufmöbeln zu lassen«. Sein Sprecher begründet den jährlich 160 000 Euro teuren Spaß ganz lässig: »Ein Politiker muss ein Markenartikel sein, der richtig verkauft wird.«[51]

Überhaupt spart die Bundesregierung nicht an Steuergeldern bei der Darstellung ihrer eigenen Kompetenz. Gut sechs Millionen Euro gibt sie pro Quartal für »Öffentlichkeitsarbeit« aus, also für Broschüren/Bücher, CDs, Faltblätter, Beilagen und Sonderdrucke, Anzeigen, Filme, Messen und Ausstellungen.

Dabei gehört das Finanzministerium noch zu den Sparsamen. Statt 24 im Juni 1998 sind jetzt nur noch 18 Mitarbeiter direkt mit der »Verkaufe« befasst; auch das Wirtschaftsressort reduzierte um zehn auf 17, das Verkehrsressort von 11,5 und das Verteidigungsministerium von acht auf jeweils sieben Stellen. Dagegen expandierte der PR-Bereich im Auswärtigen Amt von 45 auf 113 Mitarbeiter, im Innenministerium von 15 auf 27, im Entwicklungshilferessort von 16 auf 20, bei Bildung und Forschung von elf auf 14 und im Justizministerium von zehn auf zwölf Stellen. Insgesamt arbeitete im Juni 2007 von 18 799 Mitarbeitern aller Bundesministerien rund 1,5 Prozent für das Eigenlob der Regierung – im Juni 1998 war es nur ein Prozent der damals 19 654 Beschäftigten.

3. Raider heißt jetzt Twix

Vom Vortäuschen von Kompetenz ist es nur ein Schritt zum Vortäuschen von Politik: Das Erotikmagazin wird im Bibelumschlag, die Cognacflasche im Buchrücken versteckt, und wer Hausputz vortäuschen will, plaziert einfach Staubsauger, Besen und Wassereimer samt Wischlappen im Wohnzimmer.

Nicht anders macht es die Politik:

- Da wettert man theatralisch gegen die Abhängigkeit der Bildungschancen von der sozialen Herkunft, während sie gleichzeitig durch Studiengebühren und Streichung der Lehrmittelfreiheit zementiert wird.
- Da nennt man den Spitzensteuersatz von 45 Prozent »Reichensteuer«, während der normale Höchstsatz unter Helmut Kohl noch bei 53 Prozent lag.
- Da »boykottiert« man die Olympia-Eröffnungsfeier, während gleichzeitig die Bemühungen um engere Wirtschaftsbeziehungen zu China auf Hochtouren laufen.
- Da wettert man gegen die »Heuschrecken«, während man ihre Legalisierung nicht rückgängig macht.
- Da schimpft man über »Gammelfleisch-Gangster«, während man ihre Identität dem Verbraucher gegenüber weiter verheimlicht.
- Da beschwört man immer und überall den Klimaschutz, während man in der EU als Bremser bei der Festlegung umweltfreundlicher CO_2-Werte auftritt.
- Da informiert sich Angela Merkel »vor Ort« über die Gletscherschmelze in Grönland, fordert aber gleichzeitig den Bau neuer Kohlekraftwerke, die diese Schmelze befördern, was ihr selbst von der FDP den Vorwurf der »Umweltpolitik als Symbolik« einbringt.

Nun macht der Koblenzer Politikprofessor Jens Tenscher nicht ganz zu Unrecht das einfältige Volk selbst für derlei Schmu verantwortlich: »Da nun aber für die große Mehrheit der Bevölkerung Politik in ihrer ganzen Komplexität nicht direkt erfahrbar ist, wird ... die mediengerechte Darstellung von Politik in Form von Ritualen, Stereotypen, Symbolen und geläufigen

Denkschemata zur allgemein akzeptierten Vorstellung von ›politischer Wirklichkeit‹: Während die Inszenierung von Politik für das Publikum zur politischen Realität wird, bleibt das politische Handeln ›hinter der Medienbühne‹ aber weitestgehend im Dunkeln.«[52]

Deshalb spiegelt das Gruppenbild mit Dame einen erfolgreichen G-8-Gipfel vor, die Einweihung eines Autobahnabschnitts eine geglückte Verkehrspolitik und ein deutsch-türkischer Händedruck Fortschritte in der Integration. Den *Zeit*-Autor Jens Jessen erinnert der Ersatz echter durch symbolische Politik an die Schokowerbung: »Raider heißt jetzt Twix – sonst ändert sich nix«.[53]

Da fragt man sich allerdings: Wenn der Schein wichtiger ist als das Sein, warum greift man dann nicht gleich auf Schauspieler zurück?

4. Müssen Fachpolitiker vom Fach sein?

Was zeichnet einen wirklich kompetenten Fachpolitiker aus? Der Akademiker schwört auf ein Fachstudium, der Ausbildungsmuffel erklärt dies selbstredend für überflüssig und faselt etwas von »praktischer Erfahrung« oder »Autodidaktik«.

Nun ist Kompetenz leider – oder für manche zum Glück – ein dehnbarer Begriff. Auch Mediziner werfen sich gegenseitig Quacksalberei vor. Trotzdem ist man sich meist einig, dass ein Arzt ohne Studium keiner ist.

Allerdings beweist ein Universitätsabschluss genau genommen nur, dass man Prüfer aufgetrieben hat, die einem die geforderten Fähigkeiten bescheinigen. Dass dieses Können aber tatsächlich vorhanden ist, kann der Außenstehende bestenfalls unterstellen. Dennoch ist der formale Nachweis sozusagen »besser als nichts«: Die Ausbildung lässt auf Kompetenz hoffen. Könnte man sich nämlich alles autodidaktisch aneignen, so wären Universitäten und sogar sämtliche Bildungsstätten überflüssig.

Selbstverständlich reagiert die Entente der Inkompetenz auf Fragen nach der Ausbildung je nach Temperament herablassend, eingeschnappt oder aggressiv. Häufig kommt der bockige Hinweis auf einschlägige »Berufserfahrung« innerhalb der Politik. Das klingt plausibel, aber was erlebt wohl jemand, der bei der Verkehrskontrolle jahrelanges unfallfreies Fahren ohne Fahrerlaubnis als Führerscheinersatz geltend machen will?

Im Übrigen geht das Argument der »Erfahrung« ins Leere; denn bei vielen »Sprechern«, »Experten« oder Amtsträgern ist nicht einmal eine frühere oberflächliche längere Tätigkeit in ihrem Sachgebiet erkennbar. Es ist eben nicht so, dass man zuerst gewissenhaft nach dem fähigsten Kandidaten sucht und erst dann die Sache nicht am fehlenden Fachstudium scheitern lässt. Vielmehr erhält häufig jemand aus völlig fachfremden Gründen das Amt. Sollte diese Person – durch Studium oder nicht – Fachkompetenz besitzen, so ist dies eher ein glücklicher Zufall.

Vor diesem Hintergrund ist ein Blick auf die Qualifikation der politisch Verantwortlichen nicht nur legitim, sondern auch dringend geboten. Wie gesagt: Die Frage ist nicht, ob Examina an deutschen Lehreinrichtungen echte Leistungsnachweise sind. Es geht vielmehr darum, ob die Parteien de facto jede fachliche Ausbildung von vornherein als unwichtig erachten.

5. Das Recht des Volkes auf kompetente Politiker

Minister und Staatssekretäre schließen mit dem Volk eine Art Arbeitsvertrag. Das Volk gewährt ihnen ein annehmbares Einkommen und erwartet dafür eine Gegenleistung. Die Mitglieder der Bundesregierung müssen einen entsprechenden Amtseid nach Artikel 56 des Grundgesetzes ablegen:

Ich schwöre, dass ich meine Kraft dem Wohle des deutschen Volkes widmen, seinen Nutzen mehren, Schaden von ihm wenden, das Grundgesetz und die Gesetze des Bundes wahren und verteidigen, meine Pflichten gewissenhaft erfüllen und Gerechtigkeit gegen jedermann üben werde. So wahr mir Gott helfe.[54]

Logischerweise können die Amtsträger die vorgesehene Gegenleistung nur erbringen, wenn sie eine Minimalqualifikation besitzen. Andernfalls drängt sich die Frage auf, wofür sie denn ihr Geld bekommen. Firmen stellen Hausdetektive zur Mitarbeiterkontrolle formal als »Sachbearbeiter« ein; und hat die herausgeputzte junge Chefsekretärin offenbar keinerlei Bürokenntnisse, so grinst alles bedeutsam und denkt sich seinen Teil.

Anders als das Regierungsmitglied muss der Abgeordnete überhaupt nichts versprechen. Nach jenem Grundgesetzartikel 38 ist er ein »Vertreter des ganzen Volkes, der an Aufträge und Weisungen nicht gebunden und nur seinem Gewissen unterworfen ist«. Wer aber außer dem Abgeordneten selbst will beurteilen, was sein Gewissen befiehlt? Ganz offenbar erhält »Gewissen« hier die Bedeutung von »Gutdünken«: Der Volksvertreter kann tun und lassen, was er will, sofern er sich im Rahmen von Recht und Gesetz bewegt.

Aber im Nachhinein ist man immer klüger. Mit einer derartigen Dreistigkeit, mit der sich unbedarfte Menschen (oft genug am Volkswillen vorbei über die Parteilisten) ins Parlament hieven lassen und sich dort als »Experten« gerieren, haben die Mütter und Väter des Grundgesetzes wohl kaum gerechnet – es gibt kein verfassungsrechtliches Dilettantenverbot.

6. Kompetenz unerwünscht –
Der Nutzen inkompetenter Politiker

Manchmal aber scheint Kompetenz nicht nur überflüssig, sondern auch gar nicht erwünscht. Inkompetente Politiker sind nämlich in der Regel besonders loyal: Wer keinen blassen Dunst hat, will nicht auffallen und schon gar keinen Streit mit der Führung; schließlich ist er wegen seiner Inkompetenz erpressbar: Wo würde er schon einen ähnlichen gut dotierten, ähnlich im Rampenlicht stehenden Job finden?

Wie steht es aber nun mit der Gegenleistung inkompetenter Fachpolitiker? »Zu irgendwas müssen sie doch nützlich sein« für die Kanzlerin, die Regierung oder die Partei.

Die allgemeine These lautet: Erwartet wird statt der Arbeit für das Gemeinwohl – zu der sie ja schon rein fachlich sowieso nicht fähig wären – die bedingungslose Unterstützung der Machtinteressen derer, denen sie ihren Job verdanken.

Diese Unterstützung ist aber umso bedingungsloser, und diese Politiker sind umso »pflegeleichter«, je schlechtere Karten sie haben. Und es ist durchaus vorstellbar, dass die Kanzlerin mit einem Theologen oder einer Bibliothekarin im Staatssekretärsrang ähnlich spricht wie weiland Kaiser Franz Beckenbauer mit seinen Bayern-Spielern: »Wäret ihr keine Fußballprofis, so müsstet ihr unter den Isarbrücken schlafen.«

6.1. Können Politiker lügen?

»Wer lügt, hat die Wahrheit immerhin gedacht«, sagte der deutsche Schriftsteller Max Halbe (1865 bis 1944). Demnach entlastet die vollständige Inkompetenz viele Politiker vom Vorwurf der Lüge. Der Princetoner Philosophieprofessor Harry G. Frankfurt nennt das hirnlose Geschwafel ohne die Spur von

Sachkenntnis »Bullshit«: »Der Bullshitter … steht weder auf der Seite des Wahren noch auf der des Falschen. Es ist ihm gleichgültig, ob seine Behauptungen die Realität korrekt beschreiben. Er wählt sie einfach so aus oder legt sich so zurecht, dass sie seiner Zielsetzung entsprechen.«[55]

Weil manch ein Politiker mangels Kompetenz die Wahrheit gar nicht kennt, lügt er eigentlich nicht bewusst, sondern plappert wie ein Papagei nur nach, was andere ihnen souffliert haben, um dazuzugehören und/oder Karriere zu machen. Und wenn die Souffleure Einpeitscher des Turbokapitalismus sind, dann heißen die Schlachtrufe des Politikers eben schlanker statt sozialer Staat, freie statt soziale Marktwirtschaft.

7. Die Kernkompetenz der Politiker

Neben dem Vortäuschen von Kompetenz besteht offenbar die eigentliche Fähigkeit vieler Politiker im Machtkampf, vorzugsweise in eigener Sache. Das verwundert nicht, beruht doch die gesamte Marktwirtschaft auf der Annahme, dass jeder sich selbst der Nächste sei. Warum also sollten ausgerechnet Politiker keine Egoisten sein?

So bemerkt 1992 sogar der damalige qua Amt eigentlich neutrale und gemäßigte Bundespräsident Richard von Weizsäcker: »Bei uns ist ein Berufspolitiker im Allgemeinen weder ein Fachmann noch ein Dilettant, sondern ein Generalist mit dem Spezialwissen, wie man politische Gegner bekampft.«[56]

Schon Anfang 2004 beklagt der Politologe Wilhelm Hennis, »dass die Politiker nicht mehr die Kenntnisse haben, die sie haben müssten. Sie kommen als Lehrer in den Bundestag und verstehen von nichts etwas – außer davon, wie man im Ortsverein seine Mehrheit organisiert.«[57] Heute würde Hennis wohl auch noch die Juristen als Synonym für ahnungslose, aber machtbeflissene Volksvertreter nennen. Wie richtig er damit liegt, werden wir noch sehen.

8. Müssen Kritiker es besser können?

Häufig verlangen bloßgestellte »Experten« von ihren Kritikern, sie sollten gefälligst sagen, wie man es besser macht. Dies müssen die Kritiker aber keineswegs: Wer nachweist, dass man durch bloßes Schwingen der Arme nicht zum Saturn fliegen kann, muss kein Raumschiff konstruieren, ja nicht einmal darlegen, ob ein solcher Flug überhaupt möglich ist.

Wer damit allerdings ein Häuflein Erstklässler beauftragt, beweist sein fehlendes Interesse an der Lösung. Entsprechend bedeutet auch die Kritik an der Wirtschaftskompetenz keineswegs, die Probleme der Marktwirtschaft seien hauptsächlich eine Kompetenzfrage.

So beweist ja gerade die Weltfinanzkrise, dass der Turbokapitalismus auf die Gesellschaft ähnlich wirkt wie der Tsunami auf den Ausflugsdampfer. Vielleicht kann auch der beste Kapitän nichts ausrichten; aber wer einem Minigolfprofi die Kommandobrücke anvertraut, verrät deutlich, dass er auf kompetentes Personal gar keinen Wert legt, weil ihm Schiff und Passagiere völlig wurscht sind und er andere Ziele ansteuert.

Dass also Fachwissen nicht den Erfolg garantiert, bedeutet noch lange nicht, dass unsere Volksvertreter nach Gutdünken die Sicht der Dinge wie Hemden wechseln können. Natürlich kann Politik nirgendwo auf der Welt frei von internationalen Einflüssen betrieben werden. Lächerlich ist aber jenes sattsam bekannte Ritual: Regierungen geben alles Positive, zum Beispiel einen Aufschwung, stets als eigene Leistung aus und schieben alles Negative auf »die Weltlage« – und die Opposition sieht es aus Prinzip genau umgekehrt.

Übrigens ist es beim Kompetenznachweis wie im Leistungssport: Ein Weltrekord kann auch durch Doping erzielt worden sein. Ein letzter Platz dagegen ist ein letzter Platz.

Man braucht sich also nicht zu wundern, wenn die Bürger von dem, »was hinten rauskommt« (Helmut Kohl), auf die Kompetenz schließen, nach der Devise: »Ein Versprechen *nicht* halten, einen Plan *nicht* erfüllen, ein Ziel *nicht* erreichen kann ich auch, dazu brauche ich keine überbezahlten Politiker.«

9. Unsere Besten:
Das Kompetenzteam Bundesregierung

Selbst eine Hauptschule und erst recht ein Gymnasium verfährt normalerweise nach dem Prinzip, dass die Englischlehrerin Englisch, der Biologielehrer Biologie und die Mathematiklehrerin Mathematik unterrichtet. Umgekehrt stellt ein Frisiersalon selten einen Maurer, eine Autowerkstatt eine Internistin oder eine Apotheke einen Fliesenleger ein.

Gerade dieses lustige System aber wird bei der Besetzung der Ressorts der Bundesregierung angewandt:

Bundeskanzleramt
Bundesminister für besondere Aufgaben:
    Thomas de Maizière, Jurist
Staatsminister für Bund-Länder-Koordination:
    Hermann Gröhe, Jurist
Staatsminister für Kultur und Medien: Bernd Neumann, Lehrer
Staatsministerin für Migration, Flüchtlinge, Integration:
    Maria Böhmer, Pädagogin

Auswärtiges Amt

Minister: Frank-Walter Steinmeier, Jurist
Staatsminister: Gernot Erler, Erstes Lehrerexamen
Staatsminister: Günter Gloser, Jurist
Beamteter Staatssekretär: Reinhard Silberberg, Soziologe
Beamteter Staatssekretär: Georg Boomgaarden, Geophysiker
Beamteter Staatssekretär: Heinrich Tiemann,
    Diplomverwaltungswirt

Bundesministerium für Wirtschaft und Technologie

Minister: Karl-Theodor Freiherr zu Guttenberg, Jurist
Staatssekretär: Peter Hintze, Theologe
Staatssekretärin Dagmar Wöhrl, Juristin
Staatssekretär: Hartmut Schauerte, Jurist
Beamteter Staatsekretär: Walther Otremba, Volkswirt
Beamteter Staatsekretär: Bernd Pfaffenbach, Volkswirt
Beamteter Staatsekretär: Joachim Wuermeling Jurist

Bundesministerium der Finanzen

Minister: Peer Steinbrück, Volkswirt
Staatssekretär: Karl Diller, Lehrer
Staatssekretärin: Nicolette Kressl, Gewerbeschullehrerin
Beamteter Staatssekretär: Jörg Asmussen, Volkswirt
Beamteter Staatssekretär: Axel Nawrath, Jurist
Beamteter Staatssekretär: Werner Gatzer, Jurist

Bundesministerium der Justiz

Ministerin: Brigitte Zypries, Juristin
Staatssekretär: Alfred Hartenbach, Jurist
Beamteter Staatssekretär: Lutz Diwell, Jurist

Bundesministerium für Gesundheit
Ministerin: Ulla Schmidt, Sonderschullehrerin
Staatssekretärin: Marion Caspers-Merk, Politikmagistra
Staatssekretär: Rolf Schwanitz, Diplomjurist
Beamteter Staatssekretär: Theo Schröder, Volkswirt

Bundesministerium für Arbeit und Soziales
Minister: Olaf Scholz, Jurist
Staatssekretär: Klaus Brandner, Elektromechaniker
Staatssekretär: Franz Thönnes, Industriekaufmann
Beamteter Staatssekretär: Rudolf Anzinger, Jurist
Beamteter Staatssekretär: Franz-Josef Lersch-Mense,
Germanistikstudium

Bundesministerium für Verteidigung
Minister: Franz Josef Jung, Jurist
Staatssekretär: Thomas Kossendey, Jurist
Staatssekretär: Christian Schmidt, Jurist
Beamteter Staatssekretär: Peter Wichert, Jurist
Beamteter Staatssekretär: Rüdiger Wolf, Jurist

**Bundesministerium für Umwelt,
Naturschutz und Reaktorsicherheit**
Minister: Sigmar Gabriel, Lehrer
Staatssekretär: Astrid Klug, Bibliothekarin
Staatssekretär: Michael Müller, Betriebswirt
Beamteter Staatssekretär: Matthias Machnig, Soziologie-
studium

Bundesministerium des Innern
Minister: Wolfgang Schäuble, Jurist
Staatssekretär: Christoph Bergner, Agraringenieur

Beamteter Staatssekretär: Bernhard Beus, Jurist
Beamteter Staatssekretär: Peter Altmaier, Jurist
Beamteter Staatssekretär: August Hanning, Jurist

Bundesministerium für Bildung und Forschung
Ministerin: Annette Schavan, Pädagogin
Staatssekretär: Thomas Rachel, Politologe
Staatssekretär: Andreas Storm, Volkswirt
Beamteter Staatssekretär: Michael Thielen, Politologe
Beamteter Staatssekretär: Frieder Meyer-Krahmer, Volkswirt

Bundesministerium für Ernährung, Landwirtschaft und Verbraucherschutz
Ministerin: Ilse Aigner, Elektrotechnikerin
Staatssekretärin: Ursula Heinen, Volkswirtin
Staatssekretär: Gerd Müller, Wirtschaftspädagoge
Beamteter Staatssekretär: Gert Lindemann, Jurist

Bundesministerium für Verkehr, Bau und Stadtentwicklung
Minister: Wolfgang Tiefensee, Elektroingenieur
Staatssekretär: Achim Großmann, Diplompsychologe
Staatssekretär: Ulrich Kasparick, Theologe
Staatssekretär: Karin Roth, graduierte Sozialarbeiterin
Beamteter Staatssekretär: Engelbert Lütke Daldrup, Raumplanungsingenieur

Bundesministerium für Wirtschaftliche Zusammenarbeit und Entwicklung
Ministerin: Heidemarie Wieczorek-Zeul, Lehrerin
Staatssekretärin: Karin Kortmann, Sozialarbeiterin (FH)
Beamteter Staatssekretär: Erich Stather, Soziologe (M. A.)

Bundesministerium für Familie, Senioren, Frauen und Jugend
Ministerin: Ursula von der Leyen, Ärztin
Staatssekretär: Hermann Kues, Volkswirt
Beamteter Staatssekretär: Gerd Hoofe, Jurist

Zumindest auf dem Papier sieht es nicht danach aus, als habe die Fachkompetenz überwiegende Bedeutung für die Besetzung der Spitzenjobs in den Fachressorts. Wer also als heutiger Abiturient später einmal Gesundheitsminister oder Finanzstaatssekretär werden möchte, sollte nicht Medizin oder Volkswirtschaft, sondern »auf Lehramt« studieren. Wer es dagegen zum Sozialstaatssekretär bringen möchte, vergisst am besten die Uni ganz und sucht sich eine Lehrstelle als Elektromechaniker. Wer sich aber für gar kein Fachgebiet interessiert, sondern ganz allgemein als Minister oder Staatssekretär ganz groß rauskommen will, der sollte das Universalfach Jura studieren. Das hält dem Jungkarrieristen alle Türen offen. Oder wie Loriot über das Jodeldiplom sagt: »Da hat man etwas, wenn die Kinder aus dem Haus sind.«

9.1. Juristen bevorzugt

Was bei den nervigen deutschen Pseudopromis die Fernsehköche und Starfriseure sind, das sind in der Politik die Juristen und Lehrer: Man stolpert ständig über sie: So sitzen in der aktuellen Regierung (Minister und Staatssekretäre) 27 Juristen, neun Volkswirte und immerhin zehn Lehrer.

Noch extremer sieht es im Bundestag aus: War in der letzten Legislaturperiode die Vorherrschaft der Anwälte und Lehrer mit 82 und 63 schon recht ausgeprägt, so sattelten beide diesmal noch drauf: Juristen und Pädagogen stellen gemeinsam mehr als ein Drittel aller Abgeordneten. Von den 612 Abgeordneten sind: 143 Juristen, 82 Lehrer oder Sozialarbeiter, 60 Diplom-Ökonomen, Volks- oder Betriebswirte, 44 Politologen oder Soziologen, 22 Kaufleute, 20 Ingenieure, 19 Verwaltungsbeamte (gehobener Dienst), 18 Diplomland- oder Landwirte, 12 Geistliche, 9 Philosophen, Historiker oder verwandte Berufe, 7 Ärzte, 6 Philologen und 5 Mathematiker.[58]

Dass es auch in diesem Bundestag von Anwälten nur so wimmelt, hat einen guten Grund, wie Parlamentsforscher Wolfgang Ismayr andeutet: »Die zahlreichen (neu) als Rechtsanwälte eingetragenen Abgeordneten können sich … auf ihr Zeugnisverweigerungsrecht berufen und brauchen Beraterverträge mit Wirtschaftsunternehmen nicht einmal gegenüber dem Präsidenten anzugeben.«[59] Nicht zufällig sind unter den neun Bundestagsabgeordneten, die im Frühjahr 2006 gegen die Offenlegung ihrer Nebeneinkünfte vor dem Bundesverfassungsgericht klagen, fünf Anwälte – im Juli 2007 schmettert das BVG die Klage allerdings ab.

Dass weder die Regierung noch der Bundestag – allen frommen Wünschen der Verfassungsromantiker zum Trotz – ein repräsentatives Abbild der Gesellschaft sein kann, liegt auf der Hand. Zum einen kann sich in einer Parteiendemokratie nur ein bestimmter Menschenschlag durchsetzen. Zum anderen bedeutet ja die Inkompetenz heutiger Spitzenpolitiker noch lange nicht, dass die ominösen kleinen Leute auch nur einen Hauch kompetenter wären – zumal wenn sie ihre »Allgemeinbildung« ebenfalls nur aus »Bild, BamS und Glotze« beziehen. Noch fataler ist die Illusion, die soziale Herkunft würde einen Politiker zum Vertreter der Interessen dieser Schicht machen. Gerade Leute wie Gerhard Schröder sind ein beredtes Beispiel dafür, dass eine Kindheit in »ärmlichen Verhältnissen« bei manchen Aufsteigertypen nicht etwa »Klassensolidarität« oder wenigstens Mitfühlen gegenüber sozial Schwächeren garantiert, sondern im Gegenteil den festen Willen: »Da unten will ich nie wieder landen.« Während Müntefering zum Beispiel mit seinem roten Schal und dem ewigen »Glückauf« wenigstens noch »Arbeiterklasse« vorspielt, gab Schröder im Brioni-Zwirn und mit Cohiba-Zigarre den eitlen Parvenü, eben Molières *Bürger als Edelmann.*

Worauf die Bürger aber Anspruch haben und auch erheben sollten, das ist die herausragende geistig-moralische Qualität ihrer Volksvertreter ebenso wie die Fachkompetenz ihrer Regierenden.

10. »Wie soll ich das wissen?« – Verschwendung als Folge von Inkompetenz

Die gesamte Verschwendungsdiskussion ist lachhaft, scheinheilig, makaber und eigentlich überflüssig angesichts des gigantischen Geschenkpakets des Steuerzahlers an die Banken und die Industrie – oder sollte man es »Schutzgeld« nennen? Jedenfalls bleibt auch ein »alternativloses«, also erzwungenes Präsent ein Präsent. Wenn ohne die Billionen Euro Staatsgelder das gesamte Wirtschaftssystem kollabiert hätte, sagt das nur etwas über die technisch-moralische Qualität der (freien) Marktwirtschaft aus. Konzernrettung bedeutet nämlich im Kern nichts anderes als Stützung des Börsenkurses, also Erhöhung des leistungslosen Einkommens der Großaktionärskaste auf Staatskosten. Und wenn noch dazu – wie in den USA unverfroren offen vorgeführt – Milliardensubventionen zum großen Teil ohne Umweg in die Taschen der kriminellen Zockerbanden (»Investmentbanker«) fließen, die im Gegenzug mit »Spenden« an die Politik nicht geizen, dann offenbart dies die fließenden Grenzen zwischen Inkompetenz und Korruption.

Insofern ist auch eine läppische Millionenverschwendung nicht nur unter dem Aspekt *Kleinvieh macht auch Mist* von Bedeutung. Sie lässt auch Schlüsse zu, inwieweit Korruption das Schmieröl der Wirtschaft und der Gesellschaft ist. Anders gefragt: Beruht die jeweilige Verschwendung von Steuergeldern auf tatsächlicher Unfähigkeit, Verantwortungslosigkeit und Schlamperei oder hat sie ein »Geschmäckle«?

So wird man den weitaus meisten Spitzenpolitikern durchaus abnehmen, dass sie reinen Herzens die plumpen Werbesprüche der Initiative Neue Sozialmarktwirtschaft und der neoliberalen professoralen Talkshow-Stammbesatzung für »Wirtschaftswissenschaft« gehalten und folglich die blindwütige, hirnverbrannte und verantwortungslose Zockerei mit »unternehmerischem Risiko« verwechselt haben. Immerhin investierte ja sogar die Oldenburgische Landeskirche im Geiste Jesu Christi und zur Schadenfreude der *Welt* (»Dieses Geld dürfte weg sein«) 4,3 Millionen Euro in Bonds und Zertifikate von *Lehman Brothers*.

Wenn aber zum Beispiel der Bürgermeister einer Nordsee-Insel seinen Vetter mit dem Bau einer Skiflugschanze beauftragt, dann kann er sich hinterher wohl kaum auf seine mangelnde Erfahrung im Wintersport berufen.

10.1. »Ehrliche« Verschwendung

Allein der Bundesrechnungshof stellt in seinen jährlichen Bemerkungen hanebüchene Verschwendungen fest, 2008 zum Beispiel mehr als zwei Milliarden Euro.[60]

Und wie immer, wenn man Steuergeld »sinnlos verballert« (*Welt Online*), ist Wolfgang Tiefensees Verkehrsministerium vorn mit dabei:

- Die Deutsche Bahn AG erhält 44 Millionen Euro für den Neubau der Bahnstrecke zwischen Köln und Frankfurt, die gar nicht gebaut wurde.
- Ebenfalls die Bahn bekommt 150 Millionen Euro gesetzeswidrige Fördermittel für Bahnsteige, Treppen und Aufzüge in Bahnhöfen.
- Die Wirtschaftlichkeit des Neu- und Ausbaus von Schienenwegen mit jährlich 1,7 Milliarden Euro Bundesmitteln ist inzwischen aufgrund veralteter Nutzen-Kosten-Maßstäbe äußerst strittig.
- Ohne Zustimmung des Bundestags schanzt Tiefensee seinem Parteifreund Hartmut Mehdorn 50,5 Millionen Euro Bundesmittel zum Ausbau der Bahnstrecke zwischen Köln und Aachen bis zur belgischen Grenze zu.
- Überflüssiger Schnickschnack beim Ausbau der Bundesstraße 286 bei Bad Kissingen mit Kreuzungen, Unterführungen, Brücken und zusätzlichen Fahrstreifen kostet 8,3 Millionen Euro. Zudem soll für 9,3 Millionen die Verbindung der B 286 zur Bundesstraße 287 südlich von Bad Kissingen gebaut werden, obwohl sie nicht im Bedarfsplan des Bundes vorgesehen ist.

Aber auch das Verteidigungsministerium hält in Sachen Verschwendung gut mit:

- Die Technische Materialprüfung für die Bundeswehr gibt jährlich 3,5 Millionen Euro zu viel aus, weil längst angekündigte Kürzungen beim Personal noch nicht umgesetzt sind.
- Die Bundeswehr mietet für 2,7 Millionen Euro untaugliche Flugzeugschlepper, kauft für 25 Millionen Euro zwei mobile Radarsuchgeräte und Transporter, deren Leistungsfähigkeit noch in den Sternen steht, und gibt 3,6 Milliarden Euro für

neue Hubschrauber des Typs UH-Tiger aus – 630 Millionen Euro mehr als geplant. Dabei leistet der Helikopter weniger als versprochen und wird später als vereinbart ausgeliefert.

- Da lässt sich auch die Deutsche Rentenversicherung nicht lumpen: Zu große und zu viele Büros, allein in Berlin über 50 000 m² mehr als nötig, verschlingen überflüssige 15 Millionen Euro jährlich, und der Leerstand von 11 000 m² in Gera und Stralsund kostet 3,5 Millionen Euro im Jahr.

Den größten Batzen Geld aber lässt das Bundesfinanzministerium sausen: Es verschenkt seit 1991 jährlich rund 110 Millionen Euro, insgesamt bis jetzt knapp 1,9 Milliarden Euro, weil die Finanzämter auf Einkünfte der Steuerpflichtigen im Ausland bisher keinen Solidaritätszuschlag erheben.

All diese grenzenlose Schlamperei dient natürlich als Argument für die notorischen Staatsfeinde der besonderen Art: »So schlecht wirtschaftet der Staat«, meinte zum Beispiel *Spiegel Online* unmittelbar vor Ausbruch der Weltfinanzkrise und suggerierte damit, dass Verschwendung und Stümperei bei den privaten Selbstbereicherern natürlich nicht vorkommt …

Versuch macht klug – Nachbesseritis als Regierungsstil

Versuch und Irrtum, von weltgewandten Denglisch-Jüngern auch *Trial and Error* genannt, ist eine der wichtigsten Methoden zur Menschwerdung des Affen: Man probiert einfach so lange, bis es passt. Wenig hilfreich und meist peinlich ist sie, wenn unsere Spitzenpolitiker sie mangels Fachkompetenz notgedrungen anwenden.

Bei Hartz IV beispielsweise wird permanent nachgebessert oder »nachjustiert«, wie Wolfgang Thierse es hochtrabend nennt. So verlängert man das Arbeitslosengeld für Ältere, verschärft die Bedingungen für die Ich-AG, löst diese durch den Gründungszuschuss ab und dehnt die Minijobs, zuerst nur für Haushaltshilfen gedacht, auf die gesamte Wirtschaft aus. 2007 verdienen 7 Millionen »geringfügig Beschäftigte« höchstens 400 Euro im Monat. Und weil zu viele Hausfrauen, Rentner oder Studenten dies als Zusatzverdienst nutzen, erhöht man die Pauschale für Steuern und Sozialabgaben von 25 auf 30 Prozent.

Noch ehe die erste Stufe Gesundheitsreform am 1. April 2008 in Kraft tritt, muss »der große Pfusch« *(Stern)* wegen »kleiner Unrichtigkeiten« nachgebessert werden. Nicht ganz zu Unrecht wertet der FDP-Gesundheitsexperte Daniel Bahr dies als »Armutszeugnis und Beleg dafür, dass es der Koalition am Ende nicht mehr um Sach-, sondern nur um Machtfragen« gegangen sei.[61]

Bei Justizministerin Brigitte Zypries und Innenminister Wolfgang Schäuble muss hingegen das Bundesverfassungsgericht permanent korrigieren. Die Vorratsdatenspeicherung stoppte es ebenso wie den Abschuss von Passagierflugzeugen und die Online-Durchsuchung.

Auch Verkehrsminister Tiefensee muss seinen Gesetzentwurf zur Bahnprivatisierung mehrmals nachbessern. Erst mit, dann ohne Schienennetz, schließlich blickt niemand mehr durch, und dann kommt auch noch die Finanzkrise dazwischen. Ihr allein und nicht einem letzten Rest von Verantwortungsgefühl eines Politikers ist es zu verdanken, dass die Bahn nicht längst im Rachen irgendwelcher – wie sich ja heute offenbart – hochkrimineller Heuschrecken gelandet ist.

Der Super-GAU: Die Finanzkrise

Dass für die neoliberalen Koryphäen die Weltfinanzkrise »völlig überraschend« kam, bedeutet nicht, dass sie es war. Marxsche oder keynesianische Ökonomen wissen um den Krisenzyklus und wiesen schon Anfang 2005 darauf hin, dass es bald wieder so weit sei. Es handelte sich schlicht um eine der periodischen *Überproduktions-* bzw. *Unterkonsumtionskrisen.* Die Unternehmen sind bestens aufgestellt, Maschinen, Vertriebsorganisationen und Rohstoffzufuhr erstklassig, auch Arbeitskräfte überreichlich vorhanden und ebenso mehr als ausreichend mögliche Abnehmer. Nur leider »kaufen Autos keine Autos« (Henry Ford) – die potenziellen Käufer haben kein Geld. Mit unabgesicherten Krediten gab man ihnen die Möglichkeit, auch ohne eigenes Geld Häuser und Lebensnotwendiges zu kaufen. Hätte man ihnen das Geld einfach geschenkt, so hätte es die Krise in dieser Form nicht gegeben!

Da aber in der Marktwirtschaft die Umverteilung an das Volk »irrational« ist – dann könnte man ja gleich den verhassten »Sozialismus« einführen – und die Kredithaie sich ebenfalls eine goldene Nase verdienen wollen, erfand man den Derivathandel als gigantisches Kettenbrief-Spiel. Man versicherte die faulen Kredite bei jeweils noch risikofreudigeren Banken – ein Dummer musste einen noch Dümmeren finden. Dies konnte und musste man wissen. Dabei ist es auch bei der fast elf Milliarden Euro teuren IKB-Pleite eigentlich egal, ob das unglaubliche Desinteresse und die sprichwörtliche Inkompetenz des Verwaltungsrats oder eine irrwitzige Zockermentalität schuld waren. Sogar das 500 Milliarden Euro schwere Bankenrettungspaket – so viel wie der Bundesetat für Bildung und Forschung für 50 Jahre – war keineswegs ein »Sachzwang der Globalisierung«. Schließlich haben leibhaftige Bundesregierungen mit der Steuerbefreiung für Firmenverkäufe, der Legalisierung der Hedgefonds – über die Mitarbeit einer Heuschreckenjuristin am Gesetzestext berichten wir noch – und der Zulassung der Immobilien-Aktiengesellschaften, *Reits* (Real Estate Investment Trusts), die nationalen Voraussetzungen für die globale Zockerei geschaffen. Sogar etliche Stadtkämmerer haben sich mittlerweile aufs

Spekulieren verlegt. Hunderte Städte verloren zweistellige Millionenbeträge durch sogenannte Swap-Geschäfte, bei denen zum Beispiel ein langfristiger Kredit mit kurzfristig besorgtem Geld gegenfinanziert wird. Läuft es gut, profitiert man vom Zinsunterschied. Doch klettern die Kurzfristzinsen, hat man ein Problem. Auf diese Weise verzockte die Stadt Hagen mehr als 50 Millionen Euro, Remscheid verspielte über 13, Neuss 10, Mülheim 6 Millionen und die Entsorgungs-Gesellschaft Westmünsterland rund 4,4 Millionen Euro.[62]

Dilettantismus mit Geschmäckle

Die flapsige Frage »Bist du so blöd oder tust du nur so?« ist bei manchen Fällen stattlicher staatlicher Geldverschwendung durchaus angebracht, wie zum Beispiel bei der Teilverstaatlichung der *Commerzbank*. Warum hat man für die Finanzspritze von 18 Milliarden Euro das Geldhaus angesichts dessen Börsenwertes von gerade noch 3,5, Milliarden nicht ganz übernommen und begnügte sich mit der Sperrminorität von 25 Prozent? Konnten Merkel, Steinbrück und Co. nicht rechnen oder ging es einmal mehr gar nicht um das Gemeinwohl, sondern um den *Shareholder Value*, also um die Steigerung des Aktienkurses?

Der Schweizer Wirtschaftsprofessor Thomas Straubhaar moniert an Teilverstaatlichungen, »dass sich der Staat mit privaten Eigentümern ins selbe Bett legt«. Der Clou: »Wenn das Geld des Steuerzahlers gut angelegt ist und … der Aktienwert tatsächlich wieder steigt, kommen auch die bisherigen Commerzbank-Eigentümer in den Genuss der Wertsteigerung, ohne dass sie zusätzliche Risiken eingehen und Kapital nachschießen mussten.« Folglich würden bedrohte Konzerne »genau auf diesen Effekt spekulieren und entsprechendes Fehlverhalten an den Tag legen.«[63]

Finanziert das einfache, zumeist hart arbeitende Volk erneut das leistungslose Einkommen einiger weniger steinreicher Großaktionäre? »Aber nur die Linkspartei prangert dies als Enteignung der Bürger an – um Zockerschulden der Bank zu begleichen«, klagt selbst *Springer*-Vorstandschef Mathias Döpfner: »Damit hat die SED-Nachfolgepartei leider recht.«[64]
Aber auch im »Kleinen« wimmelt es von Beispielen zwielichtiger Inkompetenz:

- In Berlin entsteht aufgrund von Planungsfehlern und den damit verbundenen Baugenehmigungen beim Verkauf eines Grundstücks am sogenannten Spreedreieck ein Schaden von mindestens 20 Millionen Euro.[65]
- In Dresden bringt die Zusammenlegung von Arbeitsämtern statt Einsparungen allein durch Sanierungskosten etwa 23 Millionen Euro Verlust.
- In Hamburg wird ein *Digitales Wahlstift-System* entwickelt, aber nach Bedenken des *Chaos Computer Clubs* gleich wieder eingestampft. Gesamtschaden: 4,5 Millionen Euro.
- In Kaiserslautern kauft die Stadt dem Fußballzweitligisten FC erst das Stadion ab und erlässt ihm dann die jährliche Stadionmiete von 1,5 Millionen Euro, über ein Drittel davon trägt das Land Rheinland-Pfalz.
- In Nordrhein-Westfalen kostet das seit 1991 geplante einheitliche EDV-System für alle Landesbehörden nicht wie veranschlagt 1,8 Millionen, sondern stattliche 43 Millionen Euro.
- Bad Schussenried (Baden-Württemberg) leistet sich für 3,36 Millionen Euro ein Bewegungsbad, das nie eröffnet wird – und für das man bei der späteren Versteigerung gerade einmal 226 000 Euro erhält.
- Weilburg (Hessen) gönnt sich ein überflüssiges Parkhaus.

Der Bund der Steuerzahler findet: »Dass die Baukosten für die knapp 200 Einstellplätze derzeit bei 4,5 Mio. Euro liegen, fast 1,37 Mio. Euro mehr als geplant, ist schlimm genug. Der eigentliche Skandal ist aber, dass das neue Parkhaus gar nicht nötig wäre.«

• Höxter (NRW) baut für 73 000 Euro an der Weser eine Aussichtsplattform. Dabei gibt es nur wenige Schritte entfernt genau den gleichen Ausblick.

Was es mit der »Inkompetenz« bei der Bedarfsplanung oft wirklich auf sich hat, wissen wir endgültig seit dem berüchtigten Kölner Müllklüngel. Damals flog auf, dass man gegen bis zu elf Millionen Euro Schmiergeld einen nicht vorhandenen »Bedarf« festgestellt hatte: Nicht wegen Unfähigkeit bei der Planung, sondern wegen Bestechlichkeit erhalten Zahler und Empfänger im Mai 2004 vom Kölner Landgericht bis zu drei Jahre und neun Monate Gefängnis.

10.2. Beraterboom: »Wir machen das schon«

Bei so viel geballter Inkompetenz ist professionelle Hilfe gefragt: Über 30 Millionen Euro verpulvert die Bundesregierung jährlich für externe Berater, im Haushaltsjahr 2007 laut einer Liste des Finanzministeriums zum Beispiel 32 430 619 Euro. Das erscheint auf den ersten Blick zwar weniger als bei Rot-Grün: Von 1998 bis 2003 spendierten Schröder & Co. allen möglichen Beratern und Sachverständigen fast 190 Millionen Euro, davon 128 Millionen Euro für mehr als 1700 Analysen und Studien, 48 Millionen für 361 Experten der einzelnen Ministerien und 12 Millionen Euro für Expertenkommissionen. Aber dieser Eindruck täuscht, weil die jetzige Liste nur Aufträge von mindestens 50 000 Euro enthält und Schwarz-Rot möglicherweise von den Schatzmeistern gelernt hat: Nach der Spenden- jetzt also die Honorarstückelung.

An der Spitze der Beratersanierer steht jedenfalls Wolfgang Tiefensees Verkehrsministerium mit 13,7 Millionen Euro, gefolgt von den Ressorts Inneres mit 6,0 Millionen, Verteidigung mit 4,6, Finanzen mit 2,0, Forschung mit 1,9 und Entwicklungshilfe mit 1,7 Millionen Euro. Gerade mickrig wirken dagegen die 163 067 Euro für externe Berater des Kanzleramts.

Nun fragt man sich natürlich, wozu die Regierung eine solch gigantische Ministerialbürokratie braucht und was die knapp 20 000 Mitarbeiter den ganzen Tag über machen. Denn was den sündhaft teuren Beratungsfirmen zugeschustert wird, ist meist typische Beamtenarbeit: In vielen Dingen könne man locker mithalten, meint etwa der Chef des Landesrechnungshofs Baden-Württemberg, Martin Frank. Allerdings bemühte man Franks Behörde in zwölf Jahren nur dreimal.

Drei »Fehler« springen bei der Beraterauswahl durch die Ministerien ins Auge: Sie wählen Berater aus, die vom Verwaltungsdschungel keinen Schimmer haben, sie »schanzen die Aufträge ohne Ausschreibung alten Bekannten zu – die so deutlich überhöhte Honorare kassieren können«, und sie »geraten bei Großprojekten in völlige Abhängigkeit von Beratern, die sich dann ganze Serien von Aufträgen verschaffen«.[66]

Eine der dümmsten Ausreden für den galoppierenden Beraterwahn ist die Behauptung, durch die Globalisierung sei alles »komplizierter« geworden. »Schwachsinn! Mit dieser Litanei kann man alles entschuldigen«, erbost sich da der Politikprofessor Wilhelm Hennis. »Ist etwa der Wiederaufbau nach 1945 unkompliziert gewesen? Das waren doch viel größere Aufgaben«. Und: »In den fünfziger Jahren wäre es vollkommen unvorstellbar gewesen, dass die Regierung McKinsey oder Roland Berger beschäftigt hätte.«[67]

Vor allem ist recht amüsant, wer da alles über »zunehmende Komplexität« räsoniert: Politiker, deren eigene Wirtschaftsqualifikation in einem abgebrochenen Psychologiestudium oder in einer Lehrerausbildung besteht, oder Berater, die vielen als »graduierte Idioten«[68] oder als »29-jährige Bubis aus dem BWL-Bereich«[69] gelten.

D. Von Asmussen bis Zypries –
Wer kann und tut was?

Bundesdeutsche Eliten zeichnen sich durch mindestens eine der folgenden Eigenschaften aus:

- Berühmt – wie Promifriseure, Fernsehköche und Models mit Schuhgrößen-IQ.
- Reich – wie Milliardärsclans, die seit Generationen keiner ehrlichen Arbeit mehr nachgehen.
- Mächtig – wie Konzernbosse, die zum Beispiel allein mit der Drohung des Arbeitsplatzabbaus ihre Ziele erreichen können.
- Klug – wie Quizmaster, die als Alleswisser auch schwierigste Fragen beantworten können.

Eine Mischung aus alledem ist unsere politische Elite. Der gelegentlich verwendete Begriff *Politische Klasse* besagt aber nur, dass Berufspolitiker – ähnlich wie Ärzte, Polizisten oder Journalisten – über alle Differenzen hinweg gemeinsame Interessen haben. Meist betrifft dies ihr Einkommen, ihren Ruf in der Gesellschaft oder das Zusammenhalten gegen Kritik (»eine Krähe hackt der anderen kein Auge aus«). *Politische Klasse* bedeutet aber weder *herrschende* Klasse: diese vom Boulevard oft aufgestellte Behauptung soll eher die offensichtliche Abhängigkeit der Politik von der Wirtschaft verschleiern. Noch bedeutet es – wie von gewissen Straßenmedien ebenfalls oft nahegelegt – *kennste einen, kennste alle.* Überhaupt hat pauschale Diffamierung nichts »Fortschrittliches«, sondern ist nur

die zeitgemäße Variante des jahrhundertealten, meist konse-
quenzlosen Schimpfens der tumben Untertanen auf »die Ob-
rigkeit«. In Wahrheit gibt es auch unter den Volksvertretern
»solche und solche«, wie wir jetzt sehen werden.

1. Macher und Entscheider

Unter Blinden ist der Einäugige in einer Monarchie König, in
einer Demokratie Spitzenpolitiker. Was sich als Macher präsentiert, darf man sich aber nicht als Ich-AG vorstellen, sondern als Gesamtkunstwerk. So wie ein *Tagesschau*-Sprecher
sich auf über hundert Mitarbeiter stützt und lediglich etwas
vom Teleprompter abliest, so haben auch die politischen Macher und Entscheider ganze Heerscharen von wissenschaftli-
chen Mitarbeitern, Rhetoriklehrern, Redenschreibern, Image-
beratern und Werbefachleuten, ohne die sie sich vermutlich
auf dem deregulierten Arbeitsmarkt beweisen müssten. Aber
was soll's? Schließlich ist auch nicht alles Rembrandt, wo Rembrandt draufsteht, und schon so manch einem Professor gefiel
die Arbeit eines Studenten so gut, dass er sie spontan unter
seinem eigenen Namen veröffentlichte. Selbstverständlich gab
und gibt es große politische Persönlichkeiten. Ob unsere aktuellen Alpha-Weibchen und -Männchen dazugehören, mag der
mündige Bürger selbst entscheiden.

Angela Merkel (CDU), Diplomphysikerin,
Bundeskanzlerin, Parteichefin
Politisch abwaschbarer, ferngesteuerter Hosenanzug?

Angela Merkel, geboren am 17. Juli 1954 in Hamburg, aufgewachsen in Templin (Brandenburg), ist »politisch abwasch-

bar«.[70] Gestern noch FDJ-Funktionärin, gerade eben noch eine der letzten Freundinnen von George W. Bush und heute gleichzeitig entschiedene Vorkämpferin und harte Kritikerin der neoliberalen Umverteilung.

1973 tritt sie rechtzeitig zu Beginn ihres Physikstudiums der FDJ bei. Nach Examen 1978 und Promotion 1986 arbeitet sie bis zur Wende 1990 am Institut für Physikalische Chemie der Akademie der Wissenschaften Berlin und bringt es zur Funktionärin für Agitation und Propaganda in der FDJ-Leitung. Wer weiß, wie weit nach oben *dieser* Weg gegangen wäre? Aber dann fällt die Mauer: PR für Honeckers DDR ist *out*, Lobgesänge auf die bundesdeutsche Marktwirtschaft sind *in:* Neue Karriereziele müssen her.

1989 tritt sie dem »Demokratischen Aufbruch« bei, 1990 der CDU, und gleich nach der Volkskammerwahl im Frühjahr 1990 wird sie Vizeregierungssprecherin der Regierung Lothar de Maizière. Die erste gesamtdeutsche Wahl Ende 1990 spült sie in den Bundestag.

1991 macht Helmut Kohl »das Mädchen« (O-Ton Kohl) zur Familienministerin, zur Vizechefin der Bundes-CDU und 1994 zur Umweltministerin. Nach der Wahlniederlage 1998 wird sie unter dem neuen CDU-Chef Wolfgang Schäuble Generalsekretärin. Beim Spendenskandal rückt sie schneller und klarer als Schäuble von Kohl ab, und als Schäuble wegen der berühmten »100 000-Mark-Spende« des Waffenlobbyisten Karlheinz Schreiber zurücktritt, wird Merkel im April 2000 neue Parteichefin. Nachdem ihr Edmund Stoiber 2002 die Kanzlerkandidatur wegschnappt und prompt die Wahl verliert, wird sie zunächst CDU/CSU-Fraktionschefin im Bundestag und 2005 Kanzlerin.

Dieter Hildebrandt findet, dass Angela Merkel »alles personifiziert, was man Politikern unterstellt: Berechnung, Machthunger, rabiate Kampfmethoden, Vernichtungswillen – gepaart mit einer in der Uckermark verwurzelten Illusion von Harmlosigkeit.«[71]

Aus DDR-Zeiten ist kein einziges kritisches Wort oder gar eine oppositionelle Handlung von ihr überliefert; sie macht im Gegenteil eine wenn auch bescheidene Politkarriere. So weit, so gut, das hielten Millionen andere genauso; und die meisten Westdeutschen hätten es kaum anders gemacht. Nur: Diese Millionen Mitläufer haben nicht, kaum dass die Luft rein und DDR-Kritik ungefährlich und sogar erwünscht war, den Mund bis zum Anschlag aufgerissen, sich den »neuen Herren« angedient und eine Turbokarriere hingelegt. Ein sehr enger Freund berichtet über den »Revolutionswinter 1989« dem *Spiegel*: »Alle waren aufgeregt, haben diskutiert. Nur Angela saß an meinem ehemaligen Schreibtisch und machte irgendwas Fachliches. Ich habe sie gefragt, warum sie nicht bei den anderen sei. Sie hat gesagt, dass es ja sowieso nichts bringe. Insofern habe ich mich schon gewundert, dass sie ein paar Wochen später Sprecherin der Regierung de Maizière war.«[72] Dubios ist auch die Geschichte mit Merkels Passbild, das sich nach der Wende in einer Stasi-Fotosammlung von Personen fand, die bei der Annäherung an das Grundstück des Dissidenten Robert Havemann in Grünheide bei Berlin erfasst worden waren. Mit der Veröffentlichung dieses Fotos aber ist Merkel merkwürdigerweise bis heute nicht einverstanden.[73]

Fest steht jedenfalls: Merkels etwaige Distanz zum SED-Regime unterlag vermutlich dem Datenschutz. Da helfen auch keine peinlichen Versuche, sich zum Beispiel gegenüber der *Süddeutschen Zeitung* nachträglich als Ostberliner »Hausbesetzerin« zu inszenieren.[74] Gäbe es heute noch die DDR, so hätte Merkel aufgrund ihrer politischen Vita ohne weiteres auch dort Karriere machen und möglicherweise heute Erste Sekretärin des

Politbüros des Zentralkomitees der Sozialistischen Einheitspartei Deutschlands und Staatsratsvorsitzende der Deutschen Demokratischen Republik werden können.

Ähnlich wie andere von Kanzler Kohl protegierte Quotenossis – man denke nur an Familienministerin Claudia Nolte und Verkehrsminister Günther Krause – ist auch bei Merkel zu Beginn ihrer fulminanten Karriere nicht die Spur einer Qualifikation für irgendein politisches Amt zu erkennen.

Wohl aber der geradezu schrödereske Ellenbogenpopulismus: »Für mich waren nach der Wiedervereinigung sofort drei Dinge klar: Ich wollte in den Bundestag, eine schnelle deutsche Einheit und soziale Marktwirtschaft«, tönt sie schon 1998.[75]

In Wahrheit war für sie von Anfang an wohl ein Ziel klar, wie sie im Mai 2004 verrät: »Früher wollte ich Eiskunstläuferin werden. Das lag mir nun gerade besonders wenig. Früher wollte ich immer Dinge tun, die ich nicht konnte. Das ist heute sicher anders.«[76] Hauptsache berühmt, egal womit – Dieter Bohlens »Superstars« lassen grüßen: Wer nicht singen kann, wird eben Küblböck. Und wer nicht eislaufen kann, Kanzlerin.

In Sachen windschlüpfiger Karrierismus braucht sich Merkel tatsächlich vor niemandem zu verstecken. Nur konsequent hält sie sich auch beim Regieren meist heraus: Ob Rente oder Atomkraft, Bildung oder Kindergeld, Hartz IV oder innere Sicherheit – Streiten und Prügeleinstecken überlässt sie anderen. »Sie macht nichts, aber das macht sie gut«, kommentierte erst kürzlich die Berliner Rundfunklegende Henning Voßkamp.

Bestenfalls als Persiflage auf eine Laudatio ist in diesem Zusammenhang die gern zitierte Äußerung des Rivalen Christian Wulff von 2002 zu verstehen: Merkel wirke »integrierend zwischen Ost und West, zwischen Liberalen, Konservativen und Christlich-Sozialen«. Sie habe »klare Vorstellungen über die großen Themen in der Arbeitsmarkt-, Sozial- und Finanzpolitik. Sie steht für eine Gesellschaftspolitik, die die Menschen nicht überfordert. Ob es um die Zukunft unseres Landes in Europa oder um die Notwendigkeit geht, neues Denken zur Bewahrung der Schöpfung einzufordern, Angela Merkel hat dazu etwas zu sagen, mit großer Kompetenz und Glaubwürdigkeit.«[77]

In Ewigkeit, amen, möchte man hinzufügen, aber die Realität ist einige Nummern mickriger: Dass sie die »Wirtschaftskompetenz« von der Unternehmensberatung *McKinsey* hat, deren Ex-Deutschlandchef Jürgen Kluge ihr ebenso wie Siemens-Übervater Heinrich von Pierer lange Zeit ihre »strategischen Gedanken« ins Hirn diktierte, ist längst Allgemeinbildung. Und wenn sie wirklich mal etwas Eigenes probiert, geht es prompt in die Hose: »Merkels Patzer lassen Unions-Strategen zittern«, lästert *Spiegel Online* im Dezember 2007. »Schlingerkurs beim Mindestlohn, effekthascherisches Poltern gegen Managerbezüge: Beim Versuch, sich wieder verstärkt in die Innenpolitik einzumischen, strauchelt die Kanzlerin von Fehler zu Fehler.«[78]

Immerhin profiliert sie sich als Autokanzlerin, als sie Anfang 2007 die deutschen Spritschleudern mutig gegen die CO_2-Vorstellungen der EU-Umweltfanatiker verteidigt.

Auch weltpolitisch lässt sie lieber denken: Entsprechend dem Drehbuch von Christoph Heusgen, im Kanzleramt Abteilungsleiter für Außen-, Sicherheits- und Entwicklungspolitik, ist ihr keine Anbiederung an ihre neuen amerikanischen Freunde, besonders die im republikanischen Lager, zu plump. Schon vor ihrem Amtsantritt verbreitet sie ungeniert die Lügen der Bush-Regierung über das irakische Rüstungsarsenal.

Und auch vor der US-Wahl ist Merkel eher dem Bush/McCain-Flügel zugeneigt. So äußert sie im Juli 2008 ihr »Befremden« über Barack Obamas Plan für eine Rede am Brandenburger Tor, und nach dem kurzen Georgien-Scharmützel im August liest sie quasi als inoffizielle Bush-Botschafterin dem georgischen Regenten Michail Saakaschwili dafür die Leviten, dass er die westliche Provokation gegen Russland verpatzt hat, und fordert gleichzeitig die Nato-Mitgliedschaft der Kaukasus-Republik.

Mit Blick auf die Bundestagswahlen allerdings kämpft sie im Herbst 2008 mit einer Kritik am US-Finanzgebaren gegen ihren Ruf als von der Bush-Regierung »ferngesteuerter Hosenanzug« an.

Doch die Sache ist nicht ganz so einfach; spätestens die Bayerische Landtagswahl im September 2008 zeigte, wie Holger Schmale von der *Berliner Zeitung* meint, dass die Kanzlerin »Teil des Problems und nicht seine Lösung« ist: »Angela Merkel spielt mit ihrer Haltung der engagierten Unbestimmtheit eine fatale Rolle für die Union. Ihr präsidiales Auftreten führt zu einer Entpolitisierung der öffentlichen Debatte. Sie bedient sich populärer Themen, ohne wirklich Stellung oder Einfluss zu nehmen ... vermeidet systematisch politische Zuspitzung und politische Führung. Das schadet dem ganzen politischen System ...«[79]

Entschieden zur Tat schreitet sie offenbar nur, wenn der Profit des Großkapitals und damit das gesamte Wirtschafts- und Gesellschaftssystem in Gefahr gerät. So verspricht sie im Oktober 2008 »den Sparerinnen und Sparern, dass ihre Einlagen sicher sind«. Und kurz nach Verkündigung des 700-Milliarden-Rettungspakets ernennt sie am 15. Oktober 2008 den Ex-Bundesbankchef Hans Tietmeyer zum Finanzberater, der gerade im Aufsichtsrat der Katastrophenbank *Hypo Real Estate* sitzt ...

Auch während der Wirtschaftkrise macht Merkel eine unglückliche Figur. Ende 2008 gerät sie wegen ihres durch Bundestagswahltaktik bestimmten Managements der Finanzkrise zusehends international in die Isolation und wird »von der eisernen Lady Europas zur Pappkameradin« *(Süddeutsche)*, aber auch national sieht's nicht besser aus. »Von der sozialen Marktwirtschaft spricht sie wie von Klosterfrau Melissengeist – nie war sie so wertvoll wie heute«, lästert Heribert Prantl. »Ihr Heilmittel verabreicht die Kanzlerin mit großen Löffeln – und verkauft eine gute Sache doch schlecht.«[80]

Vor allem in Sachen Macht um der Macht willen hat Merkel allerdings beträchtlich hinzugelernt und sich die richtigen Souffleure und Gehilfen gesucht, allen voran Beate Baumann, Merkels Büroleiterin und engste Vertraute. So eine darf natürlich nicht mehr von politischen Inhalten und Hintergründen verstehen als die Kanzlerin selbst, und diese Gefahr besteht bei der gelernten Osnabrücker Lehrerin Baumann ja auch nicht.

Beate Baumann (CDU), Lehrerin, Leiterin des Kanzlerbüros

»Warte mal«, rief Christian Wulff

Beate Baumann, geboren am 28. März 1963 in Osnabrück, hat in der Politik von nichts eine fundierte Sachkenntnis und redet überall mit.

Als Kind von CDU-Eltern geht ihr schon früh der »linke Gruppenzwang«[81] – sprich: die Friedensbewegung – auf die Nerven, und so landet sie zwangsläufig bei den Nachrüstungsfanatikern von der Jungen Union. Aber auch hier mag sie niemand: »Nichts als ein ›Was will die denn hier?‹ war der Studentin Beate Baumann bis zu diesem Zeitpunkt im Sitzungszimmer entgegengeschlagen«, berichtet Baumann-Kurzbiograph Christoph Schwennicke in der *Süddeutschen Zeitung*, »als diese still für sich beschloss, dass ihre erste JU-Sitzung auch ihre letzte sein sollte.«[82] Aber just in diesem Moment, im Spätsommer 1984, ruft ihr Christian Wulff die schicksalsschweren Worte »warte mal« hinterher. Baumann wartet, und Wulff wartet seinerseits, bis sie 1990 ihr Examen gemacht hat, und drückt sie 1992 der damaligen Familienministerin Merkel als Referentin aufs Auge – quasi als Trainerin in Sachen Wessikultur. Die Ostfrau kennt ja nicht die Leiden westlicher CDU-Kinder: »Man versteht sich, weiß, wie es war, als man auf dem Schulhof als Mitglied der Schülerunion ausgelacht wurde.«[83]

Keinerlei Fachkompetenz, aber jede Menge Ehrgeiz, dazu ein Weltbild irgendwo zwischen *Bayernkurier* und *Focus,* so etwas schweißt zusammen: Es ist der Beginn einer wunderbaren Freundschaft.

Ab 1995 ist Baumann Büroleiterin der Umweltministerin Merkel, ab 1998 der CDU-Generalsekretärin Merkel, ab 2002 der Partei- und Fraktionschefin Merkel und seit 2005 der Kanzlerin Merkel.

Insider berichten, dass Baumann »gnadenlos alles weggebissen hat, was der Chefin zu nahe kam und wie potenzielle Konkurrenz aussah … Regelrecht wesensverändert und beaufsichtigt habe die in ihrem natürlichen Kern unbekümmerte Merkel immer gewirkt, sobald Beate Baumann dabei gewesen sei und sie beobachtet habe.« Sogar Merkels CDU-Landesverband soll sich mit der »strukturellen Amtsanmaßung« Baumanns einmal befasst haben. Von Anfang an habe Baumann ein »Klima der Angst« geschaffen und sich »wie ein Terrier in Waden verbissen, wenn sie den Eindruck hatte, da will einer ihrer Herrin Böses«.[84] Ralf Neukirch vom *Spiegel* urteilt über die verhinderte Vokabelpaukerin: »Beate Baumann ist die Frau, der selbst die Kanzlerin gehorcht.«[85]

Thomas de Maizière (CDU), Jurist,
Chef des Bundeskanzleramts und
Bundesminister für besondere Aufgaben
Macht und Einfluss vom stillen Kämmerlein aus

Thomas de Maizière, geboren am 21. Januar 1954 in Bonn, ist als krasser Gegensatz zur Betriebsnudel Baumann eher unauffällig und »The brain«. In diesem Umfeld, als Einäugiger unter Blinden, erarbeitet er die Lorbeeren, die Merkel erntet.

Seit 1971 ist er in der CDU, ab 1983 Mitarbeiter der Regierenden Bürgermeister von Berlin, Richard von Weizsäcker und Eberhard Diepgen, von 1985 bis 1989 Referatsleiter der Senatskanzlei und Pressesprecher der CDU-Fraktion. 1990 ist er beteiligt am Aufbau der letzten DDR-Regierung und in der Verhandlungsdelegation für den Einigungsvertrag, von 1990 bis 1994 Kulturstaatssekretär und von 1994 bis 1998 Chef der Staatskanzlei in Mecklenburg-Vorpommern, ab 1999 Leiter der Sächsischen Staatskanzlei, ab 2001 Finanzminister, ab 2002 Justizminister und ab 2004 Innenminister, jeweils in Sachsen, seit 2005 schließlich Kanzleramtsminister.

»Merkels Mann für den Hintergrund« (*Süddeutsche*) spielt in einer ganz anderen intellektuellen Liga als Baumann, wird aber ebenso unterschätzt. »Die Kanzlerin macht keine Fehler«, ist seine Devise. »Wenn jemand Fehler macht, bin ich das. Das ist Teil meines Gehalts, das muss man wissen.«[86]

Anfangs gerät er oft mit Baumann aneinander, jetzt teilt man sich die Arbeit. Sie ist für Merkels Auftritte zuständig, er für die Details des Regierens. Das aber bedeutet Hintergrundwissen, und das wiederum bedeutet Macht. Da macht es fast gar nichts, dass er gleichsam anonym der Kanzlerin die Lorbeeren kranzfähig serviert, ohne eigenen Ruhm zu ernten, schließlich ist genau *das* sein Job. Und tatsächlich: wenn Merkel zuweilen

mit hochwichtiger einstudierter Mimik und Rhetorik unge-
heuer kompetent klingende Sprechblasen über Finanzkrise und
Klimaschutz, Nato-Bündnis und Bildungsmisere parliert, fragt
man sich zuweilen, wo sie das wohl alles aufgeschnappt und
wie in halbwegs vernünftiges Deutsch gebracht hat.

De Maizière sieht sein stilles Wirken allerdings eher gelassen:
»Ich kann in Berlin in jede Kneipe gehen, ich werde nicht ge-
stört, mich kennt hier keiner.«[87] Seiner Macht und seinem Einfluss tut das ohnehin keinen Abbruch.

Franz Müntefering (SPD), Industriekaufmann, Parteichef

Phrasen statt Kompetenz:
»Einbinden, mitnehmen, überzeugen«

Franz Müntefering, geboren am 16. Januar 1940 in Neheim
(Sauerland), ist eine politische Kunstfigur: Sein Image hat mit
seiner Person so viel zu tun wie James Bond mit Sean Conne-
ry. Nach der Volksschule und einer Industriekaufmannslehre
arbeitet der vermeintliche frühere Bergmann ab 1957 im Büro
eines mittelständischen Metallbetriebs. 1966 tritt er der SPD
bei, 1967 der IG Metall, beides Stützpfeiler seiner Karriere.

Von 1969 bis 1979 ist er im Gemeinderat Sundern, von 1975
bis 1992 im Bundestag, von 1991 bis 1992 Parlamentarischer
Geschäftsführer, von 1992 bis 1995 nordrhein-westfälischer
Minister für Arbeit, Gesundheit und Soziales, ab 1996 im Landtag, von 1995 bis 1998 Bundesgeschäftsführer der SPD. Nach
gewonnener Wahl 1998 überlässt er Peter Struck den Fraktionsvorsitz und wird ebenso absurderweise wie pflichtbewusst
Bundesverkehrsminister. Diesen Posten gibt er im September
1999 auf, um den als »Lafontaine-Mann« geächteten Ottmar
Schreiner als Geschäftsführer kommissarisch abzulösen, sich in
»Generalsekretär« umtaufen zu lassen und bis 2002 die Partei

auf Schröder-Kurs zu bringen. Anschließend ist er bis 2004 Chef der Bundestagsfraktion, ab März 2004 Parteichef. Den Parteivorsitz wirft er kurz nach der Wahl 2005 hin, weil bei einer vorstandsinternen Abstimmung über den neuen Generalsekretär sein Zögling Kajo Wasserhövel gegen Andrea Nahles verliert. Dafür erhält er die Regierungsämter Arbeitsminister und Vizekanzler, die er 2007 wegen des Krebsleidens seiner Frau Ankepetra aufgibt. Nach deren Tod im Juni 2008 taucht er auf der politischen Bühne wieder auf und wird erneut Parteichef.

Die Basis für seine Karriere ist die »Hausmacht«: Ab 1984 ist er im Vorstand und von 1992 bis 1998 Chef des einflussreichen SPD-Bezirks Westliches Westfalen, von 1998 bis 2001 Chef der Landes-SPD.

Mangels echter Persönlichkeiten wie Kurt Schumacher, Fritz Erler, Willy Brandt, Herbert Wehner oder Helmut Schmidt ist Müntefering derzeit tatsächlich eine Art »Seele der Partei«.

Aber wofür steht er? Gegenwärtig verteidigt er so verbissen wie ein Sechsjähriger die überschwemmte Strandburg die Agenda 2010. Aber macht ihn seine Kumpanei mit den hartnäckigen Neoliberalen Steinmeier und Steinbrück zum »Moses von Schröder« (*taz*)?

Münteferings Gütesiegel ist die bedingungslose – eine eigene Meinung ausschließende – Loyalität gegenüber dem jeweiligen Rudelführer. So diente er unter so unterschiedlichen Chefs wie NRW-Ministerpräsident Johannes Rau und den SPD-Vorsitzenden Rudolf Scharping, Oskar Lafontaine und Gerhard Schröder.

Verständlich wird das nur durch sein Credo »Opposition ist Mist«.[88] Regieren um jeden Preis und egal, womit – ist das nicht das eigennützige, marktwirtschaftliche Politikverständnis in Reinkultur?

Wer in diesem Kampf um die Macht alles, inklusive der Wahlkampflügen, für erlaubt hält, dem erscheint es natürlich auch als »unfair«, wenn man ihn an diesen Lügen misst. Wenigstens weiß die Wählergemeinde jetzt, was etwa von seinem seit jeher obligatorischen »Versprechen« zu halten ist, nach den Wahlen die Vermögenden stärker zu besteuern.

Überhaupt ist Münteferings gesamtes Tun auf das Erringen und Verteidigen von Macht ausgerichtet und auch entsprechend sein Denken geprägt von Begriffen wie »Loyalität«, »Geschlossenheit«, »Disziplin« und »Treue«. Nur folgerichtig steht er besonders mit der grundgesetzlichen Gewissensfreiheit des Abgeordneten auf Kriegsfuß. Für ihn ist der Volksvertreter nichts ohne die Partei und daher auch vor allem ihr – sprich, der Parteiführung – verantwortlich. So drohte er bereits bei den Abstimmungen 2001 zum Mazedonienkrieg und 2003 zur Gesundheitsreform den »Abweichlern« mit Verweigerung eines aussichtsreichen Listenplatzes für die nächste Wahl, also mit dem Ende der Politkarriere.

Wenn das deutsche Wahlvolk einen Politiker redlich verdient hat, dann Franz Müntefering: Wo Schröder sagte, zum Regieren brauche er »*Bild, BamS* und Glotze«, da redet und handelt Müntefering sogar wie der Boulevard: Er übernimmt Aufgaben wie die des Arbeitsministers NRW oder des Bundesministers für Verkehr, Bau- und Wohnungswesen ohne – wie seine zugänglichen Biographien verraten – auch nur ein Minimum an Sachkenntnis, das über die von *Bild*-Lesern hinausgeht. Als Arbeitsminister hatte er bestenfalls die Kompetenz eines kurzzeitigen Schreibtischhengstes in einer Metallfabrik, als Bau- und Wohnungsminister die eines Eigenheimers, als Verkehrsminister die eines Bahnbenutzers.

Müntefering ist wandelnde Symbolpolitik, und seine nicht mit Fachwissen zu verwechselnde politische Bauernschläue sagt ihm – und leider mit Recht –, dass die Unbedarften da draußen sowieso keinen Schimmer haben von dem, was um sie herum und vor allem mit ihnen geschieht. Er redet von »Heuschrecken« und meint die bösen US-Investoren – im Gegensatz zu den anständigen deutschen? Und hatte nicht gerade die von Rot-Grün im Jahr 2000 beschlossene Steuerfreiheit für den Verkauf von Unternehmensbeteiligungen den Heuschrecken Tür und Tor geöffnet? Kurzum: Einmal mehr redet Müntefering teils verlogenen, teils einfach nur blühenden Unsinn, ohne sich des Inhalts und der Wirkung seiner Worte bewusst zu sein.

»Die marktradikale Alternative ist 2005 gescheitert«, schreibt er in einem Brief an die Parteimitglieder, »und sie wird auch 2009 keine Mehrheit haben.« Das ist originell, gilt doch gerade Müntefering als der »unerbittlichste Agenda-Verteidiger, der Mann, der selbst dann noch Schröderianer blieb, als Schröder selbst schon von seiner Lehre abgefallen war«.[89] Pünktlich zum Wahlkampf also die erwartete Kehrtwendung. Nun sind die Banker plötzlich »Halbstarke, Gangster und Pyromanen«. Einige hätten nicht mehr gewusst, was sie machten, andere alles riskiert, und Dritte sich ihre Taschen gefüllt.

Man darf gespannt sein, ob die SPD damit durchkommt, einen Vorsitzenden, der die »Armut per Gesetz« durchgedrückt hat und bis heute verteidigt, der die Rente mit 67 erfand, als Patron der kleinen Leute zu inszenieren.

Seine Wiederauferstehung im Herbst 2008 schildert Peter Dausend in der *Zeit* so: »Nicht jeder, aber doch mancher hat verstanden: Von jetzt an bin ich, Müntefering – der Vizekanzler und oberste Disziplinator der Großen Koalition –, wieder Parteimensch. Von jetzt an geht es mir nicht mehr in erster Linie um das Wohl der Regierung, sondern um das der SPD.« Und spöttisch beschreibt er das Niveau: »Müntefering ist wieder viel unterwegs: Einbinden, mitnehmen, überzeugen. Und die Inhalte?«[90] Für Dieter Hildebrandt jedenfalls ist er ist »ein politischer Triebtäter und als solcher muss er respektiert werden. Er wirft sich sofort in jede Bresche, die sich ihm bietet.«[91] Nicht zuletzt deshalb reklamiert die Parteiführung für ihn den in Zeiten der nassforschen Aufsteigertypen so dringend gesuchten SPD-»Stallgeruch« – was immer das inzwischen auch bedeuten mag bei einer Partei, die für soziale Kälte nach innen und für Kriegseinsätze nach außen steht.

Frank-Walter Steinmeier (SPD), Jurist, Vizekanzler und Außenminister

Kommt erst die Macht und dann die Moral?

Frank-Walter Steinmeier, geboren am 5. Januar 1956 in Detmold (Kreis Lippe), wäre nach den Worten des Fernsehjournalisten Friedrich Küppersbusch »in einer gefühlten Brandt-SPD rechter Rand«.[92] Seit 1986 ist er Volljurist, von 1986 bis 1991 wissenschaftlicher Mitarbeiter an der Uni Gießen, 1991 Medienreferent der Niedersächsischen Staatskanzlei unter Ministerpräsident Gerhard Schröder, von 1993 bis 1994 Schröders Büroleiter, danach bis 1996 Chef der Abteilung für Richtlinien der Politik, Ressortkoordinierung und -planung, von 1996 bis 1998 Staatssekretär und Leiter der Niedersächsischen Staatskanzlei, ab 1998 Staatssekretär im Bundeskanzleramt und Beauftragter für die Nachrichtendienste, ab Juli 1999 Chef des Bundeskanzleramtes, seit 2005 Außenminister, seit 2007 Vizekanzler, seit 2008 Kanzlerkandidat.

Schon in Hannover gilt Steinmeier als »Schröders wichtigster Kopf«[93]: »Er fütterte den Ministerpräsidenten Schröder mit halbseitigen Aktennotizen, und der sagte: ›Mach mal, Frank!‹«[94] Und als Kanzler gesteht Schröder bei Kerner, außer der Gattin Doris und der Büroleiterin Sigrid Krampitz traue er nur »dem Frank«.[95]

Allerdings ist er zunächst eher Machtverwalter als Macher, eine Art »allwissende graue Effizienz«, umgeben »von buckelnden Zwergen« (*Stern*). Vor allem wird ihm »Ameisenfleiß« nachgesagt: »Keine Hobbys, keine Zeit für Kino und Theater. Stets macht er im Kanzleramt das Licht aus.«[96]

Als Außenminister macht er dann endlich auch öffentlich von sich reden und zeigt, was in ihm steckt: Im Frühjahr 2008 feiert er die Verabschiedung der Anti-Streubomben-Konvention von Dublin durch 109 Staaten als Erfolg, obwohl er in den Verhandlungen als »Bremser« aufgetreten ist. Dies findet jedenfalls Grünen-Chefin Claudia Roth und wirft ihm und seinem Ministerkollegen Jung »Heuchelei« vor. Tatsächlich haben die beiden die deutschen Streubomben ursprünglich erst mit jahrelanger Verzögerung vernichten wollen. Zudem setzt vor allem die deutsche Delegation eine Verwässerung im Interesse der US-Regierung durch: Die Unterzeichner dürfen an Kriegseinsätzen der USA und anderer Länder teilnehmen, auch wenn dabei durch Streubomben Frauen und Kinder getötet oder verstümmelt werden. Im August 2008 nennt er den Kaukasuskrieg einen der schwersten Konflikte seit dem Ende des Kalten Krieges und stößt eine »drastische Warnung« (*Spiegel*) gen Osten aus: »Russlands Kampf gegen Georgien und die Anerkennung Südossetiens und Abchasiens könnte mit »unabsehbaren Folgen« Europas gesamte Sicherheitsarchitektur ins Wanken bringen.

Aber auch innenpolitisch lässt der Außenminister die Puppen tanzen. Nachdem im Juni 2008 die Iren in einem Referendum den Vertrag von Lissabon klar abgelehnt haben, empfiehlt ihnen Steinmeier den »Ausstieg aus der EU«. Als im Juli 2008 Wolfgang Clement wegen seiner Tiraden gegen Andrea Ypsilanti vor dem Parteiausschluss steht, gibt Steinmeier ihm Rückendeckung. Im September 2008 reißt er die Kanzlerkandidatur an sich, obwohl im März laut Emnid 91 Prozent der SPD-Wähler darüber eine Urwahl gefordert haben. Und schon kurz darauf gibt er die Ampelkoalition als Ziel aus.

Den besten Aufschluss über Steinmeiers Handeln und Moral, vor allem seine Wahrheitsliebe, liefern seine Aktivitäten als Schröders Geheimdienstwächter. Zwei Bundestagsgremien befassen sich von 2006 bis 2008 mit dem Skandal um den in Bremen geborenen Türken Murat Kurnaz: der Verteidigungsausschuss mit dem Vorwurf der Misshandlung Kurnaz' durch deutsche KSK-Soldaten im Gefangenenlager von Kandahar Anfang 2002. Zwar findet man keine Beweise, aber für den Ausschussvorsitzenden Siegfried Kauder (CDU) bleibt am Ende ein »beklemmendes Gefühl«. Unverblümt meldet *Panorama* am 11. September »Zweifel an Steinmeiers Glaubwürdigkeit« an.[97] Und der BND-Untersuchungsausschuss nimmt sich der Frage an, ob die damalige rot-grüne Bundesregierung ihm während seiner Inhaftierung in Guantanamo von 2002 bis 2006 frühzeitig hätte zu Hilfe eilen können. Im März 2007 meldet *Spiegel Online*: »Berlin steuerte Kampagne gegen Kurnaz' Rückkehr.«[98]

Heribert Prantl von der *Süddeutschen Zeitung* zieht Bilanz: »Der Außenminister … nennt die Vorwürfe ›infam‹, die jetzt gegen ihn erhoben werden. Aber nicht die Vorwürfe gegen ihn, sondern seine und die Verteidigungsstrategie der SPD sind infam … Steinmeiers Haus war die Spitze einer kaltschnäuzigen bundesdeutschen Bürokratie, die sich um das Leiden eines jungen bremischen Bürgers nicht nur nichts scherte, sondern mit allerlei Machenschaften dazu beitrug, dieses Leid um Jahre zu verlängern.« Und Prantl deutet an, dass den Kanzlerkandidaten nur der Ausländerhass des rechten Abschaums rettete: »Murat Kurnaz trägt einen langen, wüsten Bart – und das ist das Glück von Außenminister Frank-Walter Steinmeier … Murat Kurnaz entspricht dem Bild, das sich das Vorurteil von einem verdächtigen Ausländer macht. Das macht Steinmeier die Verteidigung in diesem Fall leichter – indem er sich aber nicht verteidigen, sondern entschuldigen sollte.«[99]

Vorher aber untersucht der Ausschuss, ob die Bundesregierung und der BND im völkerrechtswidrigen Irakkrieg die USA unterstützt haben. Stefan Andreas Casdorff vom *Tagesspiegel* schwant Übles für Steinmeier: Das Gremium könne »ihn doch arg in Bedrängnis bringen. Hat die vormalige rot-grüne Bundesregierung zu Zeiten des Irakkriegs anders geredet als gehandelt? Wer sich anschaut, was den USA an Daten geliefert wurde für ihren Krieg, der kann auf diese Idee kommen. Und damit zugleich auf die, dass Steinmeier als dem oberen Geheimdienstaufseher so was auf keinen Fall entgangen sein kann. Wenn doch, wäre es auch ziemlich schlimm.«[100]

Aber vielleicht kommt »Schröders kleiner Politbruder« (*Zeit*) ja damit durch. Die Bürger könnten Steinmeier aber auch frei nach Loriot zurufen: »So etwas können sie ihren Schrebergärtnern in Detmold anbieten …«

Peter Struck (SPD), Jurist, Fraktionschef
Erst die Partei, dann das Gemeinwohl?

Peter Struck, geboren am 24. Januar 1943 in Göttingen, ist ein preußischer Parteisoldat. Nach dem Abitur 1962 beginnt er ein Jurastudium, tritt 1964 in die SPD ein, promoviert 1971 zum Dr. jur. und wird Regierungsrat in der Hamburgischen Verwaltung. Von 1971 bis 1972 ist er persönlicher Referent des Präsidenten der Universität Hamburg, danach in der Hamburger Finanzbehörde, außerdem von 1971 bis 1987 im Kreistag Uelzen, seit 1973 Stadtrat und Vizestadtdirektor von Uelzen, seit 1980 im Bundestag, seit 1983 Rechtsanwalt, von 1990 bis 1998 Erster Parlamentarischer Fraktionsgeschäftsführer, von 1998 bis 2002 Fraktionschef, ab Juli 2002 Nachfolger von Rudolf Scharping als Verteidigungsminister und seit der Wahl 2005 wieder Fraktionschef.

Wäre das Ganze eine Hollywoodkomödie, so könnte man Peter Struck nicht böse sein. Wenn er im Urlaub auf einer BMW 1200 RT durch Colorado oder die Rocky Mountains rast, dann liegt der Duft von Freiheit, Abenteuer und *Easy Rider* in der Luft. Wenn er bei Gartenpartys der Fraktion im schwarzen Anzug, weißen Hemd und dunkler Sonnenbrille »Mathilda« zum Besten gibt, geht er glatt als *Blues Brother* durch. Und wenn er – dienstlich – Wolfgang Schäuble einen sicherheitspolitischen »Amokläufer« nennt, dem Gesundheitsreformer Karl Lauterbach empfiehlt, »einfach mal die Fresse halten«, oder unbeschwert erklärt, »die Union kann mich mal«, dann werden Erinnerungen an Alfred Tetzlaff wach.

Nun ist Politik aber entgegen häufigem Anschein keine Comedy, und so ist Strucks flotter Spruch, »Deutschland wird auch am Hindukusch verteidigt«, kein Ulk, sondern die deutsche Variante der Breschnew-Doktrin von der begrenzten Souveränität der Staaten: »Die klassische Landesverteidigung, wie wir sie aus Zeiten des Kalten Krieges kannten, hat nicht mehr erste Priorität. Aber natürlich ist das Vorgehen gegen internationalen Terrorismus Landesverteidigung in einem erweiterten Sinn.«[101]

Immerhin rechtfertigt Struck als Verteidigungsminister seinen Ruf als »schlagfertiger Parteisoldat mit Hang zur Großspurigkeit«[102] – bereit, auch ohne jegliche Fachkompetenz ein Amt zu übernehmen. Die freilich liefert praktischerweise die Rüstungsindustrie in Gestalt seines persönlichen Beraters Werner Engelhardt, Ex-Aufsichtsratschefs von *Rheinmetall*. Auch dem Einsatz der Bundeswehr im Inneren ist er nicht abgeneigt. Überhaupt ist es ein Wunder, dass er damals nicht auf der Regierungsbank mit Zinnsoldaten spielte.

Seit 2005 hält er die Fraktion mit preußischer Disziplin zusammen, wobei für ihn die Abgeordneten nicht in erster Linie dem Gewissen oder dem Volk verantwortlich sind, sondern: »Struck oder Müntefering oder Schröder sind nicht in den Deutschen Bundestag gewählt worden, weil wir so Supertypen wären, sondern weil wir die Kandidaten der SPD waren. Wir sind dem Programm und auch den Beschlüssen der Partei verpflichtet.«[103]

Einerseits hat Struck recht: Was wären manche »Supertypen« ohne die Partei? Andererseits: Seit wann ist im Konfliktfall der Angestellte eher dem Personalchef als dem Firmeninhaber verpflichtet?

Trotz aller Parteiloyalität war Struck nie ein Freund Schröders, der schon als Ministerpräsident dem damaligen SPD-Geschäftsführer attestiert hatte, ein »Kartell der Mittelmäßigkeit« zu organisieren. Und nur konsequent spricht er sich noch im August 2007 für Beck und gegen den Schröder-Epigonen Steinmeier als Kanzlerkandidaten aus. Und ebenso konsequent fordert er im Januar 2008 den Parteiausschluss des Schröder-Kumpans Wolfgang Clement.

Weil Strucks Verständnis und Handhabung von Fraktionsdisziplin an den Leninschen Demokratischen Zentralismus erinnert – die Führung baldowert etwas aus, lässt es von den unteren Chargen absegnen (Diktion: »Diskutieren«) und bedroht »Abweichler« –, ist er als Fraktionschef für sämtliche Bundestagsbeschlüsse voll verantwortlich: für die Geschenke an Heuschrecken, Konzerne und Superreiche ebenso wie für Sozialabbau und Leistungskürzungen für die Bevölkerung.

Da er sich nach der Wahl aus der Politik zurückziehen will, möchte man dieser Mischung aus 68er, Feldwebel und James

Dean zurufen: »Such dir einen Sonnenuntergang und reite hinein.« Aber Franz Müntefering Rücktritt vom Rücktritt sollte Strucks Gegnern und falschen Freunden eine Warnung sein, sich zu früh zu freuen.

Dass übrigens penetrante Volkstümelei nichts mit Sympathie für das Volk zu tun hat, bewies Struck, als er im November 2007 auf dem Höhepunkt des Lokführerstreiks nach der Devise »Die Tarifautonomie kann mich mal« niveaugemäß in *Bild am Sonntag* gegen die Belegschaft hetzte und Bosse aufforderte, hart zu bleiben: »Ich stehe klar auf der Seite von Bahnchef Mehdorn und dem Transnet-Vorsitzenden Hansen.«[104]

Dieser Norbert Hansen, Strucks enger Parteifreund und DGB-Bundesvorstand, erhielt ein halbes Jahr später Mehdorns Dankeschön, wechselte nun auch offen die Fronten und wurde Arbeitsdirektor bei der Bahn …

Volker Kauder (CDU), Jurist,
Fraktionschef
Merkels Zirkusdirektor

Volker Kauder, geboren am 3. September 1949 in Sinsheim, ist ein christlich-neoliberaler Scharfmacher. Seit 1977 ist er Volljurist, seit 1966 in der CDU, von 1969 bis 1973 Chef der Jungen Union Konstanz, von 1975 bis 1991 Pressesprecher und im Vorstand der CDU Südbaden, von 1985 bis 1999 Vorsitzender des CDU-Kreises Tuttlingen, seit 1990 in Bundestag, seit 1991 Generalsekretär der CDU Baden-Württemberg, von 1998 bis 2002 Chef der CDU-Landesgruppe Baden-Württemberg im Bundestag, seit September 2002 Parlamentarischer Geschäftsführer, ab Januar 2005 CDU-Generalsekretär und seit Dezember 2005 Fraktionschef.

Kauders Vater war im Kreistag, sein Schwiegervater Hermann

Biechele wie Kauder im Bundestag, sein Bruder Siegfried ist es noch. Die sonst so seriöse *dpa* rühmt ihn als »Arbeitstier … ehrlich, geradlinig«.[105]

Ehrlich und geradlinig lobpreist er nach Recherchen der *Frankfurter Allgemeinen Sonntagszeitung* am 23. Juni 1993 als Generalsekretär der CDU Baden-Württembergs: »Dr. Filbinger war ein ausgewiesener Gegner des nationalsozialistischen Regimes, der schon als Student auf die schwarze Liste der ›politisch Unzuverlässigen‹ gesetzt wurde.«

Folglich ist der Sturz Filbingers 1978 für den Patrioten Kauder eine »Rufmordlegende«.[106]

Aber es schlagen zwei Herzen ins Kauders Brust: Neben dem patriotischen auch noch das konzern- und millionärshörige: Nach Kauders Logik hat es in Deutschland Korruption durch Parteispenden nie gegeben und wird es wohl auch bis zum Verglühen der Erde in acht Milliarden Jahren niemals geben. Allerdings hat der Waffenhersteller *Heckler & Koch*, der in Kauders Wahlkreis sitzt, in dem CDU-Friedensapostel bislang immer einen gewichtigen Fürsprecher gehabt. Einen Zusammenhang zwischen hohen Parteispenden an die CDU in Baden-Württemberg und Kauders Hilfe hat *Heckler & Koch* immer bestritten. Auf Kauders Internetseite allerdings ist im Mai 2007 zu lesen: »Ich unterstütze die heimische Industrie besonders in allen Fragen, in denen der Bund gefragt ist. Bei der Abwicklung von Exportaufträgen helfe ich gerne.«[107]

Nur folgerichtig führt er einen heldenhaften Kampf gegen mehr Transparenz bei den Nebeneinkünften der Abgeordneten. Besonders eine Offenlegung der Steuererklärung von Politikern wie in den USA ist ihm ein Horror. Dies werde die Deutschen so abschrecken, dass nur noch Beamte mit Rückkehrgarantie in ihre Berufe sich in Parlamente wählen ließen.

Als tiefgläubiger Christ fordert er Kruzifixe an allen Schulen.

Und so sieht seine Umsetzung der Worte Jesu Christi unseres Herrn aus: »Volker Kauder hält Altersarmut für eine Mär«[108], wohingegen er sich »große Sorgen um Alkoholexzesse unter Jugendlichen« macht.[109] Die Arbeitslosen sind für ihn Menschen, die »sinnlos herumgammeln« und lieber »eine Gegenleistung erbringen« sollten[110], und mit Mindestlohn für Zeitarbeiter braucht man ihm gar nicht erst zu kommen.

Aber was er bei den Armen spart, kann der umgekehrte Robin Hood den Reichen zuspielen. So holt er für den leistungslosen Reibach der Millionärsnachkommen bei der Reform der Erbschaftssteuer das Optimale heraus.

Bei alledem macht Kauder natürlich sein eigenes Ding. So unterstützt er im Streit um die Unions-Kanzlerkandidatur vor der Wahl 2002 Edmund Stoiber und schult sofort nach dessen Niederlage zum engen Vertrauten von Angela Merkel um. Und sein derzeitiges Amt als Fraktionschef kommt seinem früheren Berufswunsch Zirkusdirektor schon sehr nahe. Aber wie lange er Merkel vor dem Abgeordnetenrudel schützt oder ob er es eines Tages gegen die Kanzlerin mobil macht, bleibt abzuwarten.

2. Landesfürsten

Wegen der besonderen Bedeutung des Bundesrats kommt eine Regierung im Normalfall an den Landesfürsten kaum vorbei. Da es zudem die Wähler offenbar darauf anlegen, der jeweiligen Opposition im Bundesrat die Mehrheit und damit ein wirksames Blockadeinstrument zu verschaffen, hatten seit Helmut Schmidt sämtliche Kanzler im Bundesrat ein unangenehmes Gegengewicht. Gleichzeitig ist das Ministerpräsidentenamt stets ein Sprungbrett nach ganz oben. Schröder und Kohl wurden Kanzler, Franz Josef Strauß, Johannes Rau, Rudolf

Scharping, Oskar Lafontaine und Edmund Stoiber immerhin Kandidaten. Auch aktuell zeigt sich diese Doppelfunktion: Einerseits winkt der schwarz-rot dominierte Bundesrat keineswegs alle Regierungsvorhaben einfach durch – man denke nur an das BKA-Gesetz –, andererseits wurden die Landesväter Roland Koch, Christian Wulff, Jürgen Rüttgers oder Klaus Wowereit zumindest hinter vorgehaltener Hand schon für höchste Weihen empfohlen.

Jürgen Rüttgers (CDU), Jurist, nordrhein-westfälischer Ministerpräsident
Rechtsaußen der Linken oder Linksaußen der Rechten?

Jürgen Rüttgers, geboren am 26. Juni 1951 in Köln, besetzt die Marktlücke »soziales Gewissen in der CDU-Führung«. So schnell wie er kann der Trend gar nicht sein.

Seit 1970 ist er in der CDU, von 1975 bis 1980 im Rat der Stadt Pulheim, seit 1978 Volljurist, ab 1978 Referent beim Städte- und Gemeindebund Nordrhein-Westfalen beschäftigt, ab 1980 Erster Beigeordneter der Stadt Pulheim für Stadtentwicklung, Finanzen und Umweltschutz, von 1980 bis 1986 JU-Chef Rheinland, ab 1981 im CDU-Landesvorstand der CDU Rheinland und NRW, von 1985 bis 1999 Kreischef der CDU Erftkreis, ab 1987 im Bundestag, ab 1989 Parlamentarischer und ab 1991 Erster Parlamentarischer Fraktionsgeschäftsführer, ab 1993 Vizechef und seit 1999 Chef der CDU NRW, von 1994 bis 1998 Bundesminister für Bildung, Wissenschaft, Forschung und Technologie, ab 1998 Fraktionsvize, 2000 Spitzenkandidat bei der Landtagswahl in NRW und seitdem auch Bundesvize, dann Landtagsfraktionschef, und ab 2005 Ministerpräsident. Unsterblich wird Jürgen Rüttgers im Landtagswahlkampf

2000 mit seinem Slogan »Kinder statt Inder«, den unverzüglich die Republikaner übernehmen, und den er 2005 in einem N24-Interview mit Michel Friedman präzisiert, die katholische Kirche und ihr Menschenbild seien anderen Religionen, »wenn Sie wollen auch ›überlegen‹«. Außerdem ist Rüttgers gegen einen EU-Beitritt der Türken und das Klonen von Menschen, immerhin aber für die Kennzeichnung von Genfood. Ebenfalls unvergessen bleibt sein mutiges Eintreten gegen die stärkere Kontrolle der Hedgefonds im Mai 2005.

Im August 2006 allerdings erschreckt er seine Partei mit dem Rat, sich von »neoliberalen Lebenslügen« zu verabschieden, unter anderem vom Glauben, weitere Steuererleichterungen für Unternehmen führten automatisch zu mehr Arbeitsplätzen. Während Heiner Geißler applaudierte, waren Peter Müller, Christian Wulff und der unvermeidliche Ronald Pofalla nicht begeistert.

In seiner Streitschrift *Die Marktwirtschaft muss sozial bleiben* vom September 2007 setzt er noch einen drauf, gibt den »Troubadour gegen den Neoliberalismus« (Franz Walter) und ernennt sich zum Gralshüter der sozialen Marktwirtschaft und des *Rheinischen Kapitalismus*. Zugleich kritisiert er die Zuwanderungspolitik der großen Koalition und ruft seine Partei dazu auf, den Kampf gegen die Die Linke nicht der SPD zu überlassen.

Rüttgers war nie Mitglied des CDU-Karrieristenbundes *Andenpakt*[111], und anders als die Platzhirsche Koch, Wulff, Müller und Oettinger war er nie so unvorsichtig, die Werte der früheren bundesdeutschen Gesellschaft als überkommene »Soziale Hängematte« zu verspotten und die neoliberale, auf Ellenbogenegoismus basierende *Neue Soziale Marktwirtschaft* auszurufen.

Und Rüttgers hat ein gutes Gespür: Im November 2006 fordert

er eine längere Bezugsdauer des Arbeitslosengeldes für Ältere, woraufhin ihm der damalige SPD-Chef Kurt Beck Populismus vorwirft. Im Januar 2008 beschließt der Bundestag tatsächlich: Arbeitslose über 50 Jahre erhalten künftig 24 statt bislang 12 Monate lang Unterstützung – und von Kurt Beck redet kein Mensch mehr.

Sollte Merkel die Wahl und als Folge auch den Parteivorsitz verlieren und sollte der Zeitgeist weiter in Richtung Solidargesellschaft und Sozialstaat ziehen – was beileibe nicht auszuschließen ist –, so wäre Rüttgers einer der ersten Erbanwärter. Immerhin gibt er im Dezember 2008 erneut den Merkel-Gegenspieler, als er entgegen der Kanzlerin ein schnelles und großzügiges Konjunkturprogramm fordert, und Anfang 2009 setzt er im CDU-Vorstand einen *Deutschlandfonds* durch, der auch die bis dato für die Union unvorstellbare Staatsbeteiligung an Industrieunternehmen vorsieht.

Günther Oettinger (CDU), Jurist, baden-württembergischer Ministerpräsident
Alles außer hochdeutsch und sozial

Günther Oettinger, geboren am 15. Oktober 1953 in Stuttgart, ist ein knallharter Neoliberaler und Bedarfsrechtsaußen.

Seit 1982 ist Oettinger Volljurist und arbeitet sofort bei einem Wirtschaftsprüfer und Steuerberater, ab 1984 in Papas Wirtschaftsprüfer- und Anwaltskanzlei, deren Mitinhaber er seit 1988 ist.

1975 tritt er der CDU bei, 1977 gründet er einen Ortsverband der Jungen Union in Ditzingen, wo er von 1977 bis 1985 auch CDU-Chef und von 1980 bis 1994 Stadtrat ist und 1982 die Oberbürgermeisterwahl verliert. Von 1983 bis 1989 befehligt er den JU-Landesverband Baden-Württemberg.

Seit 1984 ist das *Andenpakt*-Mitglied Oettinger im Landtag, 1988 fordert er den Rücktritt des damaligen Bundeskanzlers Helmut Kohl, 1989 will er Motorradfahren aus Sicherheitsgründen verbieten, 1991 wird er Fraktionschef und verliert wegen 1,4 Promille den Führerschein. 1994 entlastet ihn ein Untersuchungsausschuss in der »Pizzeria-Affäre« vom Vorwurf, Dienstgeheimnisse an die Mafia ausgeplaudert zu haben.

Im April 2005 wird er nach einer Mitgliederbefragung gegen Annette Schavan Nachfolger von Erwin Teufel als Ministerpräsident und Landesparteichef. 2006 gewinnt er die Landtagswahl, setzt auch sofort Studiengebühren an den Hochschulen und Berufsakademien ab 2007 durch, plädiert für das überkommene dreigliedrige Schulsystem und den flächendeckenden und »bedarfsgerechten« Ausbau von Ganztagsschulen.

Im Mai 2006 nominiert ihn der *Verein Deutsche Sprache* als »Sprachpanscher des Jahres« für seinen Satz: »Englisch wird die Arbeitssprache. Deutsch bleibt die Sprache der Familie und der Freizeit, die Sprache, in der man Privates liest.«

Im September 2006 will er mittelalterliche Handschriften und Drucke der Badischen Landesbibliothek Karlsruhe im Wert von knapp 70 Millionen Euro zugunsten der Adelsgemeinschaft *Haus Baden* verkaufen, was Wissenschaftler und aus aller Welt als »beispiellosen Akt der Barbarei« bewerten.

Im Januar 2007 äußert sich Oettinger ausgerechnet vor einer Studentenverbindung über Fleiß und Wettbewerb: »Wir sind in der unglaublich schönen Lage, nur von Freunden umgeben zu sein. Das Blöde ist, es kommt kein Krieg mehr. Früher, bei der Rente oder der Staatsverschuldung, haben Kriege Veränderungen gebracht. Heute, ohne Notsituation, muss man das aus eigener Kraft schaffen.«[112]

Im April 2007 stellt Oettinger bei seiner Trauerrede beim Staatsakt zum Begräbnis des früheren Nazirichters und Ministerpräsidenten Hans Filbinger den »furchtbaren Juristen« (Rolf Hochhuth), der 1978 wegen Kritik an seiner Vergangenheit zurücktreten musste, als regelrechten Widerstandskämpfer dar.

Im Dezember 2007 gibt er einmal mehr den ehrenamtlichen BDI-Funktionär und bläst zum Kampf gegen Mindestlohn in der Zeitarbeit und gegen den Kündigungsschutz, der die Zeitarbeit erst notwendig mache.

Im Januar 2008 schimpft Oettinger, das »Scheiß-Privatfernsehen«, namentlich RTL und RTL 2, sei schuld an der Gewaltbereitschaft von Jugendlichen.[113] Aber Moment: Hat sich der wackere Schwabe hier nicht in seinem eigenen neoliberalen Wust verheddert? Sind die Zuschauer nicht mündige Bürger, die in Ausübung ihres Grundrechts auf Informationsfreiheit ihr Programm kritisch selbst auswählen? Will Oettinger etwa eine Bevormundung des Nachwuchses durch staatliche Regulierung oder gar Zensur wie in den bolschewistischen Staaten unter Stalin und Honecker?

Aber vielleicht sind es gerade diese logischen Brüche, die Oettinger im Führungszirkel der Union so unentbehrlich machen. Und einer mehr, der die Marktwirtschaftstheorie von Adam Smith als Anstiftung zum plump-brachialen Umverteilen von unten nach oben missinterpretiert, kann bei all den »Sachzwängen der Globalisierung« gar nicht schaden.

Christian Wulff (CDU), Jurist, niedersächsischer Ministerpräsident
Der Wulff im Schafspelz

Christian Wulff, geboren am 19. Juni 1959 in Osnabrück, wird als »personifiziertes 0:0« (Kurt Beck) gern unterschätzt, ist aber der eleganteste Karrierist unter den Merkel-Jägern.

Seit 1975 ist er CDU-Mitglied, von 1978 bis 1980 Bundeschef

der Schüler Union, von 1983 bis 1985 Chef der Jungen Union Niedersachsen, von 1986 bis 2001 Ratsherr der Stadt Osnabrück, von 1989 bis 1994 CDU-Ratsfraktionschef, seit 1990 Rechtsanwalt, seit 1994 im Landtag und gleich Fraktionschef. Bei den Wahlen 1994 und 1998 unterliegt er als Spitzenkandidat gegen Gerhard Schröder. Seit 1998 ist er CDU-Bundesvize, seit 2003 Ministerpräsident und wird am 27. Januar 2008 wiedergewählt – aufgrund einer taktischen Meisterleistung. Als Roland Koch vor der zeitgleichen Hessenwahl junge kriminelle Ausländer zum Hassobjekt machen und sogar Kinder nach Jugendstrafrecht aburteilen und ins Gefängnis stecken will, distanziert er sich deutlich: »Kinder sind Kinder.«[114]

Die SPD wiederum lässt er leerlaufen, indem er sich möglichst nicht festlegt oder gar SPD-Forderungen übernimmt. Und damit auch »Volkes Stimme« auf seiner Seite ist, unterrichtet der gläubige Katholik (»Bis dass der Tod euch scheidet«) die Wähler über seine Trennung von Frau und Tochter ausführlich in *Bild*.

Sein gewolltes Markenzeichen ist das knallharte Sparen – die Bevölkerung hat's ja: Mit geradezu fanatischem Eifer streicht er bei allen, die bei drei noch keine Lobby haben, ob bei den Hochschulen, den Schulen, denen er das Zentralabitur nach 12 Schuljahren aufdrückt, oder in der eigenen Staatskanzlei. Und wo er schon mal dabei ist, schafft er auch gleich alle Bezirksregierungen ab, zahlt den 130 000 Beamten nur noch 12 Gehälter und streicht das Weihnachtsgeld. Aber damit nicht genug: Einmal in Schwung … war die Streichung des Blindengeldes an der Reihe. Darüber spricht Wulff nur zu gerne. »Die Reformen müssen schließlich sein.«[115]

Nur folgerichtig verspricht er im September 2008 einen »wirtschaftsbezogenen« Bundestagswahlkampf. Mit Blick auf die Reformkonzepte des Leipziger CDU-Parteitages von 2003 fordert er: »Leipzig wird sich in vielen Positionen im Wahlprogramm und im Regierungsprogramm 2009 wiederfinden müssen.« Damals war die CDU unter anderem für Kopfpauschalen in der gesetzlichen Krankenversicherung und ein radikales Steuerkonzept zugunsten der Unternehmen eingetreten.

Geradezu bombastisch und irreal wird es, wenn Wulff angesichts der globalen und nationalen Arm-Reich-Schere verkündet, die CDU habe den »Widerspruch zwischen Kapital und Arbeit aufgehoben«. Das wirtschaftliche Wachstum komme allen zugute. Dass sie ein »Höchstmaß an sozialer Sicherheit« schaffe, sei »die eigentliche Faszination der CDU«. Daran werde sich nichts ändern.

Da braucht man im Grund auch gar keine Justiz mehr, schon gar nicht in Sachen Arbeitslosengeld: Besonders am Herzen liegt dem Landesvater offensichtlich die zügige Durchführung der »Armut per Gesetz«. Also bringt Niedersachsen – nach der Devise »Was nutzt die schönste Umverteilung nach oben, wenn sich die Betroffenen juristisch dagegen wehren können?« – gemeinsam mit vier anderen Ländern im Oktober einen Gesetzentwurf im Bundesrat ein, wonach Hartz-IV-Empfänger mit wenigen Ausnahmen die Anwaltskosten für Klagen gegen falsche Bescheide selbst tragen müssen. Die Logik: Wer tatsächlich Geld für Anwälte hat, der ist sowieso nicht bezugsberechtigt.

»Leise, still und zäh« hangelt sich ›die sanfte Gefahr‹ nach oben«, bemerkt *Zeit*-Autor Matthias Geis. »Immer häufiger muss er sich gegen den Verdacht wehren, er spekuliere auf den Sturz der Parteivorsitzenden.«[116] Und es hat etwas von »Wer sich verteidigt, klagt sich an«, wenn er Gerüchte über eine Verschwörung gegen Merkel wütend eine »absurde Unterstellung« nennt.

Anders als Roland Koch, kann er eventuelles Streben nach Höherem noch gut verbergen. Zuweilen vermittelt er den Eindruck, gar nicht zu wissen, dass es das Amt des Bundeskanzlers überhaupt gibt. Aber da ihm das eigentlich niemand abnimmt, wird er auf Nachbohren für seine Verhältnisse erstaunlich konkret: Während Gerhard Schröder am Zaun des Kanzleramts gerüttelt habe, sei er der Typ, der nach den Öffnungszeiten fragen würde.

Und wenn die kommen, dann lässt ein Christian Wulff sicherlich nichts anbrennen. Dass es kein Widerspruch ist, nett, freundlich und umgänglich zu sein und gleichzeitig skrupellos, geradlinig und ohne Rücksicht auf Verluste die eigenen Interessen durchzuboxen, wissen die Bürger ja nicht erst seit Gerhard Schröder: Gelegentlich hat man diese Spezies auch als Vorgesetzten, Personalchef oder gar als Kollegen.

»Christian Wulff kündigt immer nur an, dass er etwas sagt, und sagt dann nichts«, fasst Daniela Vates in der *Berliner Zeitung* Wulffs Taktik – oder Charakter? – zusammen.[117] Und wenn er doch mal Stellung bezieht, dann richtig: Am 6. November 2008 bezeichnet er in der NTV-Talkshow *Friedman* die Kritik an Managergehältern als »Pogromstimmung«, was ihm prompt eine empörte Kritik (»Unverschämtheit«) und eine Rücktrittsforderung des Zentralrats der Juden einbringt.

Klaus Wowereit (SPD), Jurist, Regierender Bürgermeister von Berlin
Volkstümlicher Neoliberaler mit 68er-Flair

Klaus Wowereit, geboren am 1. Oktober 1953 in Berlin, schlendert lässig und tabulos auf die Kanzlerschaft zu. Seit 1971 ist er in der SPD, ab 1979 in der Bezirksverordnetenversammlung, ab 1981 Fraktionschef und Volljurist, ab 1984 Bezirksstadtrat, ab 1995 im Abgeordnetenhaus und Fraktionsvize, ab 1999 Fraktionschef, ab 2001 Regierender Bürgermeister von Berlin und damit erster Regierungschef einer rot-roten Koalition in einem Teil der alten Bundesrepublik. 2006 wird er wiedergewählt.

Dass Klaus Wowereit trotz oder wegen seines offensiven Bekenntnisses »Ich bin schwul, und das ist auch gut so« einer der beliebtesten deutschen Politiker ist, bedeutet einen schweren Schlag für die – von den Gossenmedien unterstützte – schwarzbraune Soße aus frömmelnder Bigotterie und faschistoider Homophobie, also die spießigen deutschen Untertanen. Die Wut dieser schrill »schweigenden Mehrheit« erinnert an ihr Entsetzen, als im Jahre 2001 der damalige grüne Außenminister Joschka Fischer wegen seiner Vergangenheit als linksradikaler Steinewerfer nicht etwa von »anständigen Deutschen« am nächsten Baum aufgehängt, sondern zum »unbestrittenen Tabellenführer der politdeutschen Beliebtheitsliga« (*Welt*) wurde. Dass »Wowi« überdies als feucht-fröhlich-frivoler »Party-Prinz der SPD« (*Stern*) Furore macht, täuscht zuweilen über seine immense politische Zielstrebigkeit, sein taktisches Geschick und seine machtorientierte Chuzpe hinweg.

So hat er als erster und weit und breit einziger Spitzenpolitiker zunächst die Berliner PDS, dann die Berliner Partei Die Linke als gewöhnlichen und folglich neoliberal stark angehauchten Karrieristenverein entzaubert. Im Jahre 2001 lässt er als amtierender Chef einer rot-grünen Minderheitsregierung nach der Wahl die Koalitionsverhandlungen mit den Grünen bewusst scheitern, um der Ostpartei die Regierungsbeteiligung wie eine Wurst hinzuhalten. Denn er weiß: Die meisten Berliner PDS-Abgeordneten, besonders die mit SED-Vergangenheit, wollen vor allem eines: »In der Demokratie ankommen« – auf Deutsch: »wie eine normale Partei« (Gregor Gysi) und wie normale Politiker und Bundesbürger behandelt werden. Dass diese Strömung innerhalb der PDS nicht im Traum eine »neue DDR« oder gar ein wirklich humanistisch-soziales System anstrebt, erkennt Wowereit sofort. Und so macht er den Juniorpartner zu dem, was die Grünen für Gerhard Schröder waren: Pflegeleichte, rückgratlose Abnicker, die für einen guten Posten auch die letzten ihrer – wenn jemals vorhandenen – Grundsätze »überdenken«. Vor allem aber sind sie für Wowereit Mehrheitsbeschaffer und Volksbeschwichtiger: Sie sammeln die Stimmen eines großen Teils derer ein, die dem bundesdeutschen Kapitalismus sehr kritisch begegnen und von einer »anderen Gesellschaft« träumen. Gleichzeitig erzeugen sie, ähnlich wie weiland die Grünen, den Irrglauben: »Wenn *sogar* die Linken beim Verschleudern von Staatseigentum, Sozialabbau und Umverteilung nach oben mitmachen, dann muss es ja wirklich ein alternativloser Sachzwang sein.«

Und so setzt Rot-Rot – auch das wieder ähnlich wie Schröders Rot-Grün – Dinge durch, die sich ein CDU/FDP-Bündnis nie getraut hätte. Denn Wowereit versteht es meisterhaft, den von seiner Partei durch den Bankenskandal mitverursachten Schaden von 60 Milliarden Euro als Freifahrtschein für einen Generalangriff auf die Lebens- und Arbeitsbedingungen der Bevölkerung zu missbrauchen: So tritt das Land Berlin im Januar 2003 aus der Tarifgemeinschaft der Länder aus, und seit Mitte 2003 gilt im öffentlichen Dienst Berlins ein Sondertarifvertrag mit einer Kürzung der Löhne und Gehälter um acht bis zwölf Prozent bei entsprechend reduzierter Arbeitszeit. Damit sind Berlins Landesbedienstete abgekoppelt von der Einkommensentwicklung in anderen Bundesländern.

Bald jagt ein Husarenstreich den anderen, und jeder einzelne dient nicht zuletzt der Zähmung der vermeintlichen Revoluzzer. Schon im Herbst 2005 zieht Christine Richter von der *Berliner Zeitung* Bilanz: »Die Linkspartei.PDS erschreckt in Berlin keinen mehr. Sie ist ein verlässlicher Koalitionspartner und machte in den letzten drei Jahren all die sozialpolitischen

Grausamkeiten mit, die ihr keiner zugetraut hatte. Erinnert sei nur an die Erhöhung der Kita-Gebühren, die Abschaffung der Lehrmittelfreiheit, die Kürzungen beim Blindengeld oder die Streichung des Urlaubs- und Weihnachtsgeldes im öffentlichen Dienst.«[118]

Nach Wowereits Wiederwahl, bei der allerdings nicht einmal 18 Prozent der Wahlberechtigten für die SPD stimmen, beschreibt Josef Depenbrock ebenfalls in der *Berliner Zeitung* seine Erfolgsmasche: »Wowereit plaudert mit erstaunlicher Nonchalance über harte Einschnitte. Viele nehmen ihm nicht übel, dass gespart wird, bis es quietscht, so Wowereits volkstümliche Umschreibung. Seine große Kunst ist, dass er den Menschen trotz schlechter Lage ein gutes Gefühl vermittelt, weltoffen, mit Lebensfreude – auch wenn er dazu Plüschbären ins Publikum wirft und so den Bärlinator gibt; ein weiterer Titel in der Chronologie von Wowinator, Partynator, Landesmutter, bestangezogener Businessman und mehr. Wowereit vermittelt mehr Emotion als Inhalt – sein Erfolgsgeheimnis.«[119]

Aber Wowereit will ja mehr, und so präsentiert er im Herbst 2007 eine ganz andere Facette: Bei dem wüsten Hickhack um den damaligen Parteichef Kurt Beck inszeniert er sich – das (womöglich gar nicht so) ferne Ziel Bundeskanzler fest im Blick – als weiser Schlichter und Mahner. Er konstatiert eine »stabile Mobbingkultur« in der SPD-Führung und rät: »Die Parteispitze könnte mal ein 14-tägiges Ruderseminar gebrauchen«.[120]

Wenn irgendwann die Beteiligung der Partei Die Linke an einer Bundesregierung zum Thema wird, dann dürfte an Klaus Wowereit niemand vorbeikommen.

Peter Müller (CDU), Jurist,
saarländischer Ministerpräsident
Der Saar-Champion als Oskars Herausforderer

Peter Müller, geboren am 25. September 1955 in Illingen, springt auf alles auf, was nach oben fährt. Der JU und der CDU tritt er 1971 bei, von 1983 bis 1987 ist er JU-Landeschef, ab 1990 in der CDU-Landtagsfraktion und gleich Parlamentarischer Geschäftsführer, ab April 1994 Fraktionschef, ab 1995 Chef der CDU Saar, seit 1998 Mitglied im CDU-Präsidium und seit 1999 Ministerpräsident.

Als Andenpakt-Gastmitglied Müller allerdings im Jahr 2000 zum Parteivize kandidieren will, verbieten die Paktkumpels ihm das. Schließlich saß er schon im Präsidium, und man wollte die Wiederwahl von Christian Wulff nicht gefährden.

2004 wird er im Saarland wiedergewählt, wobei die Wirtschaftswoche und vor allem die Arbeitgeberkampftruppe Initiative Neue Soziale Marktwirtschaft mit seiner Ernennung zum »Ministerpräsidenten des Jahres 2003« massive Wahlhilfe leisten. Dies ist für seriöse Politiker zwar eher Beifall aus der falschen Ecke – als würde Placido Domingo von Dieter Bohlen zum »Superstar« ausgerufen –, bringt ihm aber 2005 eine Berufung als Schattenwirtschaftsminister im Kompetenzteam der Kanzlerkandidatin Angela Merkel ein. Wirtschaftskompetenz? Müller? Sollte ein Volkswirt Menschen operieren, ein Arzt jemanden vor Gericht vertreten? Und ein Jurist für fremde Leute, geschweige denn für eine ganze Bevölkerung wichtige Wirtschaftsentscheidungen treffen?

Immerhin kämpft er schon im Jahr 2001 gegen die völkische Stimmungsmache seiner eigenen Partei und »unterwandert die CDU« (*Spiegel*) mit einem Bekenntnis zum Asylrecht und Sprüchen wie »Die Behauptung, das Boot sei voll, ist falsch.

Tatsache ist, dass das Boot immer leerer wird« sowie mit Vorschlägen zur Öffnung Deutschlands für Einwanderer.

Entsprechend engagiert sich der Machtmensch Müller bereits 2004 für die Option Schwarz-Grün und springt auch gerade noch rechtzeitig auf den Zug der Hartz-IV-Kritiker auf: Im Herbst 2007 fordert er eine Reform der Agenda 2010, vor allem eine »zügige« Überarbeitung des Arbeitslosengeldes I: Die CDU-Führung sei vom Parteitag eindeutig beauftragt worden, die Bezugsdauer für jene älteren Arbeitslosen zu verlängern, die lange Zeit Beiträge gezahlt hätten. Und wenn die Koalition dies nicht schaffe, werde dies »sicher im Bundesrat noch einmal auf die Tagesordnung kommen«.[121]

Dummerweise aber hat er es bei der nächsten Landtagswahl mit dem Alptraum aller alteingesessenen Parteien zu tun, und da ist Pfeifen im Wald Pflicht: Sein »Duell« mit Oskar Lafontaine sei »spannend«, das Ganze eine Richtungswahl und der Chef der Partei Die Linke daher ein »idealer Gegner«, denn er »steht für Steinzeitsozialismus. Rot-Rot mit einem Ministerpräsidenten Lafontaine würde dieses Land isolieren ... Das Saarland als erste sozialistische Volksrepublik im Westen – ist das mehrheitsfähig?«

Damit sein Volk nicht die falsche Antwort gibt, rutscht Müller verbal beträchtlich nach links und entdeckt sein Herz für die Sorgen und Nöte der Arbeitnehmer. So fordert er zu Merkels Verdruss penetrant die sofortige Wiedereinführung der alten Pendlerpauschale als »Signal an die Leistungsträger«. Auch bei der Managerschelte ist er mittenmang dabei: Die Höhe der Gehälter »geht die Politik nichts an. Etwas anderes ist jedoch die Frage, ob der Steuerzahler diese Gehälter mitfinanzieren muss.« Daher sollten die Unternehmen Gehälter und Abfindungen nur noch bis eine Million Euro steuerlich absetzen können. Bei der Laufzeit von Atomkraftwerken allerdings will er ein »Arrangement mit der Industrie«, die aber Extraprofite freundlicherweise an die Verbraucher weitergeben sollte.[122]

Doch Sprüche hin, Versprechen her: Je näher der Urnengang rückt, desto nervöser wird Müller. Im September 2008 fordert er für den Fall, dass sich SPD-Frau Andrea Ypsilanti in Hessen tatsächlich mit Hilfe der Partei Die Linke wählen lasse, das sofortige Ende der Koalition und Neuwahlen.

Horst Seehofer (CSU), Diplomverwaltungswirt (FH), bayerischer Ministerpräsident und Parteichef
Links angetäuscht und rechts vorbei

Horst Seehofer, geboren am 4. Juli 1949 in Ingolstadt, ist eine wandelnde Mogelpackung. Ab 1969 ist er in der Jungen Union, seit 1970 Diplomverwaltungswirt, seit 1971 in der CSU (FH), arbeitet von 1970 bis 1980 in den Landratsämtern Ingolstadt und Eichstätt, ist seit 1980 im Bundestag, von 1983 bis 1989 sozialpolitischer Sprecher der CSU-Landesgruppe, ab 1989 Parlamentarischer Staatssekretär für Arbeit und Sozialordnung, ab 1992 Gesundheitsminister, seit 1994 CSU-Vize, ab 1998 CDU/CSU-Fraktionsvize, von 2000 bis 2008 Chef der Christlichen Sozialausschüsse (CSA) der CSU, vor der Wahl 2002 Gesundheitsexperte in Stoibers Kompetenzteam, danach bis 2004 zuständig im Parteivorstand für Gesundheit und soziale Sicherung, ab 2005 Bundesminister für Ernährung, Landwirtschaft und Verbraucherschutz und seit Oktober 2008 CSU-Chef und bayerischer Ministerpräsident.

Seit jeher umgibt sich Seehofer mit dem Flair des ständigen linken Querulanten. Als er 2003 als Unionsverhandlungsführer zur Gesundheitsreform 2003 das Unionskonzept als »Privatisierungsorgie« abkanzelt, heißt es »Sprengsatz Seehofer«[123], und mit »Seehofer zeigt Merkel die Zähne«[124] kommentiert man sein Auftreten bei der Gesundheitsreform 2003. Wegen seines Kampfes gegen die Kostenexplosion der Arzthonorare nennen ihn Zahnärzte »Honecker« und »Kommunist«, und für Ulrich Claus von der *Welt* ist er sowieso ein »Herz-Jesu-Marxist«.[125] Und tatsächlich lehnt Seehofer im Jahr 2005 das Wahlprogramm von CDU und CSU als zu wirtschaftsliberal ab.

Warum man den Aufrührer Seehofer aber nicht längst herausgemobbt hat, liegt auf der Hand: Er ist in der Partei und der Fraktion sehr beliebt und gilt in der Öffentlichkeit als Patron der kleinen Leute. Die aber könnten Seehofers »Entsorgung« als Angriff auf ihre Interessen deuten und der Union bei den nächsten Wahlen die Quittung präsentieren.

Selbst Erzfeind Stoiber bindet den unbequemen Rivalen, der nach seiner schweren Herzkrankheit »vor nichts mehr zurückschreckt« lieber ein, als ihn sich zum Gegner zu machen.

Dies freilich gelingt nur begrenzt. Im November 2004 legt Seehofer aus Protest gegen den zwischen Stoiber und Merkel ausgehandelten Gesundheitskompromiss die Federführung für Gesundheitspolitik nieder, was ihm den Titel »Lafontaine der CSU« einbringt. Die übrigen Parteiämter behält er jedoch.

Im Februar 2008 riskiert er zwar noch gegen die Fieberphantasien der CDU-Marktradikalen um Christian Wulff für die kommenden Wahlkämpfe eine große Lippe: »Seehofer kanzelt neoliberale Reformer ab«, meldet dementsprechend die Tagesschau. Aber als Verbraucherminister vertritt er ziemlich durchgängig die Interessen der Konzerne *gegen* die Konsumenten: So bringt ihm die Behauptung, die Ampelkennzeichnung sei ein Standortnachteil für die Wirtschaft, den Vorwurf der »Lobby-Nähe« ein.

Vor allem sein Verbraucherinformationsgesetz vom Mai 2008 erweist sich eher als dasselbe wie der Politiker Seehofer selbst, also als Mogelpackung, wie *Report Mainz* im September 2008 am Beispiel der Identifizierung von Gammelfleisch-Gangstern nachweist. Versprochen hatte Seehofer: »Ich glaube, dass die Nennung eines Namens, wenn jemand gegen das Lebensmittelrecht verstoßen hat, mehr präventive Wirkung hat als das ganze Ordnungswidrigkeiten- oder Strafrecht.«[126] Als *Report* dies probiert, kommt das Aha-Erlebnis: Die Behörde »kennt die Namen, doch Verbraucherinformationsgesetz hin oder her, einfach herausgeben, das geht nicht … Der Grund: Alle Firmen können noch gegen die Herausgabe klagen. Außerdem will uns das Amt einen Teil der Hersteller nicht nennen. Begründung: Es handle sich um ›wettbewerbsrelevante Informationen‹, die höher zu bewerten sind als das ›Informationsinteresse des SWR‹.« Auf Deutsch: Besorgte Bürger dürfen die Namen von Gammelfleischverbrechern deshalb nicht wissen, weil dann von ihnen kein Aas mehr kaufen würde und dies für die Verkäufer ein »unzumutbarer Wettbewerbsnachteil« wäre.

Aber nicht nur für Lebensmittelgangster ergreift Seehofer Partei. Kaum ist er als Ministerpräsident bestimmt, legt er sich auch für die Nachkommen der Superreichen ins Zeug. Im Oktober 2008 droht er der großen Koalition mit Blockade, falls die sich nicht von der CSU erpressen lässt.

Wozu? »CSU will reiche Erben verschonen«, freut sich schon seit Juni 2008 die *Financial Times Deutschland*. Und die SPD stellt fest: »Damit sollen Millionäre am Starnberger See geschont werden.«

Letzte Zweifel an Seehofers Charakter als prinzipienloser eigennütziger Politiker erledigen sich im November 2008, als er getreu der Logik, die Bewahrung der Schöpfung schade der Wirtschaft, eine Rücknahme der EU-Klimaschutzziele zugunsten der Spritschleudern deutscher Autokonzerne fordert.

Welche Facetten Seehofer uns noch vorführen und was er noch alles anstellen wird, ist schwer zu sagen. Als »Krawallmacher«

(Spiegel) und Quertreiber in sämtliche Richtungen taugt er allemal.

3. Heimliche Herrscher

Sie ist im Bund in der Opposition und sitzt nur in einer einzigen Landesregierung; dennoch treibt die Partei Die Linke die Konkurrenz vor sich her. Ob Nachbesserung der Agenda 2010, Regulierung der Finanzmärkte, Konjunkturprogramm oder Pendlerpauschale: Immer öfter geschieht genau das, was Lafontaine, Gysi & Co. lange zuvor gefordert und dafür Häme bis Hass der anderen Parteien kassiert haben.

Das Rezept scheint denkbar einfach: Getreu dem Spruch Victor Hugos, »Nichts ist mächtiger als eine Idee, deren Zeit gekommen ist«, schaut man den kleinen Leuten aufs Maul und macht sich deren Forderungen zu eigen.

Oskar Lafontaine (Die Linke), Diplomphysiker, Partei- und Fraktionschef

Ungekrönter König von Deutschland

Oskar Lafontaine, geboren am 16. September 1943 in Saarlouis, ist der Antreiber der Linken. Ab 1966 ist er in der SPD, seit 1969 Diplomphysiker, von 1969 bis 1974 bei der Versorgungs- und Verkehrsgesellschaft Saarbrücken (ab 1971 im Vorstand). Von 1977 bis 1996 ist er SPD-Chef Saar, ab 1994 im SPD-Präsidium, 1995 schafft er es auf dem Mannheimer Parteitag, durch eine einzige Rede putschartig Rudolf Scharping den Parteivorsitz abzunehmen, den er bis zum Ausstieg 1999 behält. Ab 1974 ist er Bürgermeister, von 1976 bis 1985 Oberbürgermeister von Saarbrücken, von 1970 bis 1975 und 1985 bis 1998 im Landtag des Saarlandes, von 1985 bis 1998 Ministerpräsident. 1990 ist er Kanzlerkandidat, von Oktober 1998 bis März 1999 im Bundestag und Finanzminister.

Am 11. März 1999 legt er aus Protest gegen den Kurs von Kanzler Schröder sämtliche Ämter und Mandate nieder, im Mai 2005 verlässt er die SPD und tritt der Wahlalternative Arbeit und Soziale Gerechtigkeit WASG bei, seit November 2005 ist er mit Gregor Gysi Fraktionschef und seit 2007 mit Lothar Bisky Chef der Partei Die Linke.

Seinen für Freund, Feind und Neutrale völlig überraschenden Ausstieg erklärt er später damit, dass »Gerhard Schröder bereits ein Jahr lang einen Wortbruch nach dem anderen begangen«, er selbst »aus falsch verstandener Solidarität zu lange geschwiegen« habe. »Insofern stand ich vor der Wahl, den Kanzler zu stürzen oder zu gehen.«[127] Heute bedauert er nicht nur seinen Ausstieg, sondern vor allem den »Fehler, Gerhard Schröder die Kanzlerkandidatur zu überlassen«.[128]

Öffentliche Person bleibt Lafontaine dennoch. So schreibt er ab 2001 gemeinsam mit dem CSU-Widerpart Peter Gauweiler eine *Bild*-Kolumne.

Tatsächlich scheint Lafontaine mehr als einmal seine Überzeugung zu wechseln. Anfang der achtziger Jahre gibt er den linken Nachrüstungs- und Kernkraftgegner, danach fordert er als wirtschaftspolitischer Modernisierer eine Arbeitszeitverkürzung ohne vollen Lohnausgleich und eine »pragmatischere Haltung« zu Samstags- und Sonntagsarbeit.

Noch im April 2003 schreibt *Zeit*-Autor Werner A. Perger: »Der politischen Linken fehlt ein Kopf. Gesucht wird ein Massenbeweger – einer wie Oskar Lafontaine. Doch der will nur eines: Rache an Schröder.«[129] So bleibt er einstweilen »Oskar, der Schattenmann, die linke Stimme aus dem Off«.[130]

Dies ändert sich schlagartig, als Lafontaine im August 2004 in einem *Spiegel*-Interview nicht nur Schröders Rücktritt fordert (»Wenn er Anstand im Leibe hätte …«), sondern auch eine Unterstützung der gerade gegründeten *Wahlalternative* andeutet: »Diese Gruppierung wird dann von mir unterstützt werden.«[131]

Spätestens seit dem Bundestagswahlkampf 2005 ist der »Unternehmer in eigener Sache« *(taz)* Hassfigur und Alptraumproduzent für alle Wirtschaftsliberalen, vor allem aber für die SPD-Führung: Schließlich sieht Lafontaine sich selbst als eine Art Testamentsvollstrecker der SPD Willy Brandts und seine Mission in der Erhaltung und dem Ausbau des Sozialstaats. Nur konsequent bringt er – häufig sogar wortwörtlich – frühere Wahlversprechen und Programme der SPD nunmehr namens der Partei Die Linke gegen seine einstigen Genossen in Stellung. Kein Wunder also, dass »der SPD-Genosse denkt, was Lafontaine sagt«, die Wähler und Mitglieder in Scharen die wichtigsten Forderungen der Partei Die Linke – nach Mindestlohn für alle, Bundeswehrabzug aus Afghanistan sowie Rücknahme von Hartz IV und der Rente mit 67 – unterstützen und in Scharen zu ihr überlaufen.

Dass er ein begnadeter Selbstdarsteller ist, streitet er ebenso wenig ab wie seinen Millionärsstatus, den er sogar als Argument nutzt: Es gehe ihm ja gar nicht um seine eigene materielle Lage. Und auch der Vorwurf *Ideologe* ficht ihn nicht an, denn es handelt sich um die durchaus bürgerliche Wirtschaftstheorie eines Ökonomen, der seit der Finanzkrise neben Marx ein furioses Comeback erlebt: »Seinen Keynes trägt Lafontaine mittlerweile mit solchem Nachdruck vor, dass es ihm wohl auch um die Sache geht.«[132]

Quer durch alle Parteien fürchtet und bewundert man ihn als »den einzig wirklich erfolgreichen Populisten dieser Republik, den Linken, der eine wichtige Wahl zwar grandios verlor, danach aber die SPD als Vorsitzender zurück an die Macht geführt und damit alle Konkurrenten aus seiner Generation bis dahin an politischer Wirksamkeit übertroffen hat«.[133]

Selbst einer der noch heute beliebtesten deutschen Regierungschefs, Helmut Schmidt, verlor die Contenance. »Altkanzler Schmidt vergleicht Lafontaine mit Hitler«, jubilierte sogar die *Tagesschau* am 14. September 2008. »Auch Adolf Nazi war ein charismatischer Redner. Oskar Lafontaine ist es auch«, hatte Schmidt stilecht der *Bild am Sonntag* gesagt. Ganz so gemeint war das freilich nicht. Was halbgebildete Redakteure natürlich nicht wissen können: Das Ganze war eine Retourkutsche à la Schmidt-Schnauze. 1982 warf der damalige Saarbrücker Oberbürgermeister seinem Bundeskanzler vor, er rede »weiter von Pflichtgefühl, Berechenbarkeit, Machbarkeit, Standhaftigkeit. Das sind Sekundärtugenden. Ganz präzis gesagt: Damit kann man auch ein KZ betreiben«.[134]

»Wir müssen eine Partei gegen den Zeitgeist sein«, ruft Lafontaine auf dem Parteitag im Mai 2008 in Cottbus den Delegierten zu, und er meint die deregulierte Wirtschaft samt ihrer Finanzinvestoren. Kein halbes Jahr später ist ihm der Zeitgeist gefolgt, und was von allem Spott und Hohn jetzt noch übrig ist, prallt an Lafontaine ab: Schließlich ist er der große »Gewinner« der Weltfinanzkrise. Denn er hat sie, ebenso wie die deutsche Vereinigung als schwere Geburt, rechtzeitig vorausgesagt – und braucht dies nicht einmal selbst zu erwähnen, weil das inzwischen andere für ihn tun.

Die Partei Die Linke führt er von Anfang an im Stile des berühmten SPD-»Zuchtmeisters« Herbert Wehner, wobei es ihm besonders die Parteirechten angetan haben: Als zum Beispiel auf sein Betreiben Klaus Wowereits bis dato pflegeleichter Juniorpartner auf der Erfüllung des Koalitionsvertrags und damit auf der Enthaltung Berlins bei der Bundesratsabstimmung über den EU-Vertrag besteht, schäumt der Regierende, die Berliner Linke stehe »unter dem Diktat« Lafontaines und sei »allein nicht mehr handlungs- und entscheidungsfähig«.[135]

Man darf wirklich gespannt sein, was geschieht, wenn die Linke im Saarland wirklich stärkste Partei wird und Lafontaines einstiger Lehrling Heiko Maas auf dem Job als Ministerpräsident beharrt.

Gregor Gysi (Die Linke), Jurist, Fraktionschef
Lebenstraum Rot-Rot?

Gregor Gysi, geboren am 16. Januar 1948, ist das personifizierte Ankommen der DDR-Bürger in der Bundesrepublik.

1962 tritt er der FDJ bei, macht 1966 vor dem Jurastudium den Facharbeiterabschluss als Rinderzüchter, ist ab 1967 in der SED, ab 1971 als Anwalt zugelassen, seit 1976 Dr. jur. Seit 1978 übernimmt er politische Fälle und wird seitdem – wie von verschiedenen Seiten behauptet, aber nie zweifelsfrei belegt wurde – von der Stasi als inoffizieller Mitarbeiter geführt. Von 1988 bis 1989 ist er Vorsitzender des Kollegiums der Rechtsanwälte Berlin und des Rates der Vorsitzenden der Anwaltskollegien der DDR. Bei der Großdemonstration am 4. November 1989 in Berlin fordert er ein neues Wahlrecht und ein Verfassungsgericht. Von 1989 bis 1993 ist er Chef der SED/PDS (ab 1990 PDS), von 1990 bis 1998 im Bundestag als Chef der Abgeordnetengruppe PDS/Linke Liste. 1995 veröffentlicht er gemeinsam mit Parteichef Lothar Bisky und Ex-Parteichef Hans Modrow ein Papier zur Abgrenzung vom Stalinismus. 1996 bietet er der SPD die Zusammenarbeit an. 1997 scheidet er aus dem Parteivorstand aus. Im September 1998 wird Gysi PDS-Fraktionschef, im Oktober 2000 gibt er dieses Amt ab, im Januar 2001 wird er

Berliner Wirtschaftssenator in der Berliner SPD/PDS-Koalition, im Juli tritt er wegen der Bonusmeilenaffäre zurück. Kritiker halten den Grund für vorgeschoben. Als die PDS bei der Wahl 2002 aus dem Bundestag fliegt, arbeitet Gysi zunächst als Rechtsanwalt. Umso triumphaler dafür die Rückkehr in die Politik und den Bundestag. Seit 2005 ist Gysi gemeinsam mit Oskar Lafontaine Fraktionschef der Partei Die Linke.

Seit der deutschen Vereinigung 1990 bis zu ihrem Aufgehen in der Linkspartei.PDS 2005 (seit 2007 Partei Die Linke) wird die PDS fast ausschließlich als »Gysi-Partei« wahrgenommen. Von Anfang an ist er ein Medienstar, ob in Talkshows oder im Bundestag: »Gysi contra Waigel, Kinkel, den Riesen Kohl … Das Publikum lachte, genoss den quicken Witz des Kleinen und interessierte sich keineswegs für den Osten … Gysi konterkarierte sämtliche Klischees vom proletarischen Jammerossi.«[136] Das für den Chef einer »SED-Nachfolgepartei« höchstmögliche Lob der Konkurrenz lautet bis heute, Gysi sei »in der falschen Partei«.

Die freilich macht er erst einmal marktwirtschaftstauglich. Vor der Wende nämlich hatte die SED 2,3 Millionen Mitglieder. »Sie befehligte noch Armee, Polizei, Geheimdienst, als ihr im Dezember 1989, kurz vor Mitternacht, ein kurioser Heiland geboren wurde«, erinnert Christoph Dieckmann in der *Zeit*: »Nur in tiefster Krise konnte dieser intellektuelle Entertainer Honecker und Krenz beerben. Frisch gewählt, schwenkte Gysi statt Blumen einen Besen, verhieß demokratischen Kehraus … Im Volkskammer-Wahlkampf hielt er der Ost-Wut stand, ließ sich bedrohen und mit Kuhglocken niederläuten.«[137] So holt die PDS am 18. März 1990 immerhin 16,3 Prozent.

In der Folgezeit wird er unbezahlbar für den politischen Frieden in Deutschland. Er persönlich und die von ihm mühsam auf staatstragenden Reformkurs gebrachte PDS binden vor allem jene Ostdeutschen an die westliche Ordnung, die sonst aus Enttäuschung oder Nostalgie ins links- oder rechtsextreme Lager abdriften und zu einem Potenzial sozialer Unruhen werden könnten. Gysis erwähnter Leitspruch, »der Kapitalismus ist ungerecht, aber er funktioniert«, ist nicht unwesentlich daran beteiligt, dass Millionen von DDR-Bürgern zunächst einmal das bundesdeutsche System akzeptieren.

Als Lohn erhoffen sich Gysi und seine Partei nicht zuletzt, von den Westpolitikern als »in der Demokratie angekommen« geadelt und irgendwann einmal auf gleiche Augenhöhe befördert zu werden.

Alles ändert sich quantensprungartig mit dem Zusammengehen mit der bundesdeutschen WASG, sprich: mit Oskar Lafontaine, in dessen (Wind-)Schatten sich Gysi seither bewegt. Aber je tiefer die Krise der westlichen Marktwirtschaft und Demokratie, je verbissener die Hasstiraden gegen die Partei Die Linke, desto mehr bekommt auch Gysi sein Fett weg. Doch seine Partei ist derart im Aufwind, dass Gysi zum Beispiel angesichts katastrophaler Mängel in Sachen Kinderbetreuung und Gesundheitswesen Gotteslästerliches über die DDR sagen kann: »Sie war undemokratisch, sie schränkte Freiheit ein, sie hatte eine unproduktive Mangelwirtschaft. Aber was in ihr gut war, wirkt wie Hefe weiter: Krippen, Kindergärten, Polikliniken … Das kommt alles wieder, und sei es über Frau von der Leyen.«[138]

Und damit nicht genug. Auch außenpolitisch nimmt er den Gegnern den Wind aus den Segeln. Im April 2008 gratuliert er dem Staat Israel zum 60. Jahrestag seiner Gründung und fordert »Solidarität mit Israel« als Bestandteil der »deutschen Staatsräson«.[139]

So ehrlich Gregor Gysi dies auch meint: Mit dem Bekenntnis will er gleichzeitig einen großen Stolperstein auf dem Weg zur

Zusammenarbeit mit der SPD auf Bundesebene aus dem Weg räumen: Man tut dem Demokraten, Humanisten und Selbstdarsteller Gysi wohl kaum übermäßig Unrecht an, wenn man ihm als einen seiner letzten großen Lebensträume ein Ministeramt in einer rot-roten Bundesregierung unterstellt – egal, welches.

Ulrich Maurer (Die Linke), Jurist,
Parlamentarischer Fraktionsgeschäftsführer
Der Prätorianer der Linken

Ulrich Maurer, geboren am 29. November 1948 in Stuttgart, zieht selbst dort Strippen, wo keine sind.

Ab 1969 ist er in der SPD, von 1971 bis 1979 im Stuttgarter Gemeinderat, ab 1975 im SPD-Landesvorstand, seit 1977 Rechtsanwalt, ab 1977 im Landespräsidium, ab 1981 Landesvize, von 1987 bis 1999 Landeschef, von 1990 bis 2003 im Bundesvorstand, zur Bundestagswahl 1994 im Schattenkabinett von Rudolf Scharping als Innenminister vorgesehen. Von 1995 bis 1999 und von 2000 bis 2001 im SPD-Präsidium. Ab 1980 ist er im Landtag Baden-Württemberg, ab 1988 Fraktionsvize und von 1992 bis 2001 Fraktionschef. Am 24. Mai 2005 schreibt er dem SPD-Vorstand aus »Wut und Verzweiflung« einen »Brandbrief« (Maurer), in dem er den Verrat an sozialdemokratischen Idealen anprangert. Im Juni 2005 tritt Maurer von der SPD zur *Wahlalternative für Arbeit und soziale Gerechtigkeit* (WASG) über, gleichzeitig der Linkspartei bei und wird deren Spitzenkandidat für Baden-Württemberg zur Bundestagswahl 2005. Seit Oktober 2005 ist er im Bundestag und Parlamentarischer Geschäftsführer sowie seit Juni 2007 im Geschäftsführenden Parteivorstand.

Mit den nassforschen Umgestaltern der Sozialdemokratie legt

sich Ulrich Maurer schon immer an. In den frühen achtziger Jahren unterstützt er gegen die damalige SPD-Führung unter Bundeskanzler Helmut Schmidt die Forderungen der Friedensbewegung gegen den NATO-Doppelbeschluss, und 1993 macht er bei einer SPD-Mitgliederbefragung über den Parteivorsitz erfolgreich Stimmung gegen den späteren Kanzler Gerhard Schröder und verhilft Rudolf Scharping zum Sieg.

Aus all diesen Gründen ist es für die Führung ebenso wie für die Parteilinken der SPD noch schwieriger als bei allen anderen Abtrünnigen, Ulrich Maurer als Fahnenflüchtigen oder gar als diktaturlüsternen Bolschewisten darzustellen: Er vertritt ja heute nicht wesentlich anderes als die frühere SPD-Meinung.

Bei der Partei Die Linke ist er Strippenzieher und Königsmacher. »Wer mich als Prätorianer-Führer hat, der hat schon fast gewonnen«, sagt er unter Anspielung auf jene Elitegarde zum Schutz des römischen Kaisers, die als Kaisermacher ebenso wie als Kaisermeuchler galt. Überhaupt liebt er Vergleiche mit dem alten Rom, zum Beispiel bei seinen Analysen über »den Zerfall moderner Demokratien, den Verlust der gesellschaftlichen Bindekräfte, die Maßlosigkeit der Reichen und die Deklassierung der Unterschichten«.[140]

Fazit: Bei einer rot-roten Annäherung auf Bundesebene dürfte Ulrich Maurer eine Schlüsselrolle spielen.

4. Endlosschwätzer

Sie fordern, bekräftigen, unterstreichen, regen an, drängen darauf, erinnern, weisen zurück, verbitten sich, stellen klar, verdeutlichen, wiederholen, wiederholen, wiederholen.

Diese politischen Dadaisten, die zu allem irgendetwas Sinnfreies beizutragen haben, stimmen über alle Parteigrenzen hinweg darin überein, dass die Basis das Fundament jeder Grundlage sei und dies niemand bestreiten könne.

Ihre Ausdrucksweise ist der Allgemeinplatz, und über ihren Köpfen glaubt man wie im Comic Sprechblasen zu erkennen, deren Grundstruktur offenbar aus Loriots berühmter »Bundestagsrede« stammt.

> *Ich kann meinen politischen Standpunkt in wenige Worte zusammenfassen: Erstens das Selbstverständnis unter der Voraussetzung, zweitens, und das ist es, was wir unseren Wählern schuldig sind, drittens, die konzentrierte Beinhaltung als Kernstück eines zukunftsweisenden Parteiprogramms.*

Ihnen genügt es nicht, zu allem alles zu sagen, sie müssen es auch noch auf allen Kanälen tun. Sie schwadronieren bei *Anne Will*, zanken bei *Hart, aber fair*, empören sich bei *Maybrit Illner*, stammeln auf NTV, faseln bei N24, verlieren im *heute journal* den Faden und finden ihn wieder in den *Tagesthemen*. So wie der Magier die Illusion von der zersägten Frau, so verkaufen sie die Illusion des politischen Gesprächs. Aber so wenig die Frau wirklich zersägt ist, so wenig ist das Politgeschwafel politisch – obwohl das eine wie das andere fast danach aussieht.

Wolfgang Bosbach (CDU), Rechtsanwalt, Fraktionsvize

Der Schnattermann

Wolfgang Bosbach, geboren am 11. Juni 1952 in Bergisch Gladbach, ist der Schnattermann der Union.

Nach mittlerer Reife und Einzelhandelskarriere bis zum Supermarktleiter macht er das Abitur nach, studiert Jura und ist seit 1991 Rechtsanwalt. Seit 1972 ist er in der CDU, ab 1975 im Kreistag des Rheinisch-Bergischen Kreises, ab 1979 im Stadtrat Bergisch Gladbach, seit 1994 im Bundestag, seit Februar 2000 CDU/CSU-Fraktionsvize. Außerdem sitzt er im Innen- und im Rechtsausschuss.

Wolfgang Bosbach war noch nicht im Big-Brother-Haus und auch noch nicht bei Dieter Bohlens Superstar-Casting. Aber sonst? Schon 2004 wurde er in der CDU-Zentrale als Justizminister, aber auch als Verteidigungsminister gehandelt.

»Ein Bosbach«, sagt man in der Bundestagslobby, »ist der Abstand zwischen zwei Talkshows.« Tatsächlich: Wo andere atmen, da quasselt Bosbach. Über Gott und die Welt und wieder über Gott. Mal greift er die türkische Presse scharf an, mal stellt er die Zustimmung zur Erbschaftssteuer in Frage. Mal will er Bundeswehreinsätze im Inneren, mal die Abschaffung des Doppelpasses, mal eine Art »Videoüberwachung für alle«, weil niemand das Recht habe, »unerkannt durch die Stadt zu gehen«.[141] Normalerweise ist das rechtslastige Polizeistaatspropaganda, aber bei Bosbach ist alles halb so wild, denn der hat die Lizenz zum Quatschen.

Er redet viel, wenn der Tag lang ist, und Bosbachs Tag ist sehr lang. Um 5.30 Uhr beginnt das *Morgenmagazin*, um 23.15 Uhr endet *Maybrit Illner*, dazwischen noch *heute* und *Tagesschau*, *heute journal* und *Tagesthemen*, N24, Phoenix und NTV nicht zu vergessen – und immer »schnatter, schnatter, schnatter«, wie ihn *taz*-Autor Michael Ringel treffend beschreibt. Wer wollte da jedes Wort auf die Goldwaage legen? Bosbach, die rheinische Frohnatur, sagt nix Böses, und wenn doch, dann meint er es nicht so, oder kann er seine eigenen Worte nicht durchschauen?

Ronald Pofalla (CDU/CSU), Rechtsanwalt, Diplomsozial- pädagoge (FH), Generalsekretär
Wie Hape Kerkeling, bloß ohne Komik

Ronald Pofalla, geboren am 15. Mai 1959 in Weeze (Kreis Kleve), kann so ungefährlich, wie man ihn einschätzt, gar nicht sein. Schon 1975, mit 16 Jahren, tritt er der JU und der CDU bei und ist seit 1981 Diplom-Sozialpädagoge (FH). Von 1986 bis 1992 JU-Chef NRW, seit 1990 im Bundestag, seit 1991 Jurist, von 1991 bis 2007 CDU-Chef Kreis Kleve, seit 1999 im Landesvorstand NRW, seit 2000 Bezirkschef der CDU Niederrhein, von 2002 bis 2004 Justiziar der CDU/CSU-Bundestagsfraktion, ab Oktober 2004 Fraktionsvize und Nachfolger von Friedrich Merz als wirtschaftspolitischer Fraktionssprecher, seit der Wahl 2005 Generalsekretär.

Pofalla gilt vielen als Witzfigur, ohne selbst witzig zu sein. »Will er mal einen pointierten Satz gegen die Sozen loswerden«, lästert Thorsten Denkler in der *Süddeutschen Zeitung*, »muss er den zuweilen ablesen«[142] – wie zum Beispiel seinen Brüller: »Beim Mindestlohn verhält es sich zwischen SPD und PDS wie Hase und Igel. Egal wo die SPD ankommt, die PDS ist immer schon da.«[143]

Auch der *Focus* zieht genüsslich über den »Sekretär« her: Man verspotte ihn »als eine Art Hape Kerkeling, bloß ohne Komik, dafür mit einer Stimme wie Dauerschnupfen.« Pofalla sei »gut für hinter der Theke, aber nicht zum Servieren.«[144]

Zeit-Autor Kai Biemann allerdings sieht in Pofalla »so etwas wie die Summenformel der CDU: Einfache Herkunft, gebildet, durch harte Arbeit etwas geworden und stolz darauf, Christ, verheiratet, keiner der alten Granden und kein junger Wilder. In ihm kann sich fast jeder wiederfinden. Er könnte der nette Nachbar sein oder der Geschäftsführer des Getränkemarktes.«[145]

Oder der nette Onkel vom Stammtisch, denn »Pofalla hat auch denen etwas zu bieten«, schreibt Denkler. »Jüngster Vorschlag: Kruzifixe in alle Schulen. Hat er zwar nicht zu bestimmen, aber die Wähler rechts der Mitte stehen auf so was. Pofalla will auch ihnen eine Heimat geben.«[146]

Dabei ist Pofalla nicht immer und überall ein Harmoniker. Dass er durchaus aufmüpfig werden kann, beweist er 1989 auf dem Essener Parteitag, als er Heiner Geißler und Kurt Biedenkopf bei ihrem Putschversuch gegen den Großen Vorsitzenden Helmut Kohl assistiert. Pofallas Kampfparole: »Heiner, sonst keiner.« Doch bekanntlich kommt die Einheit dazwischen. Kohl bleibt, und Pofalla landet bei ihm »von diesem Tag an in der Schublade ›Lump‹«.[147]

Aber man schlägt sich, man verträgt sich: In der Spendenaffäre vermittelt Jungjurist Pofalla seinen Chef Stephan Holthoff-Pförtner dem bedrängten Kohl als Rechtsbeistand, und heute sollen Kohl und Pofalla gute Freunde sein. 2007 diskutieren beide sogar das neue CDU-Grundsatzprogramm.

Meistens aber fungiert Pofalla – Lichtjahre entfernt vom Niveau und Kaliber früherer Generalsekretäre wie eben Biedenkopf oder Geißler – eher als der Kanzlerin persönlicher Sekretär. Seit seinem Amtsantritt »macht Pofalla, was er am besten kann: von Merkel schwärmen«.[148] Aber was bringt das? »Angela Merkel ist zwar beliebt, aber allein auf weiter Flur«, urteilt die *Welt*, denn »Merkels Müntefering heißt Ronald Pofalla.«

Hubertus Heil (SPD), Politik-Bachelor, Generalsekretär
Schwafeln auf Karriere komm raus

Hubertus Heil, geboren am 3. November 1972 in Hildesheim, ist der Inbegriff des inkompetenten, aber seilschaftsbegabten Politaufsteigers. Seit 1988 ist er bei den Jusos und der SPD, von 1991 bis 1995 Jusochef des Bezirks Braunschweig, von 1994 bis 1998 Mitarbeiter im Landtag von Brandenburg. 1998 beendet er sein Studium, rutscht in den Bundestag und glänzt dort als Mitbegründer der neoliberalen SPD-Karriereseilschaft *Netzwerk Berlin*. Von 2002 bis 2004 ist er im Fraktionsvorstand, von 2001 bis 2007 Vizechef des SPD-Unterbezirks Peine und des SPD-Bezirks Braunschweig, von 2003 bis 2005 *Netzwerk*-Sprecher, seit November 2005 Generalsekretär.

Als Matthias Platzeck auf dem Parteitag bei der Wahl zum Nachfolger Münteferings als Parteichef 99,4 Prozent der Stimmen erhält, wird Ziehsohn Heil nur mit 61,7 Prozent Generalsekretär – offenbar die Quittung dafür, dass er kurz zuvor angeblich Stimmen des Netzwerks Berlin für die Wahl von Andrea Nahles als Generalsekretärin gegen Münteferings Favoriten Kajo Wasserhövel besorgt habe und damit an Münteferings Rückzug mit schuld gewesen sei. Dass man ihm vorwarf, er habe Teile seiner Parteitagsrede bei Platzeck abgeschrieben, passt ins Bild.

Nun könnte man Heil als Durchschnittsschwätzer abtun. So ist seine penetrante Inhaltsabstinenz bei gleichzeitiger Großspurigkeit sogar der *Süddeutschen Zeitung* einen ganzen Artikel wert. Über seinen Internetbericht von einem Globalisierungskongress in Denver im August 2008 mit sagenhaft viel Prominenz lästert *SZ*-Autor Carsten Matthäus: »Die SPD ist stolz auf ihren Generalsekretär. Der kann nämlich mit neuen Medien umgehen. Das kann nicht jeder. ›Hubertus Heil *twittert* aus den

USA‹ steht als eine der Topmeldungen auf der Startseite der Volkspartei. Voller Ehrfurcht wird auf der SPD-Seite auch den Technik-Laien die neue Technik erklärt, die der angesagte Genosse Heil gerade nutzt … Die gute Nachricht: Heil ist drin. Er kommt mit der Technik klar … Das macht es ihm möglich, alle Welt teilhaben zu lassen an seiner Begeisterung für Obama, dessen Frau Michelle, Ted Kennedy, Bill Clinton und alle, die ihm sonst noch über den Weg laufen.«[149]

Andererseits »die schlechte Nachricht: Heil hat nichts zu melden, gar nichts. Ein Beispiel (in dem wir aus Dokumentationszwecken die Rechtschreibung nicht korrigiert haben): ›Themen sind armutsbekaempfnung und klimawandel. Joschka ist moderator, clinton hielt impulsreferat. Kernthese: gute absichten reichen nicht‹. Auch, dass seine Mitreisenden Skateboards und Schuhe eingekauft haben und dass man in Denver Bier trinken gehen kann. Mehr nicht.« Matthäus mutmaßt zu Heils Ehrenrettung, »dass alles ein schlechter Scherz war. Kommt ja öfter mal vor, dass sich jemand unter einem Phantasienamen – und warum nicht Hubertus Heil – einloggt und dem echten Heil per verbalem Unsinn eine einschenkt.«[150]

Dennoch ist Heil durchaus ernst zu nehmen, wie schon seine Beihilfe zum Nahles-Coup gegen Müntefering beweist. Dass seine Netzwerker als gutsituierte Kinder der mehr mit ihrer Erbschaft als mit Politik befassten *Generation Golf* nicht gerade für geistige Höhenflüge berüchtigt sind, ändert nichts an ihrer Fähigkeit zu Wadenbeißerei und Intrigantentum. Nicht zufällig hat sich ihnen auch Frank-Walter Steinmeier seit seinem Aufstieg zum Kanzlerkandidaten angenähert, und Heil gilt inzwischen als »Steinmeier-Mann«. Wohl auch deshalb wird er von Franz Müntefering im September 2008 entmachtet: Nicht der Generalsekretär, sondern Geschäftsführer Wasserhövel soll den Wahlkampf leiten. Aber Heil weiß ja ohnehin, dass Müntefering ihn nur deshalb nicht gleich rausgeworfen hat, weil er keine neue Unruhe in die Partei bringen wollte. So bleibt Heil einstweilen nichts anderes übrig, als geduldig abzuwarten Aber er ist ja im Gegensatz zu Müntefering noch jung und hat Zeit.

Claudia Roth (Bündnis 90/Die Grünen),
Dramaturgin, Parteichefin
Die Show ist der Inhalt

Claudia Roth, geboren am 15. Mai 1955 in Ulm, ist die Antwort der neoliberalen Neuen Mitte auf Verona Pooth und mit ihrer Mischung aus Selbstdarstellung und Inkompetenz die idealtypische narzisstische Spitzenpolitikerin.

Von 1971 bis 1990 ist sie bei den Jungdemokraten, von 1974 bis 1975 Theaterstudentin, von 1975 bis 1977 Theaterdramaturgin, von 1982 bis 1985 Managerin der Band *Ton Steine Scherben*, von 1985 bis 1989 Pressesprecherin der Grünen im Bundestag, von 1989 bis 1998 im Europaparlament, dort ab 1994 Fraktionschefin, ab 1998 im Bundestag und dort bis März 2001 Vorsitzende des Ausschusses für Menschenrechte und Humanitäre Hilfe, von 2001 bis Dezember 2002 Parteichefin (Doppelspitze), danach wieder im Bundestag[151], ab März 2003 Menschenrechtsbeauftragte und ab 2004 wieder Parteichefin.

Die »Emo-Bombe« (*Spiegel*) steht in den Augen des Schriftstellers Richard Wagner für die Entpolitisierung der 68er und verwandelt »alles, vom Antifaschismus bis zur Ökologie … in Lifestylebilder. Von Politik keine Spur.«[152] Laut einer ZDF-Huldigung steht Roth »für linkes Engagement und Eigensinn«, und zwar »mit Herzblut und Leidenschaft«.[153] Auf Deutsch: Die Dame genießt das Politikerleben, und das heißt für sie Volksreden halten in überfüllten Sälen und vor jedem Mikrofon, das sich ihr in den Weg stellt, und posieren im Blitzlichtgewitter der Klatschpresse. Ob in Bayreuth, wo sie im Juli 2006 bei den Wagnerfestspielen der *Bild*-Gemeinde eine Modenschau gibt: »Was zieht man in Bayreuth an? Grüne (Claudia Roth) zeigen sich gern in Rosa ...«, oder in Beirut, wo sie einen Monat später medienwirksam mal eben die Lage im Libanon peilt: Wo immer sie sich öffentlich machen kann, ist sie dabei: mal als wiehernde Stimmungskanone, mal als Mutter-Teresa-Verschnitt, mal als »Heulsuse fürs grüne Spartenprogramm« (*WamS*) – aber meist als neoliberaler Gutmensch, und das geht so: Gegen Streubomben in Afghanistan ist sie nicht grundsätzlich, allerdings entschieden und vehement gegen ihren »unverhältnismäßigen« (!) Einsatz, im November 2001 kämpft sie unter Einsatz aller Hollywood-Theatralik für das Ja der Grünen zum Afghanistaneinsatz und wirbt im Dezember gemeinsam mit der Medienexhibitionistin Nina Hagen für eine »Gala zugunsten afghanischer Frauen« – also vor allem zur Linderung der Folgen des von Roth unterstützten Krieges.

Aber sie kann auch noch ganz anders, zum Beispiel bei der Verteidigung der »Armut per Gesetz«; denn Roth ist eine eiserne Agenda-Lady. So lehnt sie im Oktober 2007 den Vorstoß des damaligen SPD-Chefs Kurt Beck zur Verlängerung des Arbeitslosengeldes I rundweg ab: »Kurt Beck setzt falsche Prioritäten.«

Sie kritisiert den Einbürgerungsfragebogen als »grotesken Ankreuztest«, »Schäubles Sammeltrieb« beim Entwurf für ein zentrales Melderegister und die Pläne zur Entsendung neuer Soldaten nach Afghanistan als »planloses Herumdoktern«. Es konnte niemanden ernsthaft überraschen, würde sie nach oder während ihrer politischen Laufbahn als Nachfolgerin von Thomas Gottschalk die Sendung *Wetten, dass?* übernehmen.

Einstweilen aber goutierte der Parteitag im November 2008 Roths Entertainment mit 82,7 Prozent der Stimmen zur Wiederwahl als Vorsitzende, gemeinsam mit Cem Özdemir (79,2 Prozent).

Cem Özdemir (Bündnis 90/Die Grünen), Sozialpädagoge (FH), Parteichef
Der Frühstücksdirektor der Integration

Cem Özdemir, geboren am 21. Dezember 1965 in Bad Urach (Kreis Reutlingen), ist als Deutscher türkischer Abstammung das wandelnde symbolische Multikulti.

Seit 1981 ist er bei den Grünen, ab 1987 Erzieher und freier Journalist, von 1989 bis 1994 im Landesvorstand Baden-Württemberg, seit 1994 Sozialpädagoge, ab 1994 im Bundestag, ab 1998 innenpolitischer Fraktionssprecher. Im Juni 2002 gibt er wegen eines Kredits von PR-Berater Moritz Hunzinger beide Ämter auf, sitzt aber dafür ab 2004 im Europaparlament. Im Juni 2008 kündigt er die Kandidatur für den Parteivorsitz an. Im Oktober verweigert ihm die Basis in Baden-Württemberg einen sicheren Listenplatz für die Bundestagswahl 2009. Auf dem Parteitag im November 2008 wird er gemeinsam mit Claudia Roth zum Parteichef gewählt.

Özdemir wird dem Lager der neoliberalen *Realos* zugerechnet, aber dieses Etikett klingt ihm »zu sehr nach alten Grabenkämpfen«, wie er im Wahlkampf um den Chefsessel sagt. Er selbst sehe sich als *Reformer*. Und wie zum Beweis nennt er als sein Hauptanliegen »soziale Gerechtigkeit«. Das ist die falsche Antwort, *Chancengerechtigkeit* wäre richtig gewesen. Prompt unterstützt Renate Künast Özdemirs zwischenzeitlichen Gegenkandidaten Volker Ratzmann, und das Realo-Lager inszeniert den Listenplatz-Affront.

Alles in allem aber hat sich Özdemir nach Beobachtung des TV-Lästerers Friedhelm Küppersbusch »bei kaum einem Streitthema je bei einer Meinung erwischen lassen«.[154] Und tatsächlich sagt er sogar in einer so zentralen Frage wie der Verlängerung des Afghanistaneinsatzes, jeder müsse nach seinem

Gewissen abstimmen. Er selbst räumt ein: »Zumindest drücke ich mich nicht in der Sprache von Partei-Resolutionen aus.«[155] Inhaltliche Kompetenz, besonders in Wirtschaftsfragen darf von Özdemir nicht erwartet werden, und der grüne Führungszirkel tut das auch gar nicht. Für die machtmotivierte, ungeachtet der Finanzkrise nach wie vor neoliberale Ausrichtung sorgen die Roths, Künasts und Kuhns. Özdemir ist der grüne Frühstücksdirektor, eine reine Symbolfigur – was allerdings nicht nur abwertend zu verstehen ist: Natürlich haben ein schwarzer US-Präsident, ein weiblicher Bundeskanzler oder eben ein türkischstämmiger Bundestagsparteichef nichts mit der Hinwendung zu einer solidarischen, wohl aber mit einem Schritt zu einer aufgeklärten, »offenen« Gesellschaft zu tun. Zumindest werden die geistig-moralischen Brunnenvergifter, ob nun Ku-Klux-Klan-Einpeitscher, Mutterkreuz-Ideologen oder völkische Hassprediger, in ihre Schranken verwiesen.

Und so unehrlich das Integrationsgefasel bei gleichzeitiger systematischer Ausgrenzung von Menschen mit »Migrationshintergrund« allein im Bildungsbereich auch ist: Selbst das verlogenste Lippenbekenntnis für ein Miteinander ungeachtet von Geschlecht, Abstammung, Glauben, sozialem Status oder politischer Anschauung ist das viel kleinere Übel gegenüber der unverblümten Hetze etwa gegen »Rabenmütter«, »Ausländer« oder »Moslems«.

Dirk Niebel (FDP) Diplomverwaltungswirt (FH), Generalsekretär
Die neoliberale Gegensprechanlage

Dirk Niebel, geboren am 29. März 1963 in Hamburg, redet so, wie Westerwelle reden würde, wenn er sich Mut angetrunken hätte. Von 1984 bis 1991 ist er Zeitsoldat und 1988 sogar Jahrgangsbester der Division beim Feldwebellehrgang für Fallschirmjäger, seit 1990 FDP-Mitglied und Gründungsmitglied der Jungen Liberalen Heidelberg, seit 1993 Diplomverwaltungswirt (FH), von 1993 bis 1998 Arbeitsvermittler beim Arbeitsamt Heidelberg, zuletzt als Verwaltungsoberinspektor, seitdem im Bundestag, 2002 bis 2005 Chef der FDP-Landesgruppe Baden-Württemberg, seit 2003 im Bundesvorstand, von 2004 bis 2005 Stadtrat in Heidelberg, seit Mai 2005 FDP-Generalsekretär. Laut Bundestagslebenslauf besitzt Niebel neben dem Fallschirmspringerabzeichen der Bundeswehr in Gold und der US-Army auch das Schwimmabzeichen in Gold und das Sportabzeichen in Silber.

Niebel liefert marktradikale Arbeitgeberpropaganda aus dritter Hand: er erzählt, was Westerwelle erzählt, was die *Initiative Neue Soziale Markwirtschaft erzählt*. Das Ganze bringt er 2006 als eine Art »Neoliberalismus in 30 Tagen« unter dem superoriginellen Titel *Niebel-Fibel – Freiheit für Einsteiger* auf 66 DIN-A6-Seiten unter das Volk.

Selbstverständlich sieht er in Wolfgang Clements Ausfällen gegen Andrea Ypsilanti ein »ermutigendes Zeichen gegen den Linkskurs der SPD«.[156]

Dabei steht sogar Niebel selbst zuweilen als Linksaußen seiner Partei da. So kommentiert er im Oktober 2008 die Finanzkrise zwar erwartungsgemäß mit dem Tenor »Der Staat hat versagt, nicht die Politik«, fängt sich aber von den Hardlinern herbe Kritik ein für den leisen Hinweis, in den USA habe »der Staat versäumt, den Finanzmarkt zu regulieren und mit einer ordnenden Aufsicht zu versehen«, ebenso wie für seine Kritik am »Dilettantismus« der deutschen Bankenaufsicht.[157] Andererseits stimmt nicht er als einziger FDP-Abgeordneter, sondern seine gesamte Fraktion am 17. Oktober im Bundestag für das außerordentlich marktwirtschaftsfeindliche Bankenrettungspaket.

Knallhart für die Belange der kleinen Leute setzt er sich nicht nur bei seiner Zustimmung zur Rückkehr zur alten Pendlerpauschale, sondern auch bei seiner Ablehnung der Rente ab 67 ein: Da »von den über 60jährigen nur noch 28% arbeiten, ist eine starre Grenze ohne begleitende Maßnahmen eine Rentenkürzung durch die Hintertür«.[158]

Alles in allem ist Niebel eine Bereicherung für jede Polittalk-Imitation von *Maybrit Illner* bis *Anne Will.* Für den bislang größten Wirbel sorgt er allerdings mit einem Aufsatz im *Tagesspiegel* vom Januar 2008, in dem er die Politik der großen Koalition mit DDR-Verhältnissen vergleicht, woraufhin der liberale Ex-Innenminister Gerhart Baum seinen Rücktritt fordert und Ex-Außenminister Hans-Dietrich Genscher Niebels Ausfälle »inakzeptabel« nennt.

5. Wirtschaftsvertreter

Sie sind vom Volk direkt gewählt oder auf dem Ticket einer vom Bürger gewählten Partei zu Amt und Würden gekommen, dennoch reden und handeln sie so, als seien sie auf der Liste der Arbeitgeber in den Bundestag oder in die Regierung gelangt.

Ob sie ihr Lobbyistenwerk ehrenamtlich und aus aufrichtiger Verehrung für den Marktradikalismus betreiben oder dafür aus Wirtschaftskreisen ein »Dankeschön« erhalten, ist unerheblich – zumal es bei einigen dieser Lichtgestalten schwer vorstellbar ist, dass irgendjemand für diese Art gutgemeinter Handlangerei auch noch bezahlt.

Peer Steinbrück (SPD), Diplomvolkswirt,
Bundesfinanzminister

Der 10-Milliarden-Minus-Mann

Peer Steinbrück, geboren am 10. Januar 1947 in Hamburg, ist der entschiedenste Verfechter einer vollständigen Deregulierung der Finanzmärkte und der Wirtschaft insgesamt und damit der verbissenste Interessenvertreter der Heuschrecken.

Seit 1969 ist er Reserveoffizier und seit 1974 Diplomvolkswirt. Danach arbeitet er im Bundesbauministerium, ab 1976 im Verkehrsministerium, ab 1977 im Forschungsministerium, vom 1978 bis 1981 im Kanzleramt und der ständigen Vertretung in Ostberlin, ab 1983 als Referent der Bundestagsfraktion, ab 1985 im Umweltministerium, ab 1986 als Büroleiter von NRW-Regierungschef Johannes Rau, ab 1990 in Schleswig-Holstein als Umwelt- und ab 1992 als Wirtschaftsstaatssekretär sowie ab 1993 als Wirtschaftsminister, ab 1998 in NRW als Wirtschaftsminister und ab 2000 als Finanzminister. Ab 2002 ist er Ministerpräsident und seit der verlorenen Landtagswahl 2005 Bundesfinanzminister.

Nach 38 Jahren in NRW die SPD-Herrschaft an die CDU verloren zu haben ist für Steinbrück die ideale Qualifikation als Nachfolger seines hessischen Landtagswahlverliererkollegen Hans Eichel, und wie er geriert er sich als »brutalstmöglicher Sparer« (*Welt*). Noch nie gewann er irgendeine Wahl, und folglich ist er, wie CDU-Haushaltspolitiker Steffen Kampeter meint, ein »Top-down-Politiker mit wenig Geduld für das parlamentarische Prozedere«; und laut seiner Frau Gertrud gibt ihm sogar »jedes Kräftemessen einen Kick«.[159] So dreht er unter dem phrasenhaften Vorwand *Generationengerechtigkeit* ausgerechnet der Ministerin für Forschung und Bildung den Geldhahn zu, während von seinen Steuerentlastungen vor allem die Superreichen profitieren. So phantasiert er vom ersten Haushalt ohne Neuverschuldung im Jahr 2011 und verplempert im Verein mit seinem Ministerkollegen Michael Glos durch das Zocken der IKB-Bank fast elf Milliarden Euro Steuergelder – so viel wie den gesamten Bildungsetat des Bundes für 2009: Als Mitglied des Verwaltungsrats der KfW Mittelstandsbank, der Hauptaktionärin der IKB, ist Steinbrück zumindest mitverantwortlich für die astronomischen Spekulationsverluste[160], die großzügige Sanierung für zehn Milliarden Euro und das abschließende faktische Verschenken der IKB an die US-Heuschrecke Lone Star für 115 Millionen statt vor der Kreditkrise möglicher drei Milliarden Euro. Letzteres ausgerechnet mit Hilfe der Investmentbank Merrill Lynch, die kurz darauf selbst pleite ist und von der Bank of America übernommen werden muss.

Auch der Bundesrechnungshof rügte, die staatliche Kontrolle durch den KfW-Verwaltungsrat habe versagt. Und als Sahnehäubchen gibt's dann noch jene Überweisung von 350 Millionen Euro an die US-Bank *Lehman Brothers* unmittelbar vor deren Insolvenz.

Selbst dem *Handelsblatt* dämmerte: »Das ist vielen Bürgern wohl nur schwer zu erklären: Die Mehrwertsteuer wird erhöht, die Pendlerpauschale gekürzt, der Sparerfreibetrag halbiert und die Eigenheimzulage ganz abgeschafft ... Und dann schmeißt die staatseigene Bank KfW an einem einzigen Tag Millionen Euro zum Fenster hinaus.«[161] Steinbrück gab den Fassungslosen, aber in Wahrheit wurde auch hier noch gelogen: Die angebliche Schlamperei geschah wohl in voller Absicht. Und was dem Ganzen die Krone aufsetzt: Die eigentliche Zockerin war die Staatsbank KfW selbst.

Und der Finanzminister? Jeder andere wäre angesichts eines von ihm mit verschuldeten Milliardenschadens wahrscheinlich zurückgetreten und froh, nicht ins Gefängnis zu wandern und bis zum letzten Hemd haften zu müssen. Er aber schimpft auf die »US-Finanzkrise« wie der nächtliche Kühlschrankplünderer auf die Heinzelmännchen und schwört die Deutschen auf »harte Zeiten« ein.

Ein weiteres Glanzstück der Plünderung der Staatskasse durch die Koalition bildet im Juni 2007 das Verschenken von jährlich 500 Millionen Steuergeldern an die Heuschreckenschwärme. Besonders am Herzen liegt Steinbrück die Förderung von »Wagniskapital« für halbseidene Klitschen, mit dessen Hilfe schon zur Zeit des Neuen Marktes zahllose Finanzbetrüger arglose Kleinaktionäre um Haus und Hof gebracht haben.

Zur Gegenfinanzierung des Spekulantengeschenks spart die Koalition 300 Millionen Euro, mit denen Millionen Kindern aus ärmeren Familien warme Schulmahlzeiten für einen Euro ermöglicht werden könnten. OECD und EU sind seit langem entsetzt und peinlich berührt, dass in einem der reichsten Länder der Erde mit der Tendenz zum Steuerparadies für milliardenschwere Müßiggänger immer mehr Kinder mit leerem Magen lernen müssen und auch so ihrer gesamten Zukunft beraubt werden.

Doch das ist typisch Peer Steinbrück: Schon 2006 sind Heuschrecken für ihn »geradezu ein Segen für die Volkswirtschaft eines Landes«.[162] Und so nimmt er *Blackstone*, laut Schutzgemeinschaft der Kapitalanleger eine »fragwürdige Heuschrecke«, gezielt ins Boot der Telekomaktionäre auf, um auf die Konzernspitze Druck auszuüben, und selbst inmitten der Immobilienkrise nimmt er Ende Oktober 2007 die Heuschrecken ausdrücklich in Schutz, forciert die Bahnprivatisierung und träumt seit 2005 vom Verkauf der Autobahnen, womöglich an Investmentbanken jener Spezies, die sich gerade als raffgierige Betrüger erweisen und den US-Steuerzahler um gut eine Billion Euro erleichtern.

Mehr noch: Damit nicht »Deutschland international den Anschluss verliert« (Steinbrück), beschließt der Bundestag ausgerechnet auf dem Höhepunkt der von Heuschrecken ausgelösten Krise des US-Immobilienmarktes die Einführung von Immobilien-Aktiengesellschaften, den *Reits* (Real Estate Investment Trusts), die weder Gewerbe- noch Körperschaftsteuer zahlen. Immerhin: Weil Mietexplosionen vorprogrammiert sind, dürfen *Reits* »nur« in Wohnungen investieren, die seit 2007 gebaut wurden.

Als Ergebnis dieses Heuschreckenlobbyismus kann sich auch Steinbrücks Bilanz durchaus sehen lassen: Auf Basis *seiner* Finanzpolitik machten allein die Landesbanken acht Milliarden Schulden; und rechnet man nun noch die zehn IKB-Milliarden und die 100 Milliarden hinzu, die den Steuerzahler das Finanzdesaster des Dax-Konzerns Hypo Real Estate kostet, so kommt man alles in allem auf über 120 Milliarden Euro, die Steinbrücks neoliberales Roulettespiel kostet – vom 500-Milliardenpaket zur Rettung der Aktienkurse als Bedingung für die Rettung »unserer« Volkswirtschaft ganz zu schweigen.

Passend zu alledem, plädiert Steinbrück für eine große Koalition über 2009 hinaus und bildet zu diesem Zweck im Sommer 2007 wie schon 2003 mit Roland Koch ein »Duo Infernale« (*Süddeutsche*): Damals mit dem »Koch-Steinbrück-Paket« zur Steuerreform, jetzt gegen die Rücknahme der Pendlerpauschale.

Steinbrück paktiert also mit einem Mann, dessen Fiasko im Januar 2008 bei der Hessenwahl der *Spiegel*-Autor Claus Christian Malzahn als »brutalstmögliche Quittung für den Populisten« bezeichnet.

Folglich werden immer mehr SPD-Mitglieder das Gefühl nicht los: Wer Steinbrück zum Parteiführer hat, braucht keine Feinde mehr. Selbst für SPD-Vize Andrea Nahles ist er »als Mann des rechten SPD-Flügels keine Integrationsfigur«.[163]

Gut möglich, dass seine Tiraden gegen rot-rote Bündnisse für Die Linke unfreiwillige Wahlkampfhilfe bedeuten, ähnlich wie 1994 die Rote-Socken-Kampagne der CDU für die PDS.

Aber auch das ist Steinbrück: Dem *Spiegel* vertraut er an, »dass gewisse Teile der marxistischen Theorie doch nicht so verkehrt sind … Ein maßloser Kapitalismus, wie wir ihn hier erlebt haben mit all seiner Gier, frisst sich am Ende selbst auf.«[164] Nanu? Soll der Bürger auch Peer Steinbrück das Recht auf Einsicht und Besserung einräumen oder sich schlicht auf den Arm genommen fühlen?

Und selbst wenn: Einsicht bedeutet noch lange nicht Kompetenz. Ein Paradebeispiel seines Durchblicks gibt Steinbrück, »der sich jeden Satz aufschreiben lassen muss« (Michael Glos), Ende September 2008: Inmitten der ebenso fieber- wie stümperhaften und steuermilliardenschweren Bemühungen der Regierung um die Rettung der Skandalbank Hypo Real Estate sagte er locker: »Es ist das getan worden, was am ehesten eine geordnete Abwicklung (der Hypo Real Estate) ermöglicht.«[165] Daraufhin senkte die Rating-Agentur Standard & Poor's die Bonität der Bank. Sollten nun deren Aktionäre Steinbrück die Schuld dafür geben, dass dadurch weitere 15 Milliarden Euro Notkredit fällig wurden, und etwa der Großaktionär *J. C. Flowers* deshalb klagen, könnte auch das den Steuerzahler eine Kleinigkeit kosten.

Einem solchen Experten sollte man nicht einmal die Kaffeekasse anvertrauen, geschweige denn die Staatskasse der Bundesrepublik Deutschland. Damit Steinbrück aber dennoch – ob nun die Weltwirtschaft bebt oder in Pinneberg eine Wurst platzt – auch weiter strammen Marktwirtschaftskurs hält, sitzen im Finanzministerium »externe Mitarbeiter« von mehr als einem Dutzend Unternehmen und sagen ihm, wo es langgeht und wie es ihre Bosse gern hätten.

Um das Bild abzurunden, blamiert Globalisierungsjünger Steinbrück seine Regierung natürlich auch global: Der Mann, der nicht einmal den Unterschied zwischen Abwicklung und Rettung einer Bank kennt, quatscht den Briten im Dezember 2008 in ihr Konjunkturprogramm: Für das »Schuldenmachen« der Briten werde »eine ganze Generation arbeiten« müssen. Das klingt nach der Deppenversion eines Werbespots der Initiative Neue Soziale Marktwirtschaft, maßgeschneidert für das vermeintlich unwissende Stimmvieh – und genau das ist es auch.

Aber da in diesem unserem Lande nichts unmöglich ist, könnte uns – wenn es sehr dumm läuft – Peer Steinbrück auch nach den Wahlen als Minister erhalten bleiben.

Michael Glos (CSU), Müller,
Bundesminister für Wirtschaft und Technologie (bis Februar 2009)
Zu dumm, einen Vermerk zu lesen?

Michael Glos, geboren am 14. Dezember 1944 in Brünnau (Unterfranken), ist ein stilechtes Konzernsprachrohr. 1968 besteht er seine Meisterprüfung als Müller und übernimmt den elterlichen Getreidemühlen- und Landwirtschaftsbetrieb. Seit 1970 ist er in der CSU, von 1972 bis 1993 im Kreistag Kitzingen, von 1975 bis 1993 CSU-Kreisvorsitzender, seit 1993 Vorsitzender des CSU-Bezirksverbandes Unterfranken, seit 1993 im Parteipräsidium. Seit 1976 ist er ununterbrochen mit Direktmandat im Bundestag, von 1981 bis 1987 Vorsitzender des CSU-Arbeitskreises »Finanzen und Haushalt« der CSU-Landesgruppe, von 1987 bis 1990 Finanz- und steuerpolitischer Fraktionssprecher und von 1990 bis 1992 Fraktionsvizechef für den Bereich »Wirtschaft, Verkehr, Mittelstand und Landwirtschaft«. Ab Januar 1993 ist Glos Landesgruppenchef und als solcher Erster Stellvertretender Fraktionschef, von 2005 bis Februar 2009 Bundesminister für Wirtschaft und Technologie.

»Ein Rauhbein unter Ökonomen«, nennt ihn die *Zeit* von Anfang an und fragt schon bei seinem Amtsantritt im November 2005: »Ist der künftige Wirtschaftsminister Michael Glos der richtige Mann, um den Ruf seines Hauses zu retten?«[166] Wäre Michael Glos einer der besten Wirtschaftsexperten unseres Landes, Deutschland wäre – um mit dem legendären Fußballnationaltrainer Berti Vogts zu sprechen – im Export nicht Weltmeister, sondern Waldmeister. Nun ist Müller ein ehrenwerter Beruf, aber das ist OP-Schwester auch. Trotzdem würde man ihr nicht unbedingt das Wirtschaftsressort anvertrauen.

»Nicht prinzipienfest, nur einfallslos«, nennt ihn zum Beispiel Daniela Vates in der *Berliner Zeitung*, weil er inmitten der Finanzkrise wie immer Steuersenkungen fordert.

Was Glos kann – vom unreflektierten Wiederkäuen marktradikaler Arbeitgeberplattitüden einmal abgesehen –, das ist die lautstarke Weitergabe von Forderungen einzelner Wirtschaftszweige, und zwar nach Zuruf und dem Prinzip: »Wer zuerst kommt, profitiert zuerst.«

Mal kämpft der »Bundeswitzeminister« (*Stern*) sogar gegen den Koalitionsvertrag und seine Kanzlerin für den Ausstieg aus dem Ausstieg aus der Atomenergie. Dann wieder fordert er umweltschädliche CO_2-Werte und nennt die EU-Grenzwerte »unannehmbar«. Schließlich gehe es hierbei »nicht um Umweltpolitik«, sondern um »knallharte industriepolitische Interessen«. Dabei bemerkt er eines nicht: Was nutzt den Autokonzernen ein Freibrief zur hemmungslosen Klimaverpestung, wenn selbst die eingefleischtesten Umweltmuffel die Dreckschleudern aus Kostengründen nicht mehr kaufen? Und wenn er in der Haushaltsdebatte des Bundestags im September 2008 auf dem Höhepunkt der Weltfinanzkrise gegen die Spekulanten wettert, deren »Gier und Maßlosigkeit« die aktuellen Turbulenzen an den Börsen überhaupt erst ausgelöst hätten, dann würde man ihn gern fragen: Wie sähe denn in einer freien Marktwirtschaft »maßvolles Profitstreben« aus, und was ist von einer Weltwirtschaft zu halten, die von Appellen an ihre Zerstörer abhängig ist? Und nach seiner Rolle als Verwaltungsratschef der Kreditanstalt für Wiederaufbau beim Milliardendesaster der IKB-Bank möchte man ihn schon gar nicht mehr fragen: Der Mann weiß es ja wirklich nicht besser, und vielleicht meint er es ja sogar gut. Selbst die wirklich nicht unionsfeindliche *Welt* schreibt da nichts mehr schön: »Die Menschen rieben sich die Augen, als sie am Sonntag vergangener Woche Michael Glos im Fernsehen bei Anne Will erlebten. Als die Moderatorin den Bundeswirtschaftsminister nach den Folgen der Finanzkrise fragte, sah der nicht gut aus. Glos' Auftritt offenbarte, wie wenig er von den Ereignissen versteht.«[167]

Und je weniger, desto nassforscher tritt er auf. So kanzelt er den Vorschlag von Frankreichs Präsidenten Nicolas Sarkozy zur Teilverstaatlichung wichtiger EU-Industrien nur vier Tage nach Verabschiedung des Bankenhilfspakets mit den Worten ab: »Das widerspricht allen erfolgreichen Grundsätzen unserer Wirtschaftspolitik«.[168] Erfolgreich? Selbst Münchhausens Erzählungen wirken dagegen wie trockene Tatsachenberichte.

Da trifft es sich gut, dass Lobbyisten von gut vierzig Unternehmen in seiner Behörde einen Schreibtisch haben, ihm die Wunder der Wirtschaft erklären und notfalls auch die Arbeit des Schreibens von Gesetzesvorlagen abnehmen.

Nach einer Umfrage vom Juli 2008 wussten 72 Prozent der Bürger nicht, wer Wirtschaftsminister ist – was zumindest für eine mangelnde Vernetzung mit den Boulevardmedien spricht. Vorbei jedenfalls scheint die Zeit, als Glos wenigstens mit der Beschimpfung politischer Gegner Schlagzeilen machte, als er

den damaligen Außenminister Joschka Fischer einen »Terroristen«, Umweltminister Jürgen Trittin einen »Öko-Stalinisten«
und die rot-grüne Regierung eine »Chaos-Combo« nannte. Resümee des *Stern*: »Glos wird nie zu den Topleuten aufschließen,
deren Porträts in der Ahnengalerie seines Ministeriums hängen, darunter Ludwig Erhard, Karl Schiller, Franz Josef Strauß,
Otto Graf Lambsdorff, Helmut Schmidt …«[169] Bei alledem verwundert es kaum, dass Michael Glos beim Kampf gegen die
Wirtschaftskrise weitgehend außen vor bleibt und sich daher
»von Merkel schlecht behandelt« fühlt. Mehr noch allerdings
von Horst Seehofer. Ihm als CSU-Boss und nicht etwa proto-
kollgerecht der Regierungschefin Merkel bietet er im Februar
2009 die Demission an – für Ralf Fücks von der Heinrich-Böll-
Stiftung »ein glatter Verfassungsverstoß … Und es spricht
Bände für die Verluderung der politischen Sitten, dass sich darüber kaum jemand öffentlich aufregte.«[170] Nach seinem Ab-
schied klagt er jedenfalls über allseitiges Mobbing. Selbst in der
CDU sei der Eindruck vermittelt worden, »er sei zu dumm, um
einen Vermerk zu lesen«.[171]

Wolfgang Tiefensee (SPD), Elektronikingenieur, Bundesminister für Verkehr, Bau und Stadtentwicklung
Unbezahlbares Geschenk für alle SPD-Gegner

Wolfgang Tiefensee, geboren am 4. Januar 1955 in Gera, ist ein
neoliberaler Alibi-Ossi und permanenter Quell hanebüchener
Skandale. Wie die Headhunter der SPD auf der Suche nach
ostdeutschem Parteinachwuchs ausgerechnet auf ihn kamen,
lässt sein vergleichsweise problemloser Lebenslauf erahnen.
Sein Elternhaus war katholisch, der Vater nicht Kommunist,
sondern Komponist, er selbst nicht wie die fast gleichaltrige
Angela Merkel in der FDJ, sondern Leipziger Bachpreisträger.

Die Jugendweihe verweigerte er ebenso wie den Militärdienst in der Nationalen Volksarmee. Stattdessen leistete er, nach dem Examen als Facharbeiter für Nachrichtentechnik, von 1974 bis 1976 Ersatzdienst als Bausoldat. Danach sammelte er Diplome und Berufserfahrung rund um die Elektronik und die Elektrotechnik.

Mit der Wende 1989 erfasste ihn wie viele andere loyale DDR-Bürger die politkarrieristische Goldgräberstimmung. Er ging zur Vorläuferin der Ost-Grünen, *Demokratie Jetzt*, die ihn prompt zum Runden Tisch in Leipzig entsandte. Der wiederum schickte ihn als hauptamtlichen Stadtrat in die Stadtverwaltung. Vorübergehend war er parteiloser Stadtverordneter der Fraktion von Bündnis 90. Dann ging es Schlag auf Schlag: 1990 Leiter des Schulverwaltungsamtes Leipzig, 1992 Bildungsstadtrat, 1994 Bürgermeister, 1995 vernünftigerweise SPD-Mitglied, 1998 Oberbürgermeister, im April 2005 wiedergewählt, im November 2005 Mitglied des SPD-Bundesvorstands, Bundesverkehrsminister und Regierungsbeauftragter für die neuen Länder. 2008 ermittelt die Staatsanwaltschaft Dresden gegen ihn wegen »Beihilfe zur Vorteilsnahme«, da er 2002 Aufsichtsratschef der Olympiabewerbungsfirma »Leipzig 2012 GmbH« war, bei der es »Unklarheiten« bei Spenden gegeben hat.

Wie so viele ehrgeizige DDR-Bürger, die auf Befehl ihrer westdeutschen Lehrherren eilfertig »in der Demokratie ankommen« wollten, (miss-)versteht Tiefensee von Anfang an die *soziale* als *freie* Marktwirtschaft und in einer Art Freudschen Marxismus die Bundesrepublik als Arbeitgeberdemokratie: So spricht er unbeschwert von dem Geld für Rentner, Kranke, Arbeitslose und Pflegebedürftige als »Lohnnebenkosten« und »Investitionsschub« oder greift wie im November 2007 in die verfassungsmäßige Tarifautonomie ein und ruft die Lokführer zum Streikverzicht auf. Im August 2006 schlägt er vor, Hartz-

IV-Empfänger als Antiterrorpatrouillen und Hilfssheriffs in Bussen und Bahnen zu missbrauchen. Im Oktober 2006 wird sein haarsträubendes Gesetz zur Privatisierung der Flugsicherung von Bundespräsident Horst Köhler wegen verfassungsrechtlicher Bedenken gestoppt. Nie zuvor hatte sich Köhler bei einem Regierungsvorhaben quergestellt. Aber das Leben von Millionen Passagieren in die Hände gewissenloser Profitgeier zu legen war selbst unserem neoliberal angehauchten Staatsoberhaupt zu viel. Im März 2007 will er nach der Devise »Das macht doch nichts, dass, merkt doch keiner« mit Zahlen aus dem Jahr 1996 die angebliche Irrelevanz eines – von den Autokonzernen abgelehnten – Tempolimits für den CO_2-Ausstoß »beweisen«. Im Juli 2008 schließlich möchte er den Straßenschilderwald lichten, dabei aber auch sicherheitsrelevante Warnungen wie die vor Glätte und Steinschlag sowie an Fußgängerüberwegen oder Bahnübergängen abschaffen.

Tiefensees Lebenswerk, die Bahnprivatisierung, ist ein einziges Geschenk an jene ehrenwerte Gesellschaft, die gerade die Weltwirtschaft zugrunde richtet: »SPD lockt ›Heuschrecken‹ an Bord der Bahn«, lobt *Welt Online*. Das Modell sei »eine verlockende Offerte für jene Investoren, die von den Sozialdemokraten einst als Heuschrecken beschimpft wurden.« Kommentar von Lothar Gries von der *Schutzgemeinschaft der Kapitalanleger*: »Da bleiben nur die Blackstones übrig.«[172]
Ende Mai 2008 ist sein ebenso unkritisches wie verbissenes Treiben als Einpeitscher von Teilerfolg gekrönt. Der Bundestag beschließt gegen die Stimmen der Opposition den Verkauf von 24,9 Prozent der Anteile an einer neuen Bahn-Transportgesellschaft an private Anleger. Das Schienennetz bleibt Staatseigentum. *Spiegel Online* deutet an, dass dieses Verscherbeln staatlicher Infrastruktur eine Art Zwangsvorstellung des Vorzeigemarktwirtschaftlers war: »Jetzt oder nie: Verkehrsminis-

ter Tiefensee arbeitet … unter Hochdruck daran, Teile der Bahn noch 2008 zu privatisieren. Seine Vorstellungen decken sich demnach mit denen von Bahnchef Mehdorn.«[173]

Dass die Bahnprivatisierung dann vorerst auf Eis gelegt wird, ist eine der wenigen positiven Nebenwirkungen der Finanzkrise. Einen Vorgeschmack nämlich, was den Bürger dann erwartet, bieten schon jetzt Unpünktlichkeit, Unfälle und Streckenstilllegungen von 14000 Kilometern.

Im November 2007 stellt ihm die Mehrheit der eigenen Mitarbeiter in einer internen Umfrage des Personalrats ein peinliches Zeugnis aus: Nur knapp elf Prozent finden, dass er seiner Führungsverantwortung »sehr gut« oder »gut« nachkomme, »eher schlecht« oder »schlecht« urteilen 57 Prozent. Sogar 67 Prozent meinen, Tiefensee schade dem Betriebsklima, nur neun Prozent glauben, er fördere es. Laut *Bild am Sonntag* nennen ihn die Mitarbeiter »Pfütze« oder »Flachwasser«.

Auch Vetternwirtschaft werde ihm attestiert. So habe er die Leipziger Architektin Martina Doehler-Behzadi zur Leiterin des Referats »Baukultur« berufen und außerdem mit Dienstbezügen nach der Besoldungsstufe B3, obwohl Referatsleiter üblicherweise mit A15 begännen.[174]

Im Herbst 2008 verkündet er Subventionen für »umweltfreundliche« Pkws – pro Neuwagen bis zu 1800 Euro Zinsermäßigung für den Käufer. Damit verschafft er der krisengeschüttelten Autoindustrie einen Konkurrenzvorteil gegenüber den öffentlichen Verkehrsmitteln und dem Fahrrad. Vorgesehene Abwicklerin des Programms: Die allseits beliebte Milliardenfresserin KfW.

Dass Tiefensees Behörde im Jahr 2007 nach der Devise »Der Steuerzahler hat's ja« mit 13,7 Millionen Euro mehr als jedes andere Ministerium an externe Berater verschleuderte, sagt genug über seine Kompetenz und rundet das Gesamtbild würdig ab.

Preiswerter sind dagegen die Abgesandten von neun verschiedenen Konzernen und Wirtschaftsverbänden, die von denen bezahlt werden und sogar an Gesetzen mitschreiben sollen. Als zum Beispiel das Umweltministerium im Jahr 2006 für die Anwohner von Flughäfen weitreichende Lärmschutzbestimmungen und ein bundesweites Nachtflugverbot erreichen will, wird der Gesetzentwurf in Tiefensees Ministerium laut *Monitor* deutlich abgeschwächt und verwässert. So meint selbst der frühere Umweltstaatssekretär Rainer Baake (Grüne): »Man hat die Lärmschutzkosten ›erheblich übertrieben‹ und den notwendigen Lärmschutz für die Anwohner der Flughäfen kleingeredet.« Kein Wunder, sitzt doch seit 2001 für die Flughafengesellschaft *Fraport* ein von ihr bezahlter Manager im Ministerium, der sich mit luftrechtlichen Fragen befasst. Ob ihm nun das Urheberrecht für Gesetzestexte gebührt, ist dabei zweitrangig.

Mitte Juni 2008 schanzt Tiefensees Ministerium natürlich völlig ohne sein Wissen seinem Bruder im Geiste Hartmut Mehdorn astronomische Bonuszahlungen für den Börsengang zu. Ende Oktober meldet dann der *Spiegel* unter Vermeidung des Wortes Lüge: »Tiefensee blamiert sich mit Fehlinformationen.« Selbst sein Sprecher Rainer Lingenthal habe eingeräumt, dass Tiefensee »zumindest schon Mitte September über die Erfolgsprämien im Bilde war – und nicht, wie bislang behauptet, erst seit ein oder zwei Wochen«. Die Entlassung des Staatssekretärs Matthias von Randow wurde denn auch allgemein als »Bauernopfer« gewertet.

Vor diesem Hintergrund sind auch die Rücktrittsforderungen seitens der Opposition ein wenig heuchlerisch: Einen besseren Wahlhelfer kann sie sich kaum wünschen.

Christine Scheel (Bündnis 90/Die Grünen), Pädagogikmagistra,
Fraktionsvize
Der neoliberale Augenaufschlag

Christine Scheel, geboren am 31. Dezember 1956 in Aschaffenburg, ist ein Routinier der grünen Versorgungskarawane.

1983 macht sie ihren Magister in den damals brotlosen Fächern Pädagogik, Soziologie und Psychologie. Also beschließt sie, Politikern zu werden, und tritt den Grünen bei, was ihr sofort den Vorsitz im Kreis Aschaffenburg einbringt. Schon 1984 ist sie Kreisrätin, 1986 im Bayerischen Landtag und alsbald Fraktionschefin. Ab 1994 ist sie im Bundestag und finanzpolitische Parteisprecherin, von 1998 bis 2005 gar Chefin des Bundestagsfinanzausschusses, ab 2007 Fraktionsvize.

Dass eine verhinderte Lehrerin zur unangefochtenen Finanzexpertin einer Bundestagspartei aufsteigen kann, ist nur erklärlich durch die sprichwörtliche komplette wirtschaftspolitische Unbedarftheit der Grünen. Schließlich ist ihr einziger Gegenspieler lange Zeit jemand wie der inzwischen auch bei der CDU gescheiterte Jurastudienabbrecher Oswald Metzger, der ihr »Substanz in der Finanzpolitik« bescheinigt.[175]

Christine Scheel verbindet das Know-how einer tüchtigen Buchhalterin mit der Selbstinszenierungsgabe einer Heidi Klum. Und sie ist im Arbeitergeberlager wohl gelitten: Schon 2000 erhält sie den Mittelstandspreis der *Union mittelständischer Unternehmen*, der auch Politiker wie Edmund Stoiber und Roland Koch schmuckt.

Warum aber ist Scheel in diesen Kreisen so beliebt?

Dominik von Glas beschreibt in der *Frankfurter Allgemeinen Sonntagszeitung* ihren Auftritt vor Vertretern der bayerischen Druck- und Medienindustrie im März 2003 so: »Wir verstehen uns schon, gell. Verständnistief kopfnickende Herren in dunklem Tuch, vor ihnen am Rednerpult eine agile blonde Dame in transparentem schwarzem Spitzenröckchen, mit schicker weinroter transparenter Bluse. ›Ich muss mich doch schön machen, wenn ich vor Unternehmern spreche‹, hatte sie vorher mit nur begrenzt ironischem Unterton gesagt.«[176]

»Frau Scheel« würde es im Loriot-Sketch wohl heißen, »Sie verstehen etwas von Männern« – und von leidenschaftlichen Plädoyers für neoliberalen Unfug[177], vor allem gegen die Vermögenssteuer[178] und den gesamten Sozialstaat.[179] Für »Politik« dieses Niveaus allerdings könnte Frau Scheel von Beruf auch Club-Animateurin oder Fernsehköchin sein.

Natürlich sitzt Scheel auch im Verwaltungsrat der Kreditanstalt für Wiederaufbau; aber stünde sie deshalb vor dem Kadi, so würde ihr das Gericht vermutlich verminderte Schuldfähigkeit wegen totaler Inkompetenz, triebhafter Veranlagung zu Sozialexhibitionismus (*Morbus Talki*) und Politkarrierismus zubilligen. Eine Lehrerin kann ebenso wenig die Strukturen der Heuschreckenkriminalität durchschauen wie ein Archäologe die Quantenmechanik.

Übrigens ist die Berufsbezeichnung *Pädagogin* ihr selbst inzwischen offenbar peinlich. In ihrer Biographie auf der Internetseite des Bundestags nennt sie sich jetzt »Autorin«. Und wenigstens das ist sachlich richtig.

Und auch in Sachen Nebeneinkünfte lässt sie es offenbar ruhiger angehen. Noch immer hängt ihr der Skandal vom Dezember 2003 an, als die Grünen von Scheels Mitgliedschaft in Beiräten der Versicherungswirtschaft erst aus der Zeitung erfahren und Jürgen Trittin sofort die Verbindung zu Scheels Ablehnung der Vermögenssteuer hergestellt: Dass sie »zu den großen Nebenverdienern gehört«, habe »ihrer Position nicht gutgetan« und »bei einigen in der Partei Kopfschütteln und Empörung ausgelöst«.[180] Daraufhin verlässt Scheel die Beiräte der *Barmenia* und der *Nürnberger Versicherung,* und ein Job bei der *Hamburg-Mannheimer* laufe sowieso aus.«[181]

Man braucht kein großer Prophet zu sein, um Scheel eine große Karriere in der schwarz-grünen Zukunft vorherzusagen. »Ich persönlich fände Schwarz-Grün gut«, verrät sie im März 2008 dem *Focus.* »Bei uns finden viele eine Annäherung an die CDU spannend.«[182]

Guido Westerwelle (FDP), Rechtsanwalt, Partei- und Fraktionschef
Der vielbeschäftigte Dampfplauderer

Guido Westerwelle, geboren am 27. Dezember 1961 in Bad Honnef, verbittet sich staatliche Einmischung in die Wirtschaft, es sei denn in Form von 700-Milliarden-Geschenken für die Banken.

Seit 1980 ist er in der FDP, 1983 Mitgründer und bis 1988 Bundesvorsitzender der Jungen Liberalen, seit 1988 im Bundesvorstand, seit 1991 Volljurist und selbständiger Rechtsanwalt, seit 1996 im Bundestag, von 1994 bis 2001 Generalsekretär und seit Mai 2001 Parteichef, seit Mai 2006 außerdem Fraktionschef.

Bis heute kämpft Westerwelle gegen das Image des Politkaspers an, das er sich 2001 kurz vor seiner Wahl zum Parteichef mit seinem legendären Auftritt im Big-Brother-Haus erworben hat. Und amüsanter als das Gastspiel selbst war die Begründung: »Es ist meine Aufgabe als Politiker, junge, politikverdrossene Menschen zu begeistern.«

Nun dürften durchschnittliche Gaffer des RTL2-Menschenzoos kaum die Zielgruppe der Besserverdienerpartei sein – oder vielleicht doch? Vielleicht wählen ja Hauptschulabbrecher, Analphabeten oder Alkoholgeschädigte gerade aus Unkenntnis über die erklärten und wahren Ziele einer Partei.

Allerdings dürfte auch dem kritischen Wähler nicht unbedingt bekannt sein, dass Westerwelle als eifriger Verfechter nach Privatisierung der Krankenkassen Mitglied des Beirats der *Hamburg-Mannheimer Versicherungs-AG*, also eine Art »Herr Kaiser im Bundestag« ist.

Aber auch sonst ist Westerwelles exorbitanter Sachverstand gefragt, wie ein Blick auf seine veröffentlichungspflichtigen Nebeneinkünfte verrät. Aufgeführt sind nicht nur seine Nebenjobs als Aufsichtsrat der *ARAG* sowie als Beirat *Hamburg-Mannheimer* und der *TellSell Consulting GmbH*, sondern vor allem seine zahllosen Vorträge der Vergütungsklasse über 7000 Euro:[183]

- *Agentur Schenck*, Berlin, August 2008
- *Aspecta HDI Gerling Lebensversicherung AG*, Mainz, Februar 2007
- *AXA-Krankenversicherung AG*, Köln, Januar 2006
- *Close Brothers Seydler AG*, Frankfurt/Main, Juni 2008
- *Congress Hotel Seepark*, Thun/Schweiz, September 2007
- *DS Marketing GmbH*, Brühl, März 2006
- *econ Referenten-Agentur*, Straubing, Mai 2006, Juli 2007
- *EDEKA Handelsgesellschaft Nordbayern-Sachsen-Thüringen mbH*, Rottendorf, Juli 2006
- *EUTOP Speaker Agency GmbH*, München, Juli 2007
- *Fertighaus WEISS GmbH*, Oberrot, September 2006
- *Flossbach & von Storch Vermögensmanagement AG*, Köln, Mai 2007
- *Gemini Executive Search*, Homburg, Oktober 2007
- *Genossenschaftsverband Frankfurt*, Frankfurt, Oktober 2005
- *Hannover Leasing GmbH & Co. KG*, Pullach, Juni 2006
- *Lazard Asset Management Deutschland GmbH*, Hamburg, Januar 2007
- *LGT Bank AG*, Zürich, April 2007

- *MACCS GmbH*, Berlin, November 2007
- *Maritim Hotelgesellschaft mbH*, Bad Salzuflen, November 2005
- *Rednerdienst & Persönlichkeitsmanagement Matthias Erhard*, München, Oktober 2006
- *Serviceplan Agenturgruppe für innovative Kommunikation GmbH & Co. KG*, München, Februar 2007
- *Solarhybrid AG, Brilon, Team Event Marketing GmbH*, Rosbach, Mai 2007
- *Vincero Holding GmbH & Co. KG*, Aachen, September 2007
- *Wolfsberg – The Platform for Executive & Business Development*, Ermatingen/Schweiz, September 2008

Nichts gegen Vorträge, aber die Korruptionstheorie wertet sie neben »Beraterverträgen« als beliebteste Möglichkeit zur Tarnung von »kleinen Aufmerksamkeiten«. Bequemer als die Bargeldübergabe auf dem Bahnhofs-WC ist ein gutbezahltes Referat allemal.

Derlei Schmu aber kommt für einen global bekannten Ehrenmann wie Westerwelle nicht in Frage, bekennt er sich doch auf seiner Internetseite zu hehren politischen Zielen: »Mein politisches Anliegen ist eine liberale, weltoffene, tolerante und erfolgreiche Gesellschaft, die jeder Bürgerin und jedem Bürger den größtmöglichen Freiraum zur persönlichen Entfaltung bietet und dabei gleichzeitig die wirklich Schwachen schützt.«

Wie er das meint, erklärt er am Beispiel des Post-Mindestlohns. »Wenn der Staat die Löhne festsetzt, könnte er bald auch die Preise festsetzen. Dann sind wir bei der Planwirtschaft wie in der DDR, nur ohne Mauer.«[184]

Aber flexibel wie Westerwelle nun einmal ist, gibt es auch für ihn keine Regel ohne Ausnahme. Obwohl also der Markt im

Prinzip aus sich heraus das größtmögliche auf Erden erreichbare Wohlergehen für alle Menschen erringt und der Staat mit seiner semibolschewistischen Regulierung alles durcheinanderbringt, ziert er sich am 17. Oktober 2008 bei der Bundestagsabstimmung über das Bankenrettungspaket nicht lange und lässt seine Fraktion zustimmen. Ob er bei den anschließenden Freudenfeiern der Milliardäre und Topmanager einen seiner Vorträge gehalten hat, ist nicht bekannt.

Übrigens stellt sich die Kompetenzfrage bei Westerwelle nicht unmittelbar. Aber wenn viel zusammenkommt, dann wird er 2009 Außenminister einer schwarz-gelben Regierung. Wo er dafür wiederum die Kompetenz hernehmen will, entzieht sich den Nachforschungen.

Zumindest übt er schon mal im Kleinen, zum Beispiel auf einer schwarz-gelben Wanderung im Sauerlandkreis gemeinsam mit dem »Anwalt der Heuschrecken« (*Welt*), dem früheren CDU-Bundestagsfraktionschef Friedrich Merz. Auf der Tour von Winterberg über den Kahlen Asten nach Neuastenberg demonstrieren die beiden Marktradikalen, wie sie sich den großzügigen mildtätigen Umgang der Reichen mit den Armen vorstellen. Die insgesamt 200 Wanderer sammeln nämlich für einen guten Zweck und bekommen für die Aktion *Lichtblicke* der NRW Lokalradios satte 3000 Euro zusammen – 15 Euro pro neoliberalem Wohltäter.

Franz Walter attestiert Westerwelle jedenfalls ein »binäres Weltbild«: Für ihn sei alles »entweder schwarz oder weiß, faul oder fleißig, marktwirtschaftlich oder staatswirtschaftlich … Und so ist er das Haupthindernis für die Regierungsfähigkeit der Liberalen.«[185]

Rainer Brüderle (FDP), Volkswirt, Parteivize
Mutiger Märtyrer des Marktradikalismus

Rainer Brüderle, geboren am 22. Juni 1945 in Berlin, verteidigt den neoliberalen Aberglauben auch noch nach seiner Entzauberung.

Seit 1971 ist er Diplomvolkswirt, seit 1973 in der FDP, ab 1975 im Rathaus Mainz, und zwar erst als Amtschef für Wirtschaft und Verkehrsförderung, ab 1977 für Wirtschaft und Liegenschaften und von 1981 bis 1987 Wirtschaftsdezernent. Von 1981 bis 1983 ist er FDP-Chef Rheinhessen-Vorderpfalz, dann Vize im Kreisverband Mainz, seit 1983 Landeschef Rheinland-Pfalz, seit 1983 im Bundesvorstand, seit 1995 Parteivize, von 1987 bis 1998 im Landtag Rheinland-Pfalz, ab 1987 Staatsminister für Wirtschaft und Verkehr, von 1994 bis 1998 für Wirtschaft, Verkehr, Landwirtschaft und Weinbau, von 1988 bis 1998 außerdem Vizeministerpräsident, ab 1998 im Bundestag und Fraktionsvize, seit 2005 wirtschaftspolitischer Fraktionssprecher und im Ausschuss für Wirtschaft und Technologie.

Nicht nur weil er im Beirat der Deutsche Bank AG, im Aufsichtsrat der Wirtschaftsprüfungsgesellschaft IVA Valuation & Advisory AG, im Verwaltungsrat Provinzial Rheinland Versicherung AG und im Beirat RSBK Strategie Beratung Kommunikation GmbH sitzt, gilt Brüderle als Wirtschaftslobbyist reinsten Wassers – und als mutiger noch dazu. »Ich bin stolz, ein Neoliberaler zu sein«, verkündet er im September 2005 gleich in der Überschrift eines Aufsatzes im *Cicero*. Kostprobe gefällig? »Der Neoliberalismus war im Nachkriegsdeutschland sehr erfolgreich. Seine Erfolge wurden aber unter einem anderen Namen bekannt gemacht – der Sozialen Marktwirtschaft.« Alles klar?

Damals waren unter anderem Energieversorgung, Post, Telekommunikation, Bahn oder Lufthansa in staatlicher Hand – nach schon erwähntem FDP-Verständnis eine Art »DDR light« ... Ob das allerdings der typische neoliberale Nachwuchs weiß?

Geradezu heldenhaft versucht Brüderle, seine Partei aus der Defensive zu bringen, in die sie die Weltwirtschaftskrise gebracht hat. »Mit den Investmentbanken und den Finanzmärkten«, wirft zum Beispiel der SPD-Politiker Joachim Poss den Liberalen vor, »ist auch ihre ganze neoliberale Ideologie des Marktradikalismus zusammengebrochen.« Prompt verspricht Brüderle ein Papier mit den wichtigsten Argumenten gegen Kritik am Neoliberalismus und Forderungen für einen neuen Ordnungsrahmen des Finanzsektors. »Die FDP darf sich in der Finanzmarktkrise nicht ins Sündereckchen stellen lassen.«[186]

In einer schwarz-gelben Koalition – dem Wähler ist ja alles zuzutrauen – könnte Rainer Brüderle durchaus Wirtschaftsminister werden.

6. Scheinlinke

Ähnlich wie sich ehrliche *Konservative,* denen die Bewahrung der Schöpfung, der Familiensolidarität oder liebenswerter Bräuche am Herzen liegen, in einem Topf mit »konservativen« Rassisten, Guantanamo-Fans, Schwulenhassern oder Kreuzzüglern wiederfinden, so sind auch *Linke* seit geraumer Zeit ständiger Verwechslungsgefahr ausgesetzt. Als »links« gelten Gerhard Schröder und Wolfgang Clement ebenso wie Erich Honecker und Mao Zedong. Rosa Luxemburg findet sich neben Lenin und Karl Marx neben Stalin. Kein Wunder, dass immer mehr »eigentlich Linke« sich lieber *Humanisten, Radikaldemokraten, Sozialorientierte* oder ähnlich nennen. Scheinlinke dagegen lassen sich das Attribut *links* gern anheften, um den Eindruck zu erwecken, auf der Seite der kleinen Leute zu stehen.

Ursula von der Leyen (CDU), Ärztin
Bundesministerin für Familie, Senioren, Frauen und Jugend
Supermama für Akademikervermehrung

Ursula von der Leyen, geboren am 8. Oktober 1958 in Brüssel als Tochter des späteren niedersächsischen Ministerpräsidenten Ernst Albrecht, führt als siebenfache Mutter einen marktradikalen Kreuzzug gegen die Heimchen-am-Herd-Heuchler.

1980 bricht sie ein VWL-Studium ab und sattelt um auf Medizin, seit 1987 ist sie Ärztin, ab 1990 in der CDU, ab 1992 in den USA, von 1996 bis 2002 wissenschaftliche Assistentin an der Medizinischen Hochschule Hannover, ab 2001 Fraktionschefin im Stadtrat von Sehnde bei Hannover, ab 2003 im niedersächsischen Landtag und Ministerin für Soziales, Frauen, Familie und Gesundheit unter Christian Wulff, ab 2004 im CDU-Präsidium, ab 2005 Bundesministerin.

Als Landesministerin erregt sie bundesweites Aufsehen, als sie trotz wütender Proteste von Sozialverbänden und der Bevölkerung das Blindengeld streicht. Als es nach ihrem Wechsel nach Berlin zwei Jahre später wieder eingeführt wird, stellt die Wirtschaftswoche treffend fest: »Mit der jetzigen Bundesministerin wäre das nicht zu machen gewesen.«[187]

Die aber ist derweil auf einem – scheinbar – ganz anderen Trip: »So viel Familie war schon lange nicht mehr in der deutschen Politik«, staunt *Zeit*-Autor Christoph Seils im 5. April 2007: »Elterngeld, Ganztagsschule, Kinderkrippen ... Von wegen Wickelvolontariat und Gebärmaschinen. CDU und CSU propagieren inzwischen die Wahlfreiheit zwischen Beruf und Familie.

Der siebenfachen Mutter sei Dank. Mit viel Gespür für das richtige Thema hat die Seiteneinsteigerin die Union auf einen familienpolitischen Modernisierungskurs gesteuert. Die Wähler und vor allem die Wählerinnen sind begeistert.«[188]

Schlagzeilen macht von der Leyen auch durch die Ablösung des Erziehungsgeldes durch das Elterngeld ab Januar 2007 und durch ihren Vorschlag vom Oktober 2007, zur Aufdeckung von Verstößen gegen das Jugendschutzgesetz minderjährige Testkäufer einzusetzen. Für Furore sorgt aber vor allem ihr Eintreten für bedeutend mehr Krippenplätze, um der Alternative »Karriere oder Kind« vor allem bei Akademikerinnen den Kampf anzusagen.

Kaum jedoch wagt sie im Februar 2007 einen ersten Vorstoß, entbrennt ein regelrechter Glaubenskrieg. Während die Wirtschaft, der Bundespräsident und die meisten Spitzenkräfte aller Parteien sowie einige Kirchenvertreter die Pläne unterstützen, macht die Heim-und-Herd-Fraktion nach dem Motto »Küche statt Karriere« mobil: Die CSU lehnte die Pläne entrüstet ab; und der rechtsklerikale Bischof Walter Mixa nennt das Vorhaben »einseitig und schädlich für die Kinder«.[189]

Als Kompromiss kommt eine *Herdprämie* für Krippenmuffel heraus. Die will die Ministerin aber nur in Form von Gutscheinen auszahlen, und zur Besänftigung des rechten Randes argumentiert sie auch schon mal rassistisch: Wenn die Eltern eines jungen Türken 150 Euro bekämen, falls sie das Kind aus der Krippe nehmen, würden sie dies auch tun, sagt sie im Herbst 2007 dem ZDF. »Und das ist für dieses Kind sicher nicht das Tor zur Integration.« Auch sonst ist ihr »Volkes Stimme« nicht fremd: Von den *Bild*-Ästheten lässt sie sich als »Merkels schönste Ministerin« anschmachten, und im Frauenboulevard inszeniert sie sich gern als Vorkämpferin gegen die Armutsfalle für Alleinerziehende und für die Ganztagsschule. Letzteres hat sie umsonst: Denn der Bund zahlt nur die Baukosten. Die Personalkosten bleiben an den Ländern und Kommunen hängen, und die sind entsprechend zögerlich.

Ebenso imagefördernd wie leicht gesagt ist auch ihr Aufruf zum Boykott teurer Krankenkassen – und geheuchelt dazu: Schließlich hat ihre Regierung die Kostenexplosion bei den Kassen verursacht.

Bierernst gemeint und folgenreich ist dagegen ihr Ansinnen zur Privatisierung der Kinderbetreuung – wird profitgieriges Gesindel hier ein ähnliches menschenunwürdiges Desaster anrichtet wie in der Altenpflege?

Karl Lauterbach (SPD), Gesundheitsökonom
Ullas ungeliebter Souffleur

Karl Lauterbach, geboren am 21. Februar 1963 in Düren, versucht den sozialen Neoliberalismus.

Ab 1983 studiert er Medizin in Aachen, Düsseldorf und San Antonio (Texas), von 1989 bis 1992 Gesundheitsökonomie und Epidemiologie an der Harvard School of Public Health in Boston, wo er zum Doctor of Science (Dr. Sc.) promoviert. Seit 1998 ist er Direktor des Instituts für Gesundheitsökonomie und Klinische Epidemiologie (IGKE) der Universität zu Köln. Von 1999 bis 2005 ist er im Sachverständigenrat zur *Begutachtung der Entwicklung im Gesundheitswesen,* ab 2001 in der SPD, ab 2003 in der *Rürup-Kommission* und seit der Wahl 2005 im Bundestag.

Ausländische Journalisten und Politiker wundern sich meist, dass Lauterbach nicht Gesundheitsminister und im Gegensatz zum Laienterzett Marion Caspers-Merk, Rolf Schwanitz und Theo Schröder nicht einmal Staatssekretär ist.

Einer der Gründe findet sich auf der Internetseite des Bundestags, nämlich Lauterbachs Nebenjobs. Außer Hochschullehrer an der Universität Köln und Aufsichtsrat der *Rhön-Klinikum AG*, Bad Neustadt/Saale, zahlten ihm für Beratung und Gutachten das *Klinikum Bremen-Mitte* im November 2005, die *AOK Bayern* im März 2006, die *AOK Rheinland* im Februar 2006, die *Barmer Ersatzkasse* im März 2006, die *Klinik Roderbirken* in Leichlingen im November 2007 und die *B. Braun Melsungen AG* im Januar 2008 jeweils mehr als 7000 Euro. Genauso viel zahlte ihm der *Rowohlt Verlag* im August 2007 und im März 2008.

Weniger als zum Beispiel Guido Westerwelle, nämlich höchstens 3500 Euro, erhielt er für Vorträge von der *Zeno Veranstaltungen GmbH* in Heidelberg im Dezember 2005, dem *Verein SwissDRG* in Bern im Oktober 2007, der *Malk Medizin Controlling AG* in Lachen (Schweiz) im April 2008 und dem *Verband der Privatkrankenanstalten in Thüringen e.V.* in Bad Klosterlausnitz im Mai 2008.

Wer dermaßen gut im Geschäft ist, hat weder Zeit für das Amt eines Ministers oder Staatssekretärs noch Lust, diesem Job zuliebe wie vorgeschrieben auf das Zubrot zu verzichten.

Ein weiterer Grund dürfte der Kollegenneid sein. Verglichen mit deren phrasengeschütteter Präkompetenz ist selbst Lauterbachs neoliberal verformtes Fachwissen Gold wert und beschämt sie. Daher erhält der Paradiesvogel – der lange Jahre als Ulla Schmidts Berater und faktischer Pressesprecher das vermittelt, was die Ministerin selbst nicht zu begreifen oder nicht in Worte zu fassen vermag – zur Bundestagswahl 2005 einen schlechten Listenplatz und einen unsicheren Wahlkreis, den er allerdings gewinnt. Dafür verliert er die Abstimmung zum gesundheitspolitischen Fraktionssprecher gegen eine gelernte Biotechnologin und frühere Pharmareferentin namens Carola Reimann.

Überhaupt gilt Lauterbach bei den eigenen Genossen als

Außenseiter und als »Linker« noch dazu: Lautstark warnt er vor der Zweiklassenmedizin, entwickelt mit der SPD-Linken Andrea Nahles für die Partei das Konzept der Bürgerversicherung, drängt aber ebenso auf die Ausrichtung der medizinischen Versorgung an betriebswirtschaftlichen Kriterien.

Im Februar 2006 bringt »Quertreiber Lauterbach« (*Welt*) das eigene Parteivolk auf die Palme, als er wenige Wochen vor drei Landtagswahlen ausgerechnet in *Bild* zur Finanzierung der Gesundheitsreform einen Zuschlag auf die Einkommensteuer (»Gesundheits-Soli«) fordert. Ulla Schmidt nennt dies hastig »seine Privatmeinung«, und der damalige Fraktionsgeschäftsführer Olaf Scholz giftet, Lauterbach habe nur »erneut eines seiner vielen Modelle in den Medien plaziert«.[190]

Aber Lauterbach bleibt unbeeindruckt: Im Februar 2007 stimmt er im Bundestag gegen die Gesundheitsreform und legt im September 2008 nach: Der Gesundheitsfonds werde die Lage für alle verschlechtern, weil die Kassen keine freiwilligen Leistungen mehr bezahlen könnten.

Aber auch außerhalb der Gesundheitspolitik meldet er sich zu Wort: Mal polemisiert er gegen das dreigliedrige Schulsystem, mal fordert er mehr Steuern für Reiche, mal sorgt seine Analyse der sozialen Schieflage im Rentensystem für Aufsehen, mal kritisiert er Münteferings Lebenswerk »Rente mit 67«, dann wieder nennt er das von der SPD in den Koalitionsverhandlungen durchgesetzte einkommensabhängige Elterngeld ein »katastrophales Signal«.

Ein noch katastrophaleres Signal sendet er der Parteispitze im Juni 2007, als er im *Stern* als erster prominenter SPD-Politiker eine rot-rote Koalition im Bund für möglich erklärt: SPD und Linke verbinde ein »nobles Ziel«.

Es ist ohnehin die Frage, ob Lauterbach mit seinen Positionen nicht besser bei der Linken aufgehoben wäre.

Ottmar Schreiner (SPD), Jurist,
Bundesvorsitzender der Arbeitsgemeinschaft für
Arbeitnehmerfragen (AfA) beim SPD-Parteivorstand
Vom Alibi-Linken zu Oskars U-Boot

Ottmar Schreiner, geboren am 21. Februar 1946 in Merzig (Saarland), probt seit geraumer Zeit den Einpersonenaufstand gegen die neoliberale Parteispitze.

Seit 1969 ist er in der SPD, von 1966 bis 1968 Zeitsoldat, von 1971 bis 1972 AStA-Vorsitzender der Universität Saarbrücken, seit 1972 Volljurist, von 1974 bis 1977 Juso-Vize, seit 1980 im Bundestag, von 1991 bis 1997 Fraktionssprecher im Ausschuss für Arbeit und Sozialordnung, von 1997 bis 1998 Fraktionsvize, von Oktober 1998 bis September 1999 Bundesgeschäftsführer der SPD. Als »Lafontaine-Mann« wird er nach dessen Rücktritt von Schröders Parteisoldaten Müntefering abgelöst. Seit März 2000 ist er Chef der Arbeitsgemeinschaft für Arbeitnehmerfragen (AfA) beim SPD-Parteivorstand.

Ottmar Schreiner ist eine Art »Erzfeind« Gerhard Schröders. Kleiner Treppenwitz am Rande: Beim Kampf um den Juso-Vorsitz im Februar 1978 unterliegt der »gemäßigte« Schreiner dem »linksradikalen« Schröder. Ziemlich genau 20 Jahre später, im Frühjahr 1998, gehört Schreiner zu jenen linken Bundestagsabgeordneten, die gegen einen möglichen Kanzlerkandidaten Gerhard Schröder Sturm laufen. Seitdem versteht Schreiner sich selbst vielleicht als »linkes Gewissen« der SPD. Für Daniel F. Sturm von der *Welt* ist er gar ein »linker Strippenzieher gegen den großen Schröder«, aber ist er das wirklich?

Zwar stimmen er und weitere »Dissidenten« im September 2003 gegen den Gesundheitskompromiss mit der Union. Aber der kommt ja trotzdem, daher kann man Schreiner durchaus auch als »Alibi-Linken« einordnen.

Andererseits bleibt Schreiner seit der Ära Schröder der einsame Warner in der Wüste. Sein Problem ist, dass seine Positionen längst nicht mehr als eine »linke Alternative« innerhalb der SPD, sondern als mit der Politik der SPD-Führung schlicht unvereinbar angesehen werden. Daher verliert er zusehends seine Funktion als »Feigenblatt«: Wer wählt noch wegen Ottmar Schreiner die SPD? Damit entwickelt er sich zur tragischen oder gar tragikomischen Figur. Seit Menschengedenken trägt er die geballte linke Faust in der Tasche. Unverdrossen kritisiert er, ruft er auf und prophezeit, was der Agenturticker hergibt: Im Oktober 2007 unterstützt er den Betriebsräteaufruf »Für eine arbeitnehmerorientierte SPD«, im September 2008 den »Aufruf zu mehr sozialer Gerechtigkeit«, im Juli 2007 kritisiert er Frankreichs Pläne für eine »Aufweichung des europäischen Stabilitäts- und Wachstumspaktes«.

Wie dem auch sei: Seit sich Schreiner einem Ministerpräsidenten Oskar Lafontaine als Finanzminister angedient hat, wirkt er als mobiler Stachel im Fleische der SPD.

Vor allem aber zerreißt er bei jeder passenden und unpassenden Gelegenheit die Agenda 2010 samt Hartz-Gesetzen in der Luft. Und ähnlich wie Die Linke hat er dabei den großen Vorteil, sich stets auf noch gar nicht so alte Dokumente, Forderungen oder Beschlüsse der SPD berufen zu können. Die einzigen »Gegenargumente« – nämlich hysterische Hasstiraden aus der SPD-Spitze und hämisches Seniorenmobbing aus der jungkarrieristischen mittleren Funktionärsebene – verfangen dabei nur begrenzt, wie die Umfragen zeigen: Die einfachen Mitglieder sind nämlich ebenso wenig wie die Wähler mehrheitlich entzauberte neoliberale Umverteiler noch halbgebildete aufstiegsbesessene Nachwuchsgroßkotze. Sollte Schreiner tatsächlich rot-roter Minister im Saarland werden, so schriebe er Geschichte.

Jürgen Trittin (Bündnis 90/Die Grünen), Diplom-Sozialwirt, Fraktionsvize

Der Linke vom Dienst

Jürgen Trittin, geboren am 25. Oktober 1954 in Bremen, verkauft Flexibilität fast besser als früher Hans-Dietrich Genscher. 1973 macht er Abitur und vertreibt sich die Zeit danach laut Internetseite des Bundestags mit »Studium der Sozialwissenschaften in Göttingen, Wehr- und Zivildienst, Tätigkeiten als wissenschaftlicher Mitarbeiter, Fraktionsassistent, freier Journalist und Pressesprecher«, ist außerdem im AStA der Universität und Präsident des Studentenparlaments. Nicht erwähnt wird sein Wirken im maoistischen *Kommunistischen Bund.*

Seit 1980 ist Trittin Mitglied der Grünen, von 1982 bis 1984 Fraktionsgeschäftsführer der Alternativen-Grünen-Initiativen-Liste (AGIL) Göttingen, von 1984 bis 1985 Pressesprecher der Landtagsfraktion Niedersachsen, von 1985 bis 1990 und 1994 bis 1995 im Landtag, von 1985 bis 1986 und von 1988 bis 1990 Fraktionschef von 1990 bis 1994 niedersächsischer Minister für Bundes- und Europaangelegenheiten, von 1994 bis 1998 Vorstandssprecher von Bündnis 90/Die Grünen, seit 1998 im Bundestag, ab Oktober 1998 Bundesumweltminister, ab 2005 Fraktionsvize.

Jürgen Trittin ist seit jeher der linke »Fundi« vom Dienst. Bereits zu Beginn der rot-grünen Ära warnt Hannes Koch im Juli 1999 in der *tageszeitung*: »Fällt Trittin, fallen die Grünen … Trittin ist ein Symbol für ein Symbol: das partielle, trotzige Aufbegehren gegen die Herrschaft von Mark und Pfennig … Erneuerung aber ist etwas anderes als Verleugnung der eigenen Herkunft. Versucht die Finanzfraktion, die Wurzeln auszureißen, wird sie die Partei eliminieren … Wenn die Partei ›sozial‹ aus ihrem Selbstverständnis streicht, ist es vorbei.«[191]

Ausgerüstet mit dem »linken« Image, kann er sogar den Bruch eines der größten grünen Tabus, Bundeswehreinsätze im Ausland, mit der Verhinderung einer bösen schwarz-gelben Regierung begründen.

Nun ist zwar ein linker Grüner spätestens seit der rot-grünen Beteiligung am völkerrechtswidrigen Kosovokrieg wie ein Datenschützer im Geheimdienst, aber der »heimliche Vorsitzende« (*Zeit*) ist noch immer das wichtigste Zugpferd der Grünen und nicht zufällig mit Renate Künast Spitzenkandidat für die Bundestagswahl.

»Links wählen – rechts leben«, so kann man vereinfacht das Lebensgefühl vieler Grünen-Wähler beschreiben. Gerade die älteren wurden zumindest im Dunstkreis der 68er, der Friedensbewegung oder der Antikernkraftproteste sozialisiert, wurden dann Lehrer, Ärzte, Anwälte, Medienleute oder gingen »in die Wirtschaft«, kamen zu gutem »Auskommen mit dem Einkommen« und erhielten oder erwarten eine ansehnliche Erbschaft. Diese wirkliche »Neue Mitte«, die eigentliche Nachfolgerin der berüchtigten »Spießer«, braucht die Grünen als eine Art Gewissensvalium für das alternativ-bürgerliche seelische Gleichgewicht: als Antwort der Gutmenschen auf die Gebete verlogener Kirchgänger für Börsenaufschwung und Sieg im Irakkrieg. Für diese Klientel ist Jürgen Trittin – mehr noch als einst Christian Ströbele – der richtige Mann. Mit seinem stets hintersinnigen Lächeln und der Legende einer linksradikalen Vergangenheit im Rücken vermittelt er den Eindruck, er nehme die gesamte »Monopolbourgeoisie« ganz gewaltig auf den Arm und werde irgendwann einmal der zuletzt Lachende sein.

Und so ist es auch etwas völlig anderes, ob für das große Tabu Schwarz-Grün Realos wie Renate Künast, Fritz Kuhn und Claudia Roth werben, denen der Karrierismus aus allen Knopflöchern und beiden Augen quillt – oder ob ein Jürgen Trittin dies tut. Der nämlich meint schon 1999 nach dem Rückzug von Oskar Lafontaine, nunmehr seien Union und SPD kaum noch zu unterscheiden, und da könne man gleich mit der CDU koalieren.

Ungleich vorsichtiger als bei den Realos erscheint auch sein Plädoyer der Prinzipienlosigkeit im Oktober 2008 bei der Verteidigung der schwarz-grünen Koalition in Hamburg: »Es gibt kein Modell Schwarz-Grün, es gibt Koalitionen. Öfter mit den Sozialdemokraten, mal mit der CDU. Das definiert sich immer über die politischen Inhalte.«[192] *Politische Inhalte* klingt einfach besser als *Ministersessel*, und umso unbeschwerter kann er jede Option offenhalten, wie ein halbes Jahr zuvor gegenüber dem *Focus*: »Nimmt man die eigenen Inhalte ernst, stehen wir der SPD oder der Linken vielfach näher als der CDU.«[193]

Über Hans-Dietrich Genscher kursierte einst der Opportunismuswitz: »Zwei Flugzeuge stoßen zusammen. In beiden sitzt Genscher.« Die Gagschreiber kannten Jürgen Trittin noch nicht.

Norbert Röttgen (CDU), Jurist,
Parlamentarischer Geschäftsführer der CDU/CSU-Fraktion
Scheinlinker Industrielobbyist oder Geißler-Anhänger?

Norbert Röttgen, geboren am 2. Juli 1965 in Meckenheim, wirbt für den Rheinischen Sozialkapitalismus.

Seit 1982 ist er in der CDU, seit 1984 im Kreisvorstand der CDU Rhein-Sieg, von 1992 bis 1996 JU-Chef Nordrhein-Westfalen, seit 1993 Rechtanwalt, seit 1994 im Bundestag, von Oktober 2002 bis 2005 rechtspolitischer Fraktionssprecher, seit Februar 2005 Erster Parlamentarischer Geschäftsführer der CDU/CSU-Fraktion.

An Norbert Röttgen scheiden sich die Geister und Geschmäcker. Für die einen ist er ein Vorkämpfer für die Renaissance der sozialen Marktwirtschaft, für die anderen ein Sprücheklopfer.

Erstmals bekannt wird Röttgen Mitte 2006, als er Hauptgeschäftsführer beim Bundesverband der Deutschen Industrie (BDI) werden und gleichzeitig sein Bundestagsmandat behalten will. Peinlicherweise scheitert das Vorhaben nicht an der Einsicht Röttgens oder seiner Partei, sondern an der scharfen Kritik in Gestalt eines offenen Briefes der früheren BDI-Präsidenten Michael Rogowski und Hans Olaf Henkel.

Jedenfalls zählt Röttgen seit seiner Mitarbeit an Merkels Wahlkampfprogramm 2005 zu ihren engsten Vertrauten, wäre fast Kanzleramtsminister geworden, und entsprechend äußert er sich als ihr Sprachrohr mal marktradikaler, mal sozialstaatlicher. Während er zum Beispiel noch 2005 Franz Münteferings – zugegebenermaßen – unterirdischen, nationalistischen und wahlkampfmotivierten »Klassenkampf gegen die Heuschrecken« (*Berliner Zeitung*) als »übles Geschäft mit den Ängsten« abtut, geriert er sich am 1. Oktober 2008 in *Hart, aber fair* als »Oberregulierer« und fordert staatliche Rating-Agenturen.

Nicht zufällig taucht Norbert Röttgen seit geraumer Zeit verstärkt in den Medien auf. Schon aufgrund seines freundlichen Auftretens – das englische »smart« wirkt laut *Rheinischem Merkur* »wie für Röttgen erfunden« – könnten simpel gestrickte Wählerinnen und Wähler eher ihm als anderen Unions-Granden die Sorgen der CDU für die Belange der kleinen Leute abnehmen.

Nun muss das Kalkül der CDU-Spitze noch lange nicht das von Norbert Röttgen sein. Selbstverständlich rücken gerade Politiker mit christlichem Anspruch auch innerlich vom skrupellosen Turbokapitalismus ab. Jedenfalls empfindet Röttgen es keinesfalls als Rufmord, dass man ihn immer häufiger als Anhänger von Heiner Geißler bezeichnet.

7. Flexible Karrieristen

Einige Politiker sind wie *Superstar*-Kandidaten: Unbelastet von irgendwelcher Sachkenntnis auf irgendeinem Gebiet, wollen sie um buchstäblich *jeden* Preis Karriere machen. Und wer auf keinem Fachgebiet mehr weiß, als *Focus* oder *Tagesthemen* verraten, für den ist es ja völlig unwichtig, in welchem Ressort er durch Blindekuhspiel seine Geltungsgelüste und Machtphantasien auf Kosten des Steuerzahlers ausleben kann. Die hier erwähnten Herrschaften stehen also nur stellvertretend besonders für jene Spitzenpolitiker, deren faszinierende Mischung aus Inkompetenz und Karrieretrieb an anderer Stelle beschrieben wird.

Sigmar Gabriel (SPD), Lehrer,
Bundesminister für Umwelt, Naturschutz und Reaktorsicherheit
Meister der Luftnummern

Sigmar Gabriel, geboren am 12. September 1959 in Goslar, macht fast alles, wenn es der Karriere nützt.

Seit 1977 ist er in der SPD, seit 1979 in der ÖTV, später in der IG Metall und der Arbeiterwohlfahrt, von 1983 bis 1988 Dozent in der politischen Erwachsenenbildung von ÖTV und IG Metall, ab 1987 im Kreistag Goslar. Nach dem Examen als Studienrat für Englisch 1988 ist er ab 1989 Volkshochschullehrer, ab 1990 im Niedersächsischen Landtag und im Umweltausschuss, ab 1994 innenpolitischer Fraktionssprecher, ab 1997 Vize- und ab 1998 Fraktionschef, ab 1999 im Parteivorstand, ab 1999 Ministerpräsident und nach verlorener Wahl ab 2003 Fraktionschef und Pop-Verantwortlicher der Bundespartei, seit 2005 im Bundestag und Umweltminister.

Ende 2005 werden Bestechungsvorwürfe laut: Am 1. November

2003 habe der VW-Personalvorstand Peter Hartz einen Auftrag an die Lutz Lehmann & Sigmar Gabriel GbR erteilt – genau an diesem Tag sei Gabriel als geschäftsführender Gesellschafter eingestiegen. Im Gegenzug habe Gabriel mehrmals in Brüssel gegenüber hochrangigen EU-Vertretern die VW-Interessen vertreten. Mangels »Anfangsverdacht einer Straftat« gibt's jedoch nicht einmal ein Ermittlungsverfahren. Im November 2007 fällt er bei der Wahl ins SPD-Präsidium durch.

Als Umweltminister produziert er Pfusch in Serie. Ausgerechnet ihn, der im April 2003 der rot-grünen Regierung völlig zu Recht »ausschweifenden Dilettantismus in Sachen Finanz- und Wirtschaftspolitik« und dem »Praktikantenstadel der Steuerabteilung des Bundesfinanzministeriums« das Motto »Learning by doing« bescheinigte, treffen jetzt Spott und Kritik. »Gabriels nächste Massenkarambolage«, lästert Thomas Hillenbrand im Februar 2008 in *Spiegel Online*, weil Gabriel Benzin mit Ethanol mixen will, obwohl viele ältere Pkws den Biosprit nicht vertragen.

Tatsächlich scheinen Gabriel und Autos nicht zusammenzupassen: Mal übersieht sein Ministerium monatelang, dass die in Zehntausenden Wagen eingebauten Dieselrußfilter fast alles filtern – außer eben Ruß. Mal bringt er die Rasergemeinde gegen sich auf, indem er Tempo 130 auf den Autobahnen fordert – nachdem er ebendies kurz zuvor noch entschieden zurückgewiesen hat. Schon bald macht das Wort von »Gabriels Luftnummern« die Runde.

Besonders mit der Umwelt steht der Umweltminister auf Kriegsfuß: Im April 2008 setzt er sich für neue Kohlekraftwerke ein und wirft den Umweltschützern wie Greenpeace und BUND vor, mit ihrem Widerstand den Ausstieg aus der Kernenergie zu gefährden.

Dass der »abgewatschte Kronprinz« *(Spiegel)* trotz alledem als größtes politisches Talent seiner Partei gilt, spricht weniger für ihn als gegen die SPD. Gerade die Prinzipienfreiheit macht Gabriel zum Hoffnungsträger: Er kann jedem alles versprechen und wird es gegebenenfalls auch tun. Wie Schröder ein »Mann ohne Eigenschaften«, ist er zwar nicht der Schwarm aller simpel gestrickten und politisch desinteressierten Frauen von Pilcher bis Ballermann, andererseits erinnert er aber auch nicht an das kaltschnäuzige Mitglied einer Militärjunta – im Gegensatz zu so manchem aktuellen Politführer. Er ist *der* Mann der Zukunft in einer zukunftslosen Partei. Mit seiner Polemik »Sagen, was Sache ist« bringt er sich im März 2008 jedenfalls als Vordenker ins Gespräch: »Die SPD muss sich konzentrieren. Und sie muss aufhören, innerparteilich zuerst auf die Differenz zu achten statt auf das Verbindende. Wer um Vertrauen in der Öffentlichkeit wirbt, muss zuerst seinen eigenen Mitstreitern trauen und sich gemeinsam mit ihnen etwas zutrauen.«[194]

Das ist natürlich auch Blabla, aber viele seiner Konkurrenten kennen nicht einmal Leute, die ihnen wenigstens so etwas schreiben könnten.

Regierungstauglich ist auch seine Organisationsspannweite: Er gehört den neoliberal-spaßgesellschaftlichen SPD-*Netzwerkern* ebenso an wie dem *Seeheimer Kreis* der Parteirechten. Und links? Kein Problem: Da schreibt er eben den Reißer *Links neu denken – Politik für die Mehrheit* und lässt ihn im Herbst 2008 passend zur Weltfinanzkrise von der »Parteilinken« Andrea Nahles vorstellen.

Aber auch für die kleinen Leute hat er Medientaugliches zu bieten. Nach dem Motto »Keine Politik ist so symbolisch, als dass sie nicht noch symbolischer werden könnte« fordert er inmitten der miesen Finanzkrisenstimmung im Oktober 2008 einen Kühlschrank-Zuschuss für Hartz-IV-Empfänger.

Nur mit einem bestimmten Teil der symbolischen Politik – der

»Vorbildfunktion« – kommt er noch nicht klar. »Gabriel allein im Regierungsjet nach Mallorca«, titelt *Bild* am 12. März 2008. Der Umweltminister habe am 8. August 2007 seinen Urlaub unterbrochen und sei für 50 000 Euro am selben Tag nach Deutschland und zurückgeflogen. Dabei seien 44 Tonnen Kohlendioxid ausgestoßen worden.

Aber auch auf diesem Gebiet ist Gabriel sicher lernfähig.

Andrea Nahles (SPD), Germanistin, Mitglied des Parteipräsidiums

Mal hü, mal links, aber immer nach oben

Andrea Nahles, geboren am 20. Juni 1970 in Mendig (bei Koblenz), gilt bei den noch verbliebenen SPD-Mitgliedern als Parteilinke.

Seit 1988 ist sie in der SPD, 2004 beendet sie nach 28 Semestern ihr Germanistikstudium und firmiert auf der Internetseite des Deutschen Bundestags als »Literaturwissenschaftlerin«. Immerhin ist sie vorher schon ab 1993 rheinland-pfälzische Landes- und von 1995 bis 1999 Bundesvorsitzende der Jusos, seit 1997 im Parteivorstand, seit 1998 im Bundestag, seit 2000 Kreisvorsitzende der SPD Mayen-Koblenz und seit 2003 im SPD-Präsidium. Seit 2005 ist sie wieder im Bundestag, seit Oktober 2007 eine von drei Parteivizes und seit 2007 arbeitsmarktpolitische Fraktionssprecherin.

Andrea Nahles wählt bei ihrer Karriereplanung die vermeintliche Marktlücke »Linker Flügel der SPD« und pirscht sich zum Job einer Juso-Vorsitzenden und von 1998 bis 2002 in den Bundestag vor. Hier stimmt sie im Juli 2000 gemeinsam mit integeren SPD-Politikern wie Ulrich Maurer und Rudolf Dreßler gegen den neoliberalen rot-grünen Regierungsentwurf zur Rentenreform. Aber ehrliche humanistische Politik bekommt ihr schlecht in einer Partei, in der eine eigene Meinung von Anhängern des Leninschen Demokratischen Zentralismus wie Struck und Müntefering prompt abgestraft wird.

Nachdem sie am 22. September 2002 ihren Wahlkreis 101 Ahrweiler verliert und auch über die Landesliste nicht am Wählerwillen vorbei reinrutschen kann, schwört sie sich: »Das passiert mir nie wieder.« Und sofort versucht sie es auf die unsportliche Art: Keine zwei Wochen nach dem Wahlfiasko flötet Juso-Chef Niels Annen im Interesse der früheren Juso-Chefin Nahles, der im Juli 2002 hinausgeworfene Verteidigungsminister Rudolf Scharping solle nicht zu einer Belastung für seine Partei werden und sich jetzt ehrenvoll aus seinen bundespolitischen Ämtern verabschieden. Der Clou: Wenn »Bin Baden« verschwindet, rückt Karriere-Mamsell Nahles in den Bundestag nach.

Aber Scharping hält bis 2005 durch, und so macht die SPD die Germanistin zur Gärtnerin: zur Leiterin der Projektgruppe Bürgerversicherung. In dieser Zeit jedenfalls ist über die Netzwerk-Frau mangels Relevanz nicht einmal etwas Negatives zu sagen: Ihre Beiträge lesen sich zumeist wie die SPD-Flugblätter. Allerdings wird ihr ein großer Anteil am Sturz bereits dreier Parteichefs zugeschrieben: »Rudolf Scharping, Gerhard Schröder und Franz Müntefering haben die Frau aus der Eifel kennen- und fürchten gelernt.«[195]

Ihre Sternstunde hat sie am 31. Oktober 2005 als *Königsmörderin*, als sie der Parteivorstand in einer Kampfabstimmung mit 23 zu 14 Stimmen gegen Franz Münteferings Liebling Kajo Wasserhövel als Generalsekretärin nominiert. Die entscheidenden Stimmen soll *Hubertus Heil* bei seinen Fraktionskollegen vom unpolitisch neoliberalen Jungkarrieristen-Zirkel *Netzwerk Berlin* besorgt haben. Als Müntefering beleidigt hinwirft, hat auch Nahles auf ihr neues Amt keine Lust mehr und hält sich vorübergehend bundespolitisch zurück.

Aber sie will nicht immer den Schwarzen Peter. So gibt sie ihrerseits die Mitschuld für den Rücktritt von Parteichef Kurt Beck im September 2008 »Heckenschützen in den eigenen Reihen«.[196] Gewissenhaft und verbissen fordert sie, die Reformen müssten nachgebessert, ausgewogener und sozial verträglicher werden und so weiter – das gesamte Kritikprogramm, mit dem Fernsehzuschauer und Zeitungsleser in immer kürzen Abständen bombardiert werden, je näher der Wahltermin rückt.

Und dann kennt die »Literaturwissenschaftlerin« kein Halten mehr. Auf dem absoluten Höhepunkt des weltweiten Marktwirtschaftsdesasters fordert sie »Konjunkturanreize in Milliardenhöhe zur Eindämmung der Folgen der Finanzkrise« und will die Manager mit ihrem Privatvermögen zur Kasse bitten. Origineller ist da schon ihr Beitrag zum bayerischen Wahlkampf: »Andrea Nahles lässt tief blicken«, titelt *Bild* im September 2008, als sie im roten Dirndl auf dem Oktoberfest aufkreuzt.

Inhaltlich scheint sie als »Parteilinke« schon deshalb heillos überfordert, weil der Hauptgegner derzeit gerade links von der SPD sitzt und im Wesentlichen nichts anderes vertritt als frühere SPD-Positionen. Ob das quirlige Politchamäleon tatsächlich zur »Geheimwaffe der SPD gegen Oskar Lafontaine« (*Welt*) taugt, darf mit Spannung erwartet werden.

Olaf Scholz (SPD), Jurist, Bundesminister für Arbeit und Soziales
Zeichen der SPD-Personalschwäche?

Olaf Scholz, geboren am 14. Juni 1958 in Osnabrück, ist ein marktradikaler bürokratischer Allrounder.

Seit 1975 ist er in der SPD, von 1982 bis 1988 Juso-Bundesvize, seit 1985 Rechtsanwalt, von 1994 bis 2000 SPD-Chef in Altona, von 2000 bis 2004 Hamburger Parteichef, ab 2001 im

Bundesvorstand, von 2002 bis März 2004 Generalsekretär, der bei Schröders Rücktritt als Parteichef ebenfalls hinwirft. Seit 1998 ist er im Bundestag, zwischendurch von Mai bis Oktober 2001 Hamburger Innensenator, ab 2005 Parlamentarischer Geschäftsführer, seit November 2007 Bundesminister für Arbeit und Soziales.

Scholz gilt als knallharter Schrödianer, also als eingefleischter Neoliberaler, und als solcher hält er staatliche Arbeitsvermittlung ohnehin für überflüssig. Daher kann es ihm nur recht sein, wenn der Bundesrechnungshof vernichtende Kritik an den Jobcentern übt und die schlechte Betreuung von Arbeitslosen sowie die Verschwendung von über einer Milliarde Euro anprangert. Und auch die bei Neoliberalen übliche Bezeichnung angeblich nicht mehr verwendbarer Arbeitsloser als »Wohlstandsmüll« schlägt bei der Politik des Arbeitsministers durch. Ab 2009 sollen alle Menschen, die älter als 58 Jahre sind und seit einem Jahr kein Arbeitsangebot erhalten haben, automatisch aus der Statistik verschwinden. Beim Arbeitslosengeld II ist die Kluft zwischen Statistik und Wirklichkeit noch größer.

Übrigens nennt man ihn seit seiner Zeit als Generalsekretär parteiintern »Scholzomat«, also einen uncharismatischen Redner ohne Sinn für die Sorgen der Basis. Berüchtigt ist sein permanenter Krieg mit der deutschen Sprache. So forderte er, die SPD müsse die »Lufthoheit über die Kinderbetten« wiedererlangen. Vollends auf die Palme aber brachte die Genossen im August 2003 seine Idee, die Partei solle sich auch verbal vom Ziel des »demokratischen Sozialismus« verabschieden. Die Quittung kam auf dem Parteitag im November, als er mit nur 52,6 Prozent der Stimmen im Amt bestätigt wurde.

Wie viele Apparatschiks, so handelte man auch Scholz schon für alle möglichen Ämter. Mal wäre er beinahe Innen-, mal beinahe Justizminister geworden. Aber eben nur beinahe. »Fast musste Scholz schon fürchten«, schreibt der *Stern*, »einer jener Kandidaten zu werden, die für alles gehandelt werden, aber am Ende nichts werden.« Folglich ist seine letztendliche Berufung zum Arbeitsminister für den *Stern* »ein Zeichen für die frappierende Personalschwäche der Genossen«.[197] Und die muss gigantisch sein: Im März schlägt der scheidende SPD-Chef Kurt Beck als Nachfolger allen Ernstes Olaf Scholz vor.

Die moralische Voraussetzung hätte er ja, wie eine Kostprobe seines stur neoliberalen Denkens im Januar 2008 zeigt: Als *Monitor* entlarvt, dass sich die Riester-Rente für sozial Schwächere nicht lohnt, weil sie mit anderen Sozialleistungen gegengerechnet wird, die Armen also durch Riestern quasi nur die Steuersenkungen für Reiche finanzieren, da bescheinigte Rentenminister Scholz dem *Monitor*-Team schriftlich »ein falsches Verständnis vom Sozialstaat und vom Begriff Gerechtigkeit« und lehnte jegliche Korrektur ab.

Übrigens zeigt sich des Ministers Glaubwürdigkeit auch beim Thema Praktikantenausbeutung. Damit sie »angemessen« entlohnt werden, will Scholz sogar den Paragraphen 612 des BGB erweitern, zahlt aber den etwa hundert Praktikanten seines eigenen Ministeriums keinen Cent. Will er womöglich nur Kinder aus »gutem Haus«, denen Mami und Papi ohnehin einen »angemessenen« Lebensstil finanzieren?

Renate Elly Künast (Bündnis 90/Die Grünen), Juristin, Fraktionschefin
Das Karrieregesicht der Grünen

Renate Elly Künast, geboren am 15. Dezember 1955 in Recklinghausen, will vor allem Politik besser verkaufen. Nach einem Fachhochschulstudium von 1977 bis 1979 arbeitet sie in der Justizvollzugsanstalt Berlin-Tegel als Sozialarbeiterin,

1979 tritt sie der Westberliner Alternativen Liste bei, seit 1985 ist sie Rechtsanwältin, ab 1989 im Berliner Abgeordnetenhaus und gleich Fraktionschefin: bis 1990 in der rot-grünen Koalition, dann bis 1993 und von 1998 bis 2000 in der Opposition, dazwischen rechtspolitische Sprecherin. Von Juni 2000 bis März 2001 ist sie (mit Fritz Kuhn) Grünen-Chefin, ab Januar 2001 Bundesministerin für Verbraucherschutz, Ernährung und Landwirtschaft, ab 2005 Bundestagsfraktionschefin.

Renate Künast ist im Laufe ihrer Karriere zielstrebig von den Fundis zu den Realos marschiert. Im Spitzenkandidatenduo mit Jürgen Trittin für die Bundestagswahl spielt sie den rechten, den wirtschaftsliberalen Part, den sie den Wählern natürlich als »alternative Politik« andreht. Eigene Leistungen »besser zu verkaufen« war ja schon 2004 ihre Hauptforderung an die eigene rot-grüne Regierung. Ihre frisch-fröhliche Methode »Frechheit siegt« demonstriert sie schon bei Amtsantritt als Landwirtschaftsministerin: Ihre einzige Fachkompetenz bestehe darin, früher »mit meinen Eltern Urlaub auf dem Bauernhof« gemacht zu haben.

Und noch mehr Chuzpe beweist sie in der Kunst, alles Mögliche und Unmögliche vom Himmel zu versprechen und sich anschließend herauszureden.

»Versprochen, gebrochen« – nicht bei Renate Künast. Bei ihr liegt es immer daran, dass sie etwas »leider nicht durchsetzen« konnte, und daran bestand während ihrer Zeit als Ministerin kein Mangel:

- »Künast sagte, bisher habe man bei der EU-Kommission nicht durchsetzen können, dass auch der Einsatz von gentechnisch verändertem Futter kenntlich gemacht werden muss.«[198]
- »Das infolge der BSE-Krise verhängte EU-weite Tiermehl-verfütterungsverbot wird nur befristet verlängert. Mit ihrer

Forderung nach einem generellen Verbot konnte sich Künast bei den EU-Agrarministern nicht durchsetzen.«[199]

- »Verbraucherministerin Renate Künast verständigte sich mit den Tierschutzverbänden darauf, die Einführung der Verbandsklage im Koalitionsvertrag festzuschreiben. Diese Forderung konnte sie bei der SPD nicht durchsetzen.«[200]

Zuweilen kann sie aber auch richtig komisch sein, so zum Beispiel bei den zahllosen unvergesslichen Ermahnungen der Besserverdienerin an die Unterschichten, doch beim Einkaufen nicht so knickrig zu sein: »Vorsorgender Verbraucherschutz bleibt wirkungslos, wenn der Verbraucher nicht auch selbst einen Beitrag leistet und qualitätsbewusst einkauft. Wer nur den Preis im Auge hat, darf sich nicht wundern, dass die ausgewählten Produkte oft nur einfachste Mindestqualitätsstandards erfüllen.«[201]
Als sie 2005 gemeinsam mit Fritz Kuhn den Fraktionsvorsitz übernimmt, verspricht sie »Meinungsführerschaft in der Opposition« und die Schwerpunkte »Umweltschutz und dessen Chancen für Arbeitsplätze«, »Weiterentwicklung des Sozialstaats« und »Bekämpfung der Armut von Familien«.[202]
Ohne Ministeramt freilich dürfte sie sehr schnell selbst bei den größten und leersten Versprechungen das Gefühl mangelnder Aufmerksamkeit beschlichen haben. Deshalb sagt sie im RBB-Interview mit Jörg Thadeusz am 9. September 2008 zwar nicht wie Franz Müntefering »Opposition ist Mist«, sondern schlicht »Regieren ist schöner«. Motto: Da kann man schließlich viel wirkungsvoller Dinge *nicht* durchsetzen. Aber auch das durfte eine Machtpolitikerin wie Künast nur am Rande interessieren. *Realos* sind nämlich keineswegs »Überzeugungsrechte«. Ob nun schwarz-grün, schwarz-gelb-grün, rot-grün oder rot-rotgrün: Viele Wege führen in die Regierung, solange einem nicht die naiven Wähler(innen) ausgehen …

Fritz Kuhn (Bündnis 90/Die Grünen), Linguistik-Professor,
Fraktionschef
Der ewige Postenjäger

Fritz Kuhn, geboren am 29. Juni 1955 in Bad Mergentheim
(Württemberg), könnte wie Ex-Parteifreund Oswald Metzger
auch in der CDU oder der FDP sein.

Seit 1980 ist er Linguistik-Magister, ab 1981 wissenschaftlicher Assistent und von 1989 bis 1992 Professor für sprachli-
che Kommunikation an der Stuttgarter Merz-Akademie. 1978
verlässt er die SPD »wegen des unerbittlichen Atomkurses von
Helmut Schmidt«, ist 1980 Gründungsmitglied der Grünen,
von 1984 bis 1888 und von 1992 bis 2000 Chef der Landtagsfraktion, von 2000 bis 2001 Parteichef gemeinsam mit Renate
Künast. Seit 2002 ist er im Bundestag und hier im Ausschuss
für Wirtschaft und Arbeit. Da auf dem Parteitag im Dezember
2002 noch gilt, dass Abgeordnete nicht gleichzeitig im Parteivorstand sein können – die Regel wird erst durch Mitglieder-
abstimmung im Mai 2003 abgeschafft –, verzichten Kuhn und
Claudia Roth auf den Parteivorsitz. Seit Oktober 2005 ist er
Chef der Bundestagsfraktion.

Kuhn zählt sich zum »Führungszirkel des Realo-Flügels«.
Als Nachweis seiner Fachkompetenz muss er in Ermangelung
nachprüfbarer Qualifikationsbeweise zu altbekannten Floskeln
greifen: »Ich beschäftigte mich im Laufe meiner politischen
Arbeit intensiv mit Wirtschafts- und Finanzpolitik ... Bei den
Koalitionsverhandlungen mit der SPD nach gewonnener Wahl
1998 verhandelte ich für die Grünen den finanzpolitischen
Teil.«[203]

Schützenhilfe beim Hochjubeln zum Experten erhält Kuhn
auch aus dem Fanblock des *Spiegel,* der in zwei ausführlichen
Lobeshymnen binnen fünf Wochen Kuhns Karriereambitionen

unterstützt. So schreibt Tina Hildebrandt: »Selbst politische Gegner bescheinigen dem Schwaben wirtschaftspolitischen Sachverstand.«[204] Politische Gegner? »Sachverstand?« Es erinnert ein wenig an Daniel Küblböck, der als Jury-Mitglied in der RTL-Show »Star-Duell« über die musikalischen Fähigkeiten der Kandidaten urteilte. Worum es in Wahrheit geht, sagt Hildebrandt auch: »Kuhn wartet. Er wartet darauf, dass endlich wieder ein Job frei wird … der groß genug ist für seine Fähigkeiten und Ansprüche.« Das kann die Wirtschaftspolitik sein, muss aber nicht: »Neulich hat er ein Grundsatzpapier zur Verkehrspolitik geschrieben, obwohl er dafür gar nicht zuständig ist.«[205] Und ebenfalls der *Spiegel* vermeldet: »Grüne wollen Kuhn auf Ministerposten heben.«[206]

Ursprünglich von Joschka Fischer selbst als Thronfolger eingesetzt – »Das erbt alles der Fritz, der übernimmt den Laden«[207] –, hat sich Kuhn hinsichtlich der Zählebigkeit seines Nachfolgers Bütikofer grob verschätzt. So sitzt er im Frühjahr 2004 »im Warteraum und kann nur hoffen, dass sich die Tür öffnet«.[208] Das rot-grüne Wahlfiasko von 2005 versperrt ihm zunächst diese Tür, aber der Fraktionsvorsitz ist ja besser als nichts.

Allerdings auch nicht genug für einen Fritz Kuhn, und so rührt er schon die Trommel für Schwarz-Grün. Im März 2008 präsentiert er das Konzept *Grüne Marktwirtschaft*: Wirtschaftliche Stärke sei wichtig für die Finanzierung sozialer Gerechtigkeit, der Markt sei ein gutes Mittel, um ökologische und soziale Ziele zu erreichen, und überhaupt. Des Marktwirtschaftsvaters Adam Smith »unsichtbare Hand des Marktes wird grün«.[209] Auf Deutsch: Hätten die US-Bürger Bio-Burger statt Häuser und die Deutschen Bio-Autos statt Flachbildschirme gekauft, dann hätten wir jetzt keine Weltwirtschaftskrise.

Natürlich stimmt Kuhn im Bundestag im Oktober 2007 entgegen dem Beschluss des Göttinger Sonderparteitags gemeinsam mit anderen 14 Grünen Abgeordneten für eine Verlängerung des Afghanistan-Mandats, ebenso im Oktober 2008. Und selbstverständlich stimmt er gegen das Bankenpaket ebenso wie gegen die Wiedereinführung der Pendlerpauschale, und mit der Verlängerung des Arbeitslosengeldes I für ältere Arbeitnehmer braucht man ihm gar nicht erst zu kommen.

Ansonsten sucht er schon immer verzweifelt nach Publicity um jeden Preis: 1993 unternimmt er den 24-stündigen Fernsehselbstversuch: »Ich glotz TV – wenn die prallen Möpse hüpfen«, 2006 wiederholt er das Ganze als »Ich glotz TV – rund um die Uhr«.[210]

Einen herben Rückschlag erleidet er allerdings, als er auf dem Parteitag im November 2008 nicht in den Parteirat gewählt wird. Man nahm ihm übel, dass er einen sicheren Bundestagslistenplatz für den damals schon designierten Parteichef Özdemir verhindert habe.

Aber dennoch oder jetzt erst recht: Ob Schwarz-Grün oder »Jamaika« – Fritz Kuhn steht für jedweden Regierungsposten selbstlos zur Verfügung. Einen Linguisten als Finanzminister hatten wir ja noch nicht …

Karl-Theodor Freiherr zu Guttenberg (CSU), Jurist, Bundesminister für Wirtschaft und Technologie
Freiherr aus der Asche

Karl-Theodor Freiherr zu Guttenberg, geboren am 5. Dezember 1971 in München, ist die »Allzweckwaffe« der CSU.

Nach dem Abitur leistet er seinen Wehrdienst bei den Mittenwalder Gebirgsjägern, studiert Jura und Politik, von 1996 bis 2002 im Aufsichtsrat der Rhön-Klinikum AG und zwischendurch freier Mitarbeiter der *Welt*, seit 2002 im Bundestag, seit 2007 promovierter Jurist und Chef des CSU-Bezirks Oberfranken, bis November 2008 CDU/CSU-Fraktionsobmann im Auswärtigen Ausschuss und Fraktionssprecher für Abrüstung und Rüstungskontrolle, danach wird er wie Phönix aus der Asche CSU-Generalsekretär und ab Februar 2009 Bundeswirtschaftsminister.

Seine Qualifikation für das Ressort besteht neben Adelstitel, dreimonatiger Erfahrung als CSU-Generalsekretär und – wie Vorgänger Michael Glos – fränkischer Herkunft in seiner Tätigkeit im Auswärtigen Ausschuss und seinem Ruf als »Amerika-Experte«. Horst Seehofer meinte schon nach seiner Wahl zum Parteichef, zu Guttenberg komme für jedes Amt in Frage. Der Verriss kommt denn auch fast zeitgleich mit der Ernennung zum Minister. »Der Freiherr – kein Erhard, nirgends«, urteilt Marc Beise in der *Süddeutschen Zeitung*. »CSU-Chef Seehofer und Bundeskanzlerin Merkel richten das einst so wichtige Wirtschaftsministerium zugrunde.«[211]

Nun gereicht allerdings einem auch noch so unerfahrenen Politiker die Kritik aus der neoliberalen Gruft eher zur Ehre. Wenn also ausgerechnet Reformgenie Bernd Rürup dem Neuling »einen schweren Stand« prophezeit und die Pädagogin Christine Scheel als »Finanzexpertin« der Grünen es »führungsschwach und verantwortungslos« findet, dass CSU-Chef Seehofer »keinen ausgewiesenen Fachmann« gefunden habe, dann urteilt erwiesene über vermutete Inkompetenz.

Allerdings geht es dem »Freiherrn aus Franken« (*taz*), der sich am Telefon volksnah mit »Guttenberg« meldet, nach eigenen Worten um die »Umsetzung freimarktwirtschaftlicher Themenkomplexe«. Dabei ist *Freie Marktwirtschaft* als neues Unwort »so etwa das Letzte, was bei den Unionsstrategen für den Wahlkampf 2009 vorgesehen ist. Es rangiert auf der Tabuliste nur knapp hinter Kapitalismus«.

8. Rechter Rand

Was sie selbst denken, ist ihre Privatsache. Aber sie fischen im braunen Sumpf und erhalten Beifall von jenen, die einen pathologischen und gemeingefährlichen Hass auf Menschen mit »Migrationshintergrund«, fremde Völker, Homosexuelle, Hartz-IV-Empfänger, Obdachlose, Behinderte und den gesamten demokratischen Rechtsstaat haben. Diesen Politikern gehört – was sie natürlich »nicht ahnen« – die Sympathie der geistig, kulturell und moralisch verwahrlosten Mitbürger, die *Patriotismus* mit »Deutschland den Deutschen, Ausländer raus« übersetzen und die Folter, Wegsperren ohne Prozess und Gewalt gegen alles befürworten, was ihnen »anders« erscheint.

Wolfgang Schäuble (CDU), Jurist, Bundesinnenminister
Wer einmal lügt, wird Innenminister

Wolfgang Schäuble, geboren am 18. September 1942 in Freiburg, gilt als Sicherheitsrisiko für die Demokratie.
Ab 1961 ist er in der Jungen Union, seit 1965 in der CDU, seit 1970 Volljurist, von 1969 bis 1972 JU-Bezirkschef Südbaden, seit 1972 im Bundestag. Ab 1973 ist er im CDU-Vorstand Baden-Württemberg, ab 1978 als Anwalt zugelassen, ab 1981 Parlamentarischer und ab 1982 Erster Parlamentarischer Fraktionsgeschäftsführer, von 1984 bis 1989 Bundesminister für besondere Aufgaben und Chef des Bundeskanzleramts, Kohls engster Berater und zuständig für die Deutschlandpolitik. Ab 1989 ist er Innenminister, führt von Juli bis August 1990 die Verhandlungen über den Einigungsvertrag zwischen den beiden deutschen Staaten, ist ab September 1990 im CDU-

Vorstand. Am 12. Oktober 1990 wird er bei einer Wahlveranstaltung in Oppenau niedergeschossen und ist seitdem vom dritten Brustwirbel an abwärts gelähmt und an den Rollstuhl gebunden. Schäuble ist von 1991 bis 2000 Chef der CDU/CSU-Bundestagsfraktion, wird 1992 von Kohl als möglicher Nachfolger erwähnt, 1997 durch dessen erneute Kanzlerkandidatur düpiert, gleichzeitig aber erneut als Kronprinz genannt. Nach der Wahlniederlage 1998 und Kohls Rücktritt wird Schäuble Partei- und erneut Fraktionschef. 1999 initiiert er für die CDU die als »Ausländer-raus-Kampagne« aufgefasste Unterschriftenaktion gegen die doppelte Staatsbürgerschaft, mit der Roland Koch prompt die hessische Landtagswahl gewinnt.

Am 20. Januar 2000 entschuldigt er sich beim Deutschen Bundestag dafür, dass er dem Hohen Hause am 2. Dezember des Vorjahrs verschwiegen hatte, vom Waffenhändler Karlheinz Schreiber eine Barspende von 100000 Mark entgegengenommen zu haben.

Zwar wird im November 2001 das Verfahren wegen uneidlicher Falschaussage eingestellt, aber im Februar 2002 verzichtet Schäuble dennoch auf eine erneute Kandidatur als Partei- und Fraktionschef. Er bleibt aber im CDU-Präsidium und ist im Frühjahr 2002 als Mitglied des *Kompetenzteams* des Kanzlerkandidaten Stoiber für den Bereich Steuer und Finanzen im Gespräch, wird es aber für Außenpolitik.

Seit Oktober 2002 ist er Fraktionsvize für Außen-, Sicherheits- und Europapolitik. Offenbar aber ist dieses Amt eher ein Versorgungsjob, denn eigentlich weiß man nicht, wohin mit ihm. So meldet die *Welt am Sonntag* am 29. Februar 2004: »Union und FDP einig: Schäuble wird Bundespräsident«. Nur eine Woche später bezeichnen die Medien das »Parteiengeschacher« und Schäubles Behandlung durch Angela Merkel in der Öffentlichkeit als »schäbig«. Nachdem es auch mit dem Staatsoberhauptsjob nichts wird, tingelt Schäuble als »Experte« für Außen- und Sicherheitspolitik durch die Talkshows. Im Oktober 2004 sieht es danach aus, als wandle sich der außenpolitische wieder einmal zum Finanzexperten. Aber ein entsprechendes Angebot Angela Merkels für die Merz-Nachfolge lehnt Schäuble als »Frage der Selbstachtung« ab. Nach der Wahl 2005 wird er erneut Innenminister.

Ein Innenminister mit einem »instrumentellen Verhältnis zur Wahrheit«? Vor diesem Hintergrund erscheinen seine zahlreichen Vorschläge in Richtung Polizeistaat in einem besonderen Licht, schließlich haben sie ihm den Spitznamen »Stasi 2.0« eingebracht.

Ob nun die – inzwischen höchstrichterlich gestoppte – Online-Durchsuchung oder der »Datensammlungswahn« (FDP) beim Zentralen Melderegister, das Wegsperren »Verdächtiger« ohne Prozess oder der Einsatz der Bundeswehr im Inneren: Vor Schäuble scheint kein Grundrecht sicher, das bei drei nicht beim Verfassungsgericht ist.

Internationales Aufsehen erregt Schäuble im Januar 2006, als er einen Bundeswehreinsatz zur Fußball-WM vorschlägt. »Panzer vor die Stadien?«, fragt daraufhin selbst der *Focus*.

»Von Schäubles Denkmuster führt eine Linie nach Guantanamo«, konstatiert im April 2007 der FDP-Obmann im BND-Untersuchungsausschuss, Max Stadler, und im Juli spricht auch die *Zeit* wegen der Pläne zur »Verwendung von Foltergeständnissen« und dem »Freibrief zum Todesschuss« von »Schäubles Schreckensliste« und fragt: »Deutsches Guantánamo?«, denn »Guantánamo ist von seinen Gedankenspielen nicht mehr weit entfernt«.[212]

Schäuble wiederum verteidigt am 1. Dezember 2007 das US-Foltercamp: »Diejenigen, die sagen, Guantánamo ist nicht die richtige Lösung, müssen bereit sein, darüber nachzudenken, was die bessere Lösung ist. Denn allein mit der Kritik ist kein Problem gelöst.«[213] Klingt das nicht wie Churchills Ode an die Demokratie als »schlechteste Staatsform, ausgenommen alle anderen«?

 Aber auch beim Thema »Völkischer Patriotismus« schläft er nicht: Im Juli 2008 wird der Argwohn genährt, beim Einbürgerungstest gehe es Schäuble um Stimmungsmache gegen Ausländer, nicht um eine wirkliche Wissensprüfung: So enthält der Fragebogen für Niedersachsen falsche Farben in der Landesflagge, Phantasie-Behörden und Ungenauigkeiten – die Testfragen des Innenministeriums sind gar nicht richtig zu beantworten. Zudem vermisst der Zentralrat der Juden eine Thematisierung der Nazi-Verbrechen und spricht von einem »seltsamen Geschichtsverständnis«.

Nun würde man aber Wolfgang Schäuble grob beleidigen, unterstellte man ihm, Opfer seiner eigenen antiterroristischen Panikmache zu sein. Natürlich weiß er, dass Panzer vor Fabriktoren und auf Marktplätzen ebenso wenig Selbstmordattentate verhindern, wie man durch das Ausspionieren der politischen Meinung der Bürger Terroristen aufstöbert. Allerdings kennt er als gebildeter Mensch sicher die These des Neoliberalismuspapstes Milton Friedman, ein sozialdarwinistisches System wie die freie Marktwirtschaft funktioniere nur mit einem Polizeistaat (Law and order), der den infolge des Arm-Reich-Gefälles zu erwartenden Volksaufständen gebührend begegnet.[214] Nicht Hysterie leitet also Schäubles Politik, sondern gesunder Menschenverstand.

Andererseits könnte man zu Schäubles Gunsten auch annehmen, all sein bizarres Polizeistaatstheater habe ähnliche Gründe wie die Gewaltkriminalität junger abgehängter Prekarier. Man ist zeitlebens gedemütigt oder – noch schlimmer fast – einfach übersehen worden. Aus Schäubles Sicht war ja schon Kohls ewiges Regieren und der geplatzte Kanzlertraum eine Demütigung, dann der Verlust des Parteivorsitzes, schließlich das Gerangel ums Bundespräsidentenamt: Da musste Ehrgeizling Schäuble sich ja herumgeschubst und nicht mehr ernst genommen gefühlt haben. Und nun zeigt er es allen: Wie ein Innenminister die Politiker, die Demokraten und die Leitartikler auf Trab halten kann. Hätte man ihn einfach zum Regierungschef gemacht, dann wäre er heute vielleicht bedeutend umgänglicher und demokratischer. So aber ist er tatsächlich, wie Annette Ramelsberger in der *Süddeutschen Zeitung* zu Recht schreibt, »eine Gefahr für die Demokratie«.[215]

Und das sogar im Wortsinn, denn es fehlte ja noch der Zentralangriff auf die demokratischen Einrichtungen. Den liefert Schäuble im November 2008. Weil er auf legale Weise sein Polizeistaatmonster namens *BKA-Gesetz* kaum durch den Bundesrat bringen kann, schlägt er im November 2008 nach der Devise *Was nicht passt, wird passend gemacht* kurzerhand ein anderes Abstimmungsverfahren in der Länderkammer vor. Kommentar der Grünen-Fraktionschefin Renate Künast: »Dieser Minister hat entweder die Demokratie nicht verstanden, oder er will sie abschaffen.« Tatsächlich: Als dann eine entschärfte Version den Bundestag passiert, bedauert Schäuble, dass die richterliche Zustimmung nicht erst im Nachhinein eingeholt werden könne. Was denn: Schäuble weiß schon vorher, dass die Richter das staatliche Horch & Guck im Nachhinein absegnen werden?

Gesinnungsschnüffelei ist auch das Thema des Gesetzes über die Strafbarkeit des Besuchs von Terrorcamps, das nach Meinung von Heribert Prantl versucht, den Film *Minority Report*, in dem es um Verbrechensverhinderung durch Gedankenlesen geht, »in die Realität zu übersetzen… Der Regisseur heißt Spielberg. In der Politik heißt er Schäuble; die Regieassistenz hat Brigitte Zypries.«[216]

Andererseits hat unser Innenminister ja alle Bedenken am 30. September 2007 in einem Radio-Interview zerstreut: »Niemand will einen Überwachungsstaat.«[217]

Roland Koch (CDU), Jurist, hessischer Ministerpräsident[218]
Solange es noch Rassisten gibt

Roland Koch, geboren am 24. März 1958 in Frankfurt am Main als Sohn des späteren hessischen Justizministers Karl-Heinz Koch, ist ein Bedarfsrassist.

Aufgewachsen im Taunusdorf Eschborn, ist er 1972 mit 14 Jahren Gründungsmitglied der örtlichen Jungen Union, von 1977 bis 1999 im Kreistag Main-Taunus-Kreis von 1979 bis 1990 CDU-Landkreischef, von 1983 bis 1987 JU-Bundesvize, seit 1985 Rechtsanwalt, ab 1987 im Landtag, von 1989 bis 1993 umweltpolitischer Fraktionssprecher und Gegenspieler des grünen Umweltministers Joschka Fischer, von Dezember 1990 bis April 1991 und von 1993 bis 1999 Fraktionschef, seit 1998 CDU-Chef Hessen, seit 1998 im CDU-Präsidium, seit April 1999 hessischer Ministerpräsident.

Roland Koch ist der klassische *homo oeconomicus*: Er strebt nach Reichtum, Ruhm, vor allem aber nach Macht. In puncto Machtwillen braucht er keinerlei Vergleiche zu scheuen: »Koch arbeitet schon sein gesamtes bisheriges Leben lang für das Ziel der Kanzlerschaft, so wie es der Medienkanzler Gerhard Schröder getan hatte«, bemerkt *Freitag*-Autor Sead Husic schon Anfang 2003. Und noch früher verrät sein Vater Rolands eigentliche politische Vision, für die er lebt und arbeitet: »Der studiert auf Bundeskanzler.«[219] Deshalb ist Koch bei der Kandidatenkür 2002 natürlich für Stoiber, denn: »In ihrer Wirkung auf die Union dürfte der hessische Ministerpräsident die Kandidatur des Bayern auch als inhaltliche Vorbereitung auf die Ära Koch betrachten, die sich nach seinen Vorstellungen bald anschließen soll – nach 2002, falls Stoiber verliert; etwas später, im Falle eines Sieges.«[220]

Lange allerdings bleiben diese Gelüste der politischen Konkurrenz auch im eigenen Lager nicht verborgen. »Von mir wird es keine Initiative für eine Kanzlerkandidatur geben«, muss er auf dem CDU-Landesparteitag 2004 geloben. Er werde sich in der Bundespolitik fortan »zurückhalten, aber nicht mundtot machen« lassen.

Aber wie kompetent ist der Mann eigentlich? Beurteilt man dies anhand seiner Politik als Ministerpräsident, so ist das Resultat eher mittelprächtig: Einerseits im September 2003 als Regierungsprogramm ein Sanierungspaket, das sich bei näherem Hinsehen als Sozialabbau- und Umverteilungsprogramm entpuppt. Während nahezu alle Bevölkerungsgruppen inklusive der Polizisten und Mieter sparen sollen, sorgt eine »heimliche Amnestie für Steuerhinterzieher« für Aufsehen.

Koch mobilisiert nicht zu Kristallnächten mit brennenden Dönerbuden: Seine Zielgruppe ist der unterbelichtete, aber zuweilen gemeingefährliche Mob. Diese Kreaturen sind für Folterverhöre und Lynchjustiz, sie wissen nichts und fürchten das Unbekannte, also praktisch alles. Geradezu psychopathisch ist ihr Hass auf Ausländer und sogar alles, was danach klingt: Beim Endspurt des Landtagswahlkampfs 2008 »war auf den Plakaten der hessischen CDU nur noch von ›Ypsilanti, Al-Wazir und Kommunisten‹ die Rede«, schreibt *Spiegel Online*, als ob mitten in Deutschland eine unfreundliche Übernahme der Wiesbadener Landesregierung durch Ausländer, Terroristen und Sowjet-Zombies drohe.«[221] Wie wäre Koch erst mit einem Kandidaten Barack *Hussein* Obama verfahren? Hätte er seinem dumpf-braunen Stimmvieh den US-Präsidenten wegen dessen

zweiten Vornamen als rassisch minderwertigen gemeingefährlichen Terroristen verkauft?

Selbst seinen Spießgesellen vom Andenpakt ist Kochs Wahlkampf zu viel. Nur wenige Tage vor der Wahl 2008 unterschrei-
ben einige von ihnen einen offenen Brief gegen seine Integra-
tionspolitik.

Und vor der erneuten Wahl im Januar 2009 wird er Gegen-
stand eines Jahrhundert-Affronts, als Angela Merkel ihn am
1. Dezember 2008 auf dem Stuttgarter Parteitag mit »Lieber
Roland Kotz-Koch« anredet – wirklich ein Versprecher oder die
schusselige Preisgabe seines internen Spitznamens?

Ob in der eigenen Partei oder im Volk – Koch scheint derzeit
aus der Mode zu sein. Um ein Haar wäre er Ex-Ministerpräsi-
dent geworden: Selbst bei der Neuwahl im Januar 2009 rettet
er seinen Posten nur mit Hilfe der FDP und wegen des Kom-
plettversagens der SPD-Machthasardeurin Andrea Ypsilanti –
und auch das mit einem jämmerlichen Ergebnis: Nur noch 22,7
Prozent aller Stimmberechtigten (37,2 Prozent der Wähler)
kreuzen CDU an, 14,5 Prozent (23,7) SPD, 9,9 Prozent (16,2)
FDP, 8,4 Prozent (13,7) die Grünen und 3,3 Prozent (5,4) die
Partei Die Linke. Mit Abstand am stärksten war mit 38,9 Prozent (35,3) die Gruppe der Nichtwähler.

Die absoluten Zahlen sehen für Roland Kochs Partei noch
schlimmer aus. 963 800 Stimmen – sogar noch 45 975 weniger
als 2008 – sind das schlechteste Resultat seit 1966.

Dennoch bleibt Roland Koch eine Gefahr für die Demokratie,
solange er physisch zu politischer Arbeit fähig ist: Denn auch
den schwarzbraunen oder neoliberal eigennützigen Sumpf wird
es vermutlich so lange geben, solange es bettelarm und steinreich gibt. Koch selbst freilich ist reiner Machtmensch, und als
solcher nicht Überzeugungs-, sondern »nur« Bedarfsrassist, wie
übrigens auch nur Bedarfsneoliberaler: Ein aufrechter Markt-

radikaler nämlich hätte nie und nimmer eine Opel-Bürgschaft des verhassten Staates in Höhe von 500 Millionen Euro durch den Landtag gepeitscht.

Witzigerweise will den Wirtschaftsfreund Koch nicht einmal die freie Wirtschaft. Laut *Welt Online* ließ er nach seiner Fast-Abwahl 2008 durch einen Headhunter wegen eines Jobs vor-fühlen. Die Firmen hätten jedoch »zurückhaltend« reagiert und auf Kochs »schlechtes Image« ebenso verwiesen wie auf »Probleme«, mit denen bei Belegschaften und speziell Gewerk-schaften zu rechnen sei.

Norbert Geis (CSU), Jurist, Rechtsaußen
Unionslautsprecher vom rechten Rand

Norbert Geis, geboren am 13. Januar 1939 in Großwallstadt, geht im schwarzbraunen Sumpf für die Union auf Stimmenfang.

Seit 1970 ist er Rechtsanwalt und Kreisvorsitzender der Jungen Union, von 1972 bis 2007 Kreisvorsitzender und seit 2007 Eh-renkreisvorsitzender der CSU im Landkreis Aschaffenburg, von 1971 bis 1972 Bürgermeister von Edelbach, danach bis 1978 im Gemeinderat Kleinkahl-Edelbach, außerdem seit 1972 im Kreis-tag Aschaffenburg. Von 1981 bis 1986 ist er im Bayerischen Landtag, seit 1987 im Bundestag, hier von 1990 bis 2002 Vorsit-zender der Fraktions-Arbeitsgruppe Recht. 2005 gewinnt er den Wahlkreis Aschaffenburg mit 52,5 Prozent der Erststimmen.

Der Franke Geis verkörpert den Typ des braun angeschmuddel-ten frömmelnden Katholiken. Er erfüllt nahezu jedes Klischee-bild, das Demokraten von Rechtsextremen haben:

- Im Juni 2001 schreibt er in seinem Buch *Homo-Ehe – Nein zum Jawort aus christlicher Sicht*: »Homosexualität ist die

Perversion der Sexualität. Die Aufdringlichkeit, mit der sich Homosexuelle öffentlich prostituieren, ist nur noch schwer zu ertragen. Der Verlust der sexuellen Scham [...] ist ein Zeichen von Schwachsinn.«

- Im Februar 2002 fordert er bei »Vorsicht Friedman!«, dass Deutschland auch den Deutschen gehören solle, »so wie den Franzosen Frankreich und den Italienern Italien. Warum lasst ihr nicht Deutschland den Deutschen?«[222]

- Im März 2002 bezeichnet er im Bundestag die geplante generelle Aufhebung von NS-Unrechtsurteilen gegen Deserteure und Homosexuelle als »Schande«.

- Im Mai 2008 meint er, »Kriegsverräter« hätten auch nach »heutigen Maßstäben verwerflich gehandelt« und »in einer verbrecherischen Weise den eigenen Kameraden geschadet«.[223]

- Im November 2003 kämpft er leidenschaftlich dagegen, den Bundestagsabgeordneten Martin Homann wegen Antisemitismus aus der Unionsfraktion auszuschließen.

- Im Juli 2007 fordert er die »gezielte Tötung von potenziellen Aggressoren« als Präventivmaßnahme sowie die Sicherheitsverwahrung »anerkannter Gefährder« ohne Prozess.

Geis' Funktion als Unionslautsprecher wird deutlich anhand einer Überlegung des legendären Franz Josef Strauß: Rechts von der CSU dürfe es keine demokratisch legitimierte Partei geben. Anders ausgedrückt: Selbst für den unmenschlichsten, gemeingefährlichsten braunen Abschaum muss die Union wählbar sein – die Stimmen der Leugner oder gar Befürworter des Holocausts, der Asylantenhasser, Schwulenjäger und »Rübe ab«-Fanatiker könnten ja am Ende zur Regierungsbildung fehlen. Motto: Eine Wählerstimme stinkt genauso wenig wie Geld. Das entsprechende Strategiepapier der Union »Moderner bürgerlicher Konservatismus« legen Geis und Gesinnungskameraden wie Markus Söder und Philipp Mißfelder im September 2007 vor.

Ob dieses Kalkül aber aufgeht, ist fraglich. Roland Koch kostete seine Ausländerkampagne fast das Ministerpräsidentenamt, Günther Oettingers Laudatio für den Nazirichter Hans Filbinger erzeugte in den Umfragen eine »Oettinger-Delle« (*Handelsblatt*), mit Schwulenhass braucht man seit einem CDU-Bürgermeister Ole von Beust erst gar nicht mehr zu kommen, und durch Polizeistaat-Propaganda dürfte die Union in der »Mitte der Gesellschaft« mehr verlieren, als sie am rechten Rand gewinnt.

Fritz Rudolf Körper (SPD), Theologe, Fraktionsvize
Der Bonsai-Schily: Mehr order als law

Fritz Rudolf Körper, geboren am 14. November 1954 in Rehborn, ist ein gottesfürchtiger Bush-Krieger.

Seit 1973 ist er in der SPD, ab 1979 im Landtag Rheinland-Pfalz, seit 1982 evangelischer Berufstheologe, ab 1990 im Bundestag, ab 1994 innenpolitischer Fraktionssprecher, ab 1998 Parlamentarischer Innenstaatssekretär unter Otto Schily, ab 2005 Fraktionsvize für Innen- und Rechtspolitik.

Wer ist das: Null Ausbildung in Politik oder Jura, dafür aber streng gottesfürchtig und in vorderster Front in Sachen »Innere Sicherheit«? Wer jetzt an George W. Bush denkt, liegt gar nicht so verkehrt. »Fritz Rudolf Körpers Rückgrat ist sein Glaube«, schreibt die Bundestagspostille *Das Parlament*. »Schon als 13-Jähriger beginnt er sich in der evangelischen Jugendarbeit im heimatlichen Rehborn zu engagieren ... Nach den Anschlägen vom 11. September 2001 ist er maßgeblich an der Ausarbeitung eines Sicherheitspakets beteiligt.«[224]

Es muss kaum betont werden, dass Herrn Körper vom christlichen Menschenbild etwa der »Herz-Jesu-Marxisten« Norbert Blüm oder Heiner Geißler ein Universum trennt, von dem der »Gotteskrieger« Bush und Schäuble aber kaum ein Blatt Altes Testament. Dass er momentan weit weniger gefährlich ist, liegt offenbar an seinen Fähigkeiten. »Körper ist ein Totalausfall«, heißt es Ende 2007 laut *taz* in der Fraktionsspitze.

Aber der Wille ist da: Körper kämpft für sämtliche von Schäuble durchs Parlament gepeitschten und dann vom Bundesverfassungsgericht kassierten Gesetze zum Abbau des Rechtsstaats. Selbst als Schäuble das Abstimmungsverfahren im Bundesrat ändern will, ist Körper zum Ärger der eigenen Genossen mit von der Partie.

Schon im März 2004 steht Körper fest an der Seite von Otto Schily bei dessen Verteidigung von Guantánamo, schließlich säße dort eine nicht resozialisierbare »Bande von Verbrechern«, was wiederum zu einer scharfen Kritik von *Amnesty International* führt.

Im März 2006 versucht er folgerichtig, den von der Opposition angestrebten Untersuchungsausschuss zur Rolle der Geheimdienste im sogenannten Anti-Terror-Krieg zu verhindern. Ein solches Gremium sei nicht im Sicherheitsinteresse Deutschlands.

Im Juli 2007 ist für ihn sogar bei Jugendlichen »der Schutz der Bürgerinnen und Bürger vor gefährlichen Gewalttätern vorrangig und rechtfertigt den Freiheitsentzug über die schuldangemessene Strafe hinaus allein aus Gründen der Prävention«.[225]

Guido Westerwelle meint dazu, nicht die parlamentarische Kontrolle von Regierung und Geheimdienst gefährde die Sicherheit, sondern die Vertuschung der Vorwürfe. »Auch in Zeiten der Terrorismusbekämpfung sollten wir den Rechtsstaat und unsere Verfassung als unbestrittenen Kompass beachten.«[226]

Nun können die deutsche Demokratie und sogar der Bundestag einen vielleicht bibeltreuen, aber juristisch unbeleckten Schily-Schüler ohne weiteres verkraften – irgendwo zwischen Hinterbank und Getränkeautomaten. Wenn die SPD-Fraktion einer solchen pastoralen Lichtgestalt aber die Rechtspolitik anvertraut, so scheint dahinter die Idee des »Anti-Schäuble«(*taz*) zu stecken, also bei der Bundestagswahl die Stimmen des klerikalrechten Sumpfes nicht kampflos der Union zu überlassen.

9. Unkündbare – Gekommen, um zu bleiben

Keiner weiß mehr so recht, woher sie kamen, was sie in der Spitzenpolitik überhaupt zu suchen haben und wie lange sie noch zu bleiben gedenken. Vielleicht sind sie angeleimt an ihren Sesseln, die wiederum fest im Fußboden verschraubt sind. Vielleicht steht »unkündbar« in ihrer Ernennungsurkunde, vielleicht wurde ihnen im Testament der alten Regierung ein lebenslanges Amt garantiert. Da denkt man natürlich zuerst an Ulla Schmidt und Brigitte Zypries, die allerdings im Kapitel *Komplett inkompetent* noch besser aufgehoben scheinen. Aber es gibt noch mehr, die schon immer da waren und wohl immer da sein werden.

Heidemarie Wieczorek-Zeul (SPD), Lehrerin,
Bundesministerin für wirtschaftliche Zusammenarbeit
und Entwicklung
Die leibhaftige Symbolpolitik

Heidemarie Wieczorek-Zeul, geboren am 21. November 1942 in Frankfurt am Main, muss ständig die Existenz ihres Ministeriums rechtfertigen. Seit 1965 ist sie in der SPD, von 1965 bis 1974 Haupt- und Realschullehrerin für Englisch und Geschichte, von 1968 bis 1972 im Stadtrat Rüsselsheim, von 1974 bis 1977 Jusochefin, von 1979 bis 1987 im Europaparlament, seit 1984 im SPD-Bundesvorstand, ab 1987 im Bundestag, von 1988 bis 1999 Chefin des traditionell linken SPD-Bezirks Hessen-Süd, von 1993 bis 2005 Parteivize und europapolitische Sprecherin der SPD. 1993 unterliegen sie und Gerhard Schröder bei der Mitgliederbefragung zum SPD-Vorsitz gegen Rudolf Scharping. Seit 1998 ist sie Ministerin.

Die Kompetenzfrage ist in diesem Ministerium unwichtig. Es gab nie herausragende oder katastrophale Entwicklungshilfeminister und wird vermutlich nie welche geben, weil das Ministerium zu unbedeutend und zu nebulös ist. Als »entwicklungspolitische Ziele« nennt Wieczorek-Zeul, »die weltweite Armut zu mindern, den Frieden zu sichern, die Globalisierung gerecht zu gestalten«, als Aufgaben, »Mitgestaltung globaler Rahmenbedingungen, Entwicklung bilateraler und multilateraler Förderstrategien und Unterstützung von Entwicklungsprogrammen und -projekten der Partnerländer, Förderung der entwicklungspolitischen Zusammenarbeit nichtstaatlicher Organisationen, Erfolgskontrolle und Kontrolle der Mittelverwendung« und als Erfolgskontrolle unter anderem »Projektevaluierung Indien: Rechtshilfe für Adivasi«, »Projektevaluierung Russland: Fortbildung für Manager« oder »Sektorenevaluierung Pakistan: Grundschule für Landkinder«. Nun ja …

Die Lehrerin Wieczorek-Zeul verdankt denn auch ihr Amt nicht irgendeiner Fachkompetenz – wie wäre die auch zu definieren? –, sondern vor allem ihrer Stellung als Repräsentantin des »linken Flügels« in der SPD. Als solche mahnt sie zum Beispiel, »die SPD müsse rasch verlorenes Vertrauen zurückgewinnen«, dankt Schröder »für seine Standhaftigkeit bei der Ablehnung des Irakkriegs« oder bringt die Erbschaftssteuer ins

Spiel. Zweifellos aber ist Wieczorek-Zeul eher die »Talkshow-Linke« als die Galionsfigur der SPD-Linken: Ihr Geschäft ist die symbolische Politik.

So trifft sie im Mai 2008 als einziges Regierungsmitglied den Medienstar Dalai Lama auf dessen vorolympischer Deutschlandtournee im Berliner Hotel Adlon, was auf wenig Gegenliebe der chinesischen ebenso wie der deutschen Staats- und Parteiführer stößt.

Auch sonst ist sie natürlich fast ausschließlich auf Symbolpolitik angewiesen, auf kritisieren, empört zur Kenntnis nehmen, zurückweisen, fordern, anregen, erwägen, oder zu bedenken geben – aber da ist sie ja in der Regierung weder die Einzige noch die Schlimmste.

Und manches von ihr noch so symbolisch und unverbindlich Vorgebrachte scheint »besser als nichts« und stößt den Spitzen der Koalitionsparteien übel auf: So sagt sie am 25. September 2008 zum Abschluss der *UN-Überprüfungskonferenz zu den Millenniumsentwicklungszielen*: »Wenn für die Rettung der Banken innerhalb kürzester Zeit über 700 Milliarden US-Dollar mobilisiert werden können, muss es doch auch möglich sein, die Milliardenbeträge zu mobilisieren, die notwendig sind zur Rettung der Welt vor Armut und Hunger. Es ist eine Frage des politischen Willens, Kinder vor dem Hungertod zu bewahren. Es ist eine Frage der Glaubwürdigkeit, unsere Zusagen einzuhalten und der Armut und dem Hunger in dieser Welt ein Ende zu machen.«[227]

Natürlich ist das völlig richtig, aber gerade deswegen dürften nicht wenige Menschen, die diese Position teilen, als Urheber einmal mehr nicht die SPD, sondern eine ganz andere Partei vermuten …

Achim Großmann (SPD), Psychologe,
Parlamentarischer Staatssekretär für Verkehr, Bau
und Stadtentwicklung

Der Familienberater als Wirtschaftslobbyist

Achim Großmann, geboren am 17.April 1947 in Aachen, ist ein Beispiel dafür, wie auch Laien als Staatssekretäre der Wirtschaft nützen können.

Seit 1971 ist er in der SPD, von 1972 bis 1986 als Diplompsychologe in der Familienberatung, seit 1982 Chef des SPD-Unterbezirks Aachen, von 1983 bis 1995 im Bezirksvorstand Mittelrhein. Großmanns Parlamentskarriere ist übersichtlich: Seit 1975 ist er im Stadtrat Würselen, seit 1987 im Bundestag, von 1991 bis 1998 wohnungspolitischer Fraktionssprecher, ab Oktober 1998 Parlamentarischer Staatssekretär beim Bundesminister für Verkehr, Bau und Wohnungswesen, seit November 2005 beim Bundesminister für Verkehr, Bau und Stadtentwicklung.

Jegliche nachweisbare Fachqualifikation Großmanns für das Amt bleibt sorgfältig verborgen: »Wohnungspolitischer Sprecher?« Ersetzt etwa die Tätigkeit als »Krankenhaussprecher« ein Medizinstudium? Psychologe Großmann bildet gemeinsam mit Elektronikingenieur Wolfgang Tiefensee als Minister sowie dem Theologen Ulrich Kasparick und der graduierten Sozialarbeiterin Karin Roth als Staatssekretärskollegen ein unschlagbares Inkompetenzteam, wirkt wie ein flammendes Plädoyer gegen irgendeine Fachausbildung und zeugt von der Chuzpe der schwarz-roten Führung: Wozu Fachleute, wenn die Konzerne ihre Gesetze selber schreiben?

Im Januar 2001 fällt Großmann als Lobbyist auf, der der Bauwirtschaft möglichst viel Geld aus der Rentenreform zuschanzen will: »Lange hatte die Immobilienbranche schlicht verschlafen, welch gigantischer Finanzstrom ihr da zu entgehen drohte.

Aber dann wurde die Baulobby aktiv: Heim- und Grunderwerb sollten ins Gesetzeswerk, koste es, was es wolle.« Gemeinsam mit dem damaligen Bauminister Kurt Bodewig habe Staatssekretär Großmann Arbeitsminister Riester gedrängt, Immobilienvermögen in den Förderungskatalog für die private Zusatzversorgung einzubeziehen.[228]

Im April 2001 wirft ihm der *Spiegel* »Schönfärberei und Selbstbetrug« bei der Einschätzung der Zusammenarbeit der Ministerien zwischen Bonn und Berlin vor.[229]

Im Oktober 2002 brüstet er sich als »der Mann mit den meisten Ernennungsurkunden« zum Staatssekretär. Schließlich hatte er mit Müntefering, Klimmt, zwei Wochen kommissarisch Trittin, Bodewig und Stolpe schon fünf Chefs.

Wenn er überhaupt Erwähnenswertes produziert, dann solches: Im August 2004 berichtet *Frontal 21* über »Planung ohne Sinn – Überflüssige Straßen auf Steuerzahlerkosten«: »So wird das Bundesverkehrsministerium und sein Wegeplan zum Tummelplatz politischer Kungelei. Der Bürger zahlt ja.« Über Großmann heißt es: »In seinem Wahlkreis hat er sich ganze acht solcher Umgehungen genehmigt, fast alle im vordringlichen Bedarf. Der Verkehrswegeplan wimmelt von solchen Beispielen … Drei bis 400 Straßenbauprojekte halten Experten für unsinnig, überflüssig, unwirtschaftlich. Steuergeldverschwendung in Milliardenhöhe.«[230] Ansonsten scheint Lobbyist Großmann – von der Beantwortung unzähliger schriftlicher Volksvertreterfragen an sein Ministerium einmal abgesehen – wenig für die Öffentlichkeit Geeignetes zu produzieren. Andererseits ist er stets vorn mit dabei, wenn es um symbolische Bürgernähe geht. So ist der Bundesverband der Motorradfahrer von Großmanns Auftritt beim Tag der offenen Tür der Ministerien im August 2008 recht angetan: Er ließ es sich nicht nehmen, selbst eine Runde auf dem Honda Riding Trainer zu drehen.«[231]

Heinrich Tiemann (SPD), Diplomverwaltungswirt, beamteter Staatssekretär des Auswärtigen Amtes

Von allem etwas – nichts richtig

Heinrich Tiemann, geboren am 15. Juni 1951 in Schwenningen am Neckar, verdankt seine Politkarriere der IG Metall.

Nach der mittleren Reife lässt er sich von 1968 bis 1973 zum Beamten im gehobenen nichttechnischen Verwaltungsdienst ausbilden. Seit 1978 ist er Diplomverwaltungswirt, arbeitet von 1980 bis 1985 in der IG-Metall-Bildungsstätte Lohr am Main, von 1985 bis 1991 in der Abteilung Grundsatzfragen beim IG-Metall-Vorstand. Von 1991 bis 1997 ist er Leiter der Politischen Abteilung beim SPD-Vorstand, außerdem von 1993 bis 1994 Sekretär der Kommission *Regierungsprogramm 1994*, von 1997 bis 1998 ist er Leiter der Planungsgruppe der SPD-Bundestagsfraktion. Im November 1998 erfolgt nach 25 Jahren die Wiederauferstehung des Beamten Tiemann: Als Ministerialdirektor und Abteilungsleiter im Bundeskanzleramt ist er zuständig für Soziales, Bildung, Forschung, Umwelt, Verkehr, Verbraucherschutz und Landwirtschaft. Das klingt nach »nichts Halbes und nichts Ganzes«, und Tiemann selbst spricht ganz unbefangen von einem »heterogenen Themenmix«. Ab November 2002 ist er beamteter Staatssekretär für Gesundheit und Soziale Sicherung, ab 2005 für Arbeit und Soziales und seit 2007 Staatssekretär des Auswärtigen Amtes.

Unter Rot-Grün gilt Tiemann zunächst als Gewerkschaftsvertreter in der Regierung, da er »seine politische Sozialisation bei der IG Metall« erfahren habe. Aber wie meist bei der Personalunion von Gewerkschaftern und SPD-Politikern, wird umgekehrt ein Schuh daraus. Später gibt er auch zu, »der eine oder andere Kollege« habe ihm »etwas übelgenommen«. Aber die Gewerkschafter hätten nicht kapiert, dass er im Kanzleramt »nicht hundertprozentige Gewerkschaftspolitik machen konnte«.[232]

Im Gesundheitsressort wiederum ist er Schröders Aufpasser bei Ulla Schmidt. Er sorgt dafür, dass seine Chefin die Wünsche des Kanzleramts ausführt, also im Zweifelsfall vor der neoliberalen Reformwut kapituliert.

Und auch sein Wechsel ins Außenamt hat weniger etwas mit Fachkompetenz zu tun. Frank-Walter Steinmeier war für ihn schon immer ein »toller Typ als Vorgesetzter, Mensch und Politiker«, der ihn auf seinem Weg nach oben besonders geprägt habe. Für sein Umfeld ist er ein »kluger Apparatschik« und »extrem flexibel, was die Inhalte angeht«. Auch »Opportunist« nennt man ihn zuweilen. Er könne sich jedenfalls beim besten Willen nicht erinnern, so verrät er Annette Jensen in der Zeitschrift *Mitbestimmung*, dass ihn je »eine politische Entscheidung geschmerzt« oder er »je einen Kompromiss als Niederlage empfunden« habe. Bei dieser Art von Politik ist Kungelei natürlich Ehrensache: »Die wichtigsten Kontakte macht man bei informellen Treffen nach 17 Uhr.«[233]

10. Belohnte Lakaien

Treue Dienste werden mitunter fürstlich belohnt. Manch eine Dienstmagd erbt das Haus der Herrschaft, einem korrupten Betriebsrat wird das Callgirl bezahlt, und dem Firmenspitzel winkt die Beförderung. Wer in der Politik weniger dem Gemeinwohl als vielmehr der Regierung, der Parteiführung oder anderen »einflussreichen Leuten« zu Diensten ist, der wird nicht selten mit einem Amt belohnt. Es soll dem loyalen Helfer zu mehr Ansehen und Einkommen verhelfen, ohne dass er dort viel Schaden anrichten kann. Dies allerdings gelingt nicht immer.

Klaus Brandner (SPD), Feinmechaniker,
Parlamentarischer Staatssekretär beim
Bundesminister für Arbeit und Soziales
Steinmeiers Herold

Klaus Brandner, geboren am 13. Januar 1949 in Kalletal-Bentorf, hat das, was Franz »Glückauf« Müntefering gern angedichtet wird, nämlich eine wenn auch kurze Erfahrung mit körperlicher Arbeit.

Nach der Realschule und dreijähriger Lehre arbeitet er bis 1969 immerhin ein ganzes Jahr als Elektromechaniker. Nach je zwei Jahren Wehrdienst und Arbeit als technischer Angestellter kommt er zunächst bei der IG Metall Gütersloh groß raus: Von 1973 bis 1983 ist er Gewerkschaftssekretär, danach bis 1998 Geschäftsführer und Bevollmächtigter. Letzteres noch bis 2007, allerdings nur als Teilzeitjob, denn 1998 ruft der Bundestag. Parallel läuft nämlich die Ochsentour in der SPD: 1969 Eintritt, 1975 Vizevorsitz im Ortsverein Rietberg, von 2000 bis 2005 Vizechef und von Juli 2005 bis Juni 2006 Chef des Kreisverbandes Gütersloh sowie im Vorstand der SPD Region Ostwestfalen-Lippe. Im Bundestag ist er von 2001 bis 2002 sozialpolitischer, von 2002 bis 2005 wirtschafts- und arbeitsmarktpolitischer und von 2005 bis 2007 arbeits- und sozialpolitischer Fraktionssprecher, außerdem von 2001 bis Januar 2008 im Fraktionsvorstand. Im November 2007 dann der verdiente Lohn: der Posten als Parlamentarischer Staatssekretär.

Brandner ist ein Paradebeispiel für das Verhältnis von SPD und Gewerkschaften. Er vertritt nicht etwa die Arbeitnehmerinteressen in Partei und Parlament, sondern kämpft im Rahmen seiner Möglichkeiten für den prinzipienlosen Schulterschluss: Für ein Stillhalten der IG Metall gegenüber dem marktradikalen rot-grünen und später schwarz-roten Regierungskurs einschließlich Agenda 2010 und Hartz IV, den er im Parlament als 150-prozentiger Gehilfe der jeweiligen Parteiführung blind unterstützt, im Einzelfall sogar im Widerspruch zur Gewerkschaft. So stimmt er im März 2007 für die vom DGB verbal bekämpfte Rente mit 67 Jahren ebenso wie für die mittlerweile unzähligen globalen Bundeswehreinsätze Marke »Vaterlandsverteidigung am Hindukusch«. Andererseits unterstützt er den damaligen Parteichef Kurt Beck im Herbst 2007 bei dessen Krittelei an den skandalösen Bedingungen für Leiharbeiter. Als Beck abgesägt ist und Steinmeier sich erfolgreich als Kanzlerkandidat aufgedrängt hat, lobt er die Nominierung auf seiner Internetseite als »richtig und gut«. Solche Männer braucht vielleicht nicht das Land, aber die Parteiführung allemal.

Riesenärger mit der Gewerkschaft bringt Brandner allerdings seine Zustimmung zur Rente ab 67 im Bundestag ein. So wirft ihm die Delegiertenversammlung der IG Metall Saarbrücken im März 2007 vor: »Dieser Abgeordnete, von Kollege kann hier keine Rede mehr sein, zerstört mit seinem Verhalten das Vertrauen, das sich Tausende Funktionäre in mühsamer Kleinarbeit erarbeitet haben. Klaus Brandner hat sich entschieden, gegen unsere IG Metall, für die SPD, für den Neoliberalismus.«[234]

Es dürfte also mehr als fraglich sein, ob Brandner bei der Rückeroberung der »Lufthoheit über den Gewerkschaftsstammtischen« der SPD eine große Hilfe ist. Nützlich dürfte er dagegen für die Ruhrkohle AG gewesen sein, in deren Aufsichtsrat er bis November 2007 saß.

Franz Josef Jung (CDU), Jurist,
Bundesminister der Verteidigung
Der ewige Praktikant

Franz Josef Jung, geboren am 5. März 1949 in Erbach (Rheingau), kam zu seinem Amt wie das Bauernopfer zur Entschädigung. Seit 1976 ist er Rechtsanwalt, seit 1983 Notar in Eltville am Rhein, seit Mai 2003 im Aufsichtsrat der Eintracht Frankfurt AG. Jung engagiert sich zunächst in der Jungen Union, ist von 1973 bis 1983 im Bundesvorstand, 1981 bis 1983 Bundesvize, ab 1998 Vizechef der Landes-CDU und im Bundesvorstand. Von 1972 bis 1987 ist im Kreistag des Rheingau-Taunus-Kreises, ab 1983 im Hessischen Landtag, von 1987 bis 1991 Generalsekretär der Landes-CDU, ab 1987 Parlamentarischer Fraktionsgeschäftsführer, ab 1999 Minister für Bundes- und Europaangelegenheiten und Chef von Roland Kochs Staatskanzlei, im September 2000 zurückgetreten als Sündenbock der Schwarzgeldaffäre der Hessen-CDU, ab 2003 Fraktionschef, ab 2005 im Bundestag und Verteidigungsminister. Ähnlich wie der Innenminister, erscheint auch der Verteidigungsminister als Liebhaber staatlicher Gewalt und als »Risikofaktor« (Claudia Roth):

- Am 2. Juni 2006 hat er die Idee, bei der Fußballweltmeisterschaft freie Plätze mit Soldaten aufzufüllen.
- Am 7. Juni erklärt er in Brüssel der staunenden Weltöffentlichkeit, dass er entgegen dem Urteil des Bundesverfassungsgerichts vom Februar 2006 zum Luftsicherheitsgesetz entführte Passierflugzeuge von der Luftwaffe abschießen lassen will.
- Am 13. Juni 2006 schlägt er vor, in Berlin ein Ehrenmal für getötete Bundeswehrsoldaten und Zivilbeschäftigte zu errichten.

- Im Juli 2006 wird eine Bundeswehr-Richtlinie bekannt, wonach deutsche Soldaten nicht in der Nähe von Schwulenbars übernachten sollen.
- Im Juni 2007 setzt er beim G8-Gipfel in Heiligendamm zwei Tornado-Kampfflugzeuge zur »Aufklärung« gegen Globalisierungskritiker ein und verstößt damit gegen das Grundgesetz, das den Einsatz der Bundeswehr im Inneren verbietet.
- Im Mai 2007 bekennt Jung nach dem Selbstmordanschlag auf deutsche Soldaten in Afghanistan vom sicheren Berlin aus mutig Farbe und lehnt einen Rückzug ab: »Wir dürfen uns nicht einigeln.«
- Ende Juni 2007 bringt er Fachleute und Politiker mit der Story gegen sich auf, unangenehme Geheimberichte über Auslandseinsätze der Bundeswehr von 1999 bis 2003 seien aufgrund einer »Panne« gelöscht worden. Spezialisten hätten selbst beschädigte Datenträger noch retten können, meinen die Kritiker.

Diese wahre Desasterserie macht »Minister Tapsig« (*Berliner Zeitung*) zur tragischen Figur, versteht er doch von Verteidigung ebenso viel wie etwa von den anderen Ressorts oder von fernöstlicher Vasenmalerei.

Wie auch? Schließlich ist sein Ministeramt lediglich die Belohnung für sein Treiben als treuer Husar seines Andenpaktkumpanen Roland Koch, und den Gutschein dafür erwirbt er sich am 7. September 2000 mit seinem Rücktritt als Staatskanzleichef: Der Koalitionspartner FDP fordert auf Druck ein Bauernopfer als Preis für die Fortsetzung der Koalition, und dieses Opfer ist Jung. Roland Koch räumt später auch freimütig ein: »… wenn Franz Josef Jung nicht zurückgetreten wäre, hätte es den Fortbestand der Koalition nicht gegeben.«[235]

Als er dann Minister wird, ist das Entsetzen groß. Auch die

Süddeutsche Zeitung findet: »Seine einzige Befähigung hieß Roland Koch ... Im Parlament, und nicht nur bei der Opposition, frisst sich nun der Verdacht fest, Jung habe sich das Mandat erschlichen und das Kleingedruckte nachgereicht.«[236] Und prompt hagelt es schon bald Kritik von allen Seiten auf den offenbar überforderten »Minister im Praktikum« (*Süddeutsche*). Die Kanzlerin nimmt ihm übel, dass er den Kampfeinsatz der Bundeswehr im Nahen Osten »Kampfeinsatz« nennt und nicht wie sie im Verblödungsdeutsch »robustes Mandat«.

- Der SPD-Verteidigungsexperte Rainer Arnold mosert, Jung gehe nicht »koalitionsintern abgestimmt vor« und richte damit »schwerwiegenden Schaden an«.
- Der Grüne Winfried Nachtweih empfindet Jungs Äußerungen bei schwierigen Entscheidungen »immer wieder irritierend und wenig vertrauensbildend« und vermisst »die notwendige Genauigkeit und das politische Gespür«.
- Die FDP-Wehrexpertin Elke Hoff nennt ihn »eine Belastung für die Bundesregierung, nicht lernfähig und instinktlos«.
- Die Generäle vermissen Jungs »Stallgeruch«.[237]

Und nicht nur den: Im Januar 2008 kommen interne Stellungnahmen des Heeres zu dem Schluss, für die Beteiligung der Bundeswehr an der schnellen Isaf-Eingreiftruppe im Norden Afghanistans seien deutschen Soldaten unzureichend ausgerüstet.

Entgegen allen Meldungen von einer dramatischen Zuspitzung der Kämpfe und der »Sicherheitslage« behauptet Jung am 9. Oktober 2008 in *Panorama*, ihm sei »bestätigt worden, dass 90 Prozent der Bevölkerung bereits an unserer Seite stehen«. Ein besonders peinliches Theater veranstaltet er mit seiner Weigerung, den Krieg »Krieg« zu nennen und folglich die gefallenen Soldaten als »Gefallene« zu bezeichnen. Bis Oktober 2008 lautet die Sprachregelung »ums Leben gekommen« oder »aus dem Leben gerissen«. Am 24. Oktober 2008 benutzt er auf der Trauerfeier für zwei Soldaten erstmals das Tabuwort »gefallen«.

Und so »dilettiert Jung auf einem der härtesten Posten, den dieses Kabinett zu vergeben hat«[238] – und wenn er nicht zurückgetreten ist, dann dilettiert er noch heute.

Brigitte Zypries (SPD), Juristin,
Bundesministerin der Justiz
Brigitte – allein im Paragraphenwald

Brigitte Zypries, geboren am 16. November 1953 in Kassel, ist die richtige Frau am falschen Platz.

Sofort nach dem zweiten Jurastaatsexamen 1980 arbeitet sie als wissenschaftliche Mitarbeiterin an der Uni Gießen, ab 1985 als Referentin in der Staatskanzlei Hessen unter Ministerpräsident Holger Börner, von 1988 bis 1990 als wissenschaftliche Mitarbeiterin am Bundesverfassungsgericht. Seit 1991 ist ihre Karriere mit der von Gerhard Schröder eng verknüpft. »Ihm verdanke ich meine Karriere«, gibt sie später unverblümt zu: In seiner niedersächsischen Staatskanzlei wird sie Referatsleiterin, 1995 Abteilungsleiterin, 1997 Staatssekretärin für Frauen, Arbeit und Soziales, 1998 Staatssekretärin im Bundesinnenministerium und 2002 Schröders Justizministerin. 2005 muss der Förderer gehen, Zypries bleibt.

Doch kein Karrieregeschenk ohne Gegenleistung: Im Sommer 2002 organisiert sie die Hilfe für die Opfer des Elbehochwassers, und zwar als Wahlkampf: »Es geht um Schröder und um dessen Widerwahl.« Zypries rackert sich ab, und sollte Schröders Wiederwahl scheitern, so liegt das »nicht am mangelnden Einsatz von Schröders Deichgräfin«, wie *Welt*-Autorin Cornelia Wolber zwei Monate Wochen vor der Wahl schreibt.[239] Aber es klappt, und sogar das *Handelsblatt* lobt Zypries' entscheidende Hilfe für die Selbstinszenierung des Kanzlers als Krisenmanager und damit für den Wahlsieg.

Im Hinblick auf ihren neuen Job spottet die Wirtschaftszeitung allerdings, »dass sie sich effektiv in unbekannte Sachgebiete einarbeiten kann – eine gute Voraussetzung für ein Ministeramt«, zumal sie als »zu unpolitisch für eine Politikerin« gilt.[240]

Dass eine staatlich geprüfte nicht unbedingt eine gute Juristin und erst recht nicht eine kompetente Justizministerin abgeben muss, deutet auch der Parteienforscher Hans Herbert von Arnim an. Für ihn ist Zypries »eine Frau, die aufgrund ihrer schwachen juristischen Examen keine Chance gehabt hätte, Regierungsassessorin oder Professorin zu werden, und in dieser Eigenschaft die Richter der obersten Bundesgerichte mit auswählt – wobei sie sich auch wieder den parteiinternen Patronageinteressen besonders verpflichtet fühlt«.[241]

Diese Skepsis bestätigt Zypries seither im Akkord: Im Oktober 2001 setzt sie die EU-Richtlinie zum Gewährleistungsrecht, die eine Ausdehnung der Garantie auf zwei Jahre vorsieht, sinnentstellend um: Eigentlich soll der Käufer zwischen Reparatur und Umtausch wählen können – kostenlos natürlich. Dank Zypries aber verlangen viele Händler beim Umtausch *Nutzungsentgelt*. Der Münchner Professor Stephan Lorenz nennt Zypries' Werk »rechtspolitisch verfehlt«.[242] Im Juli 2004 will sie per Gesetz den Schutz der Journalisten, Ärzte und Anwälte vor Lauschangriffen aufheben. Prompt urteilt Sabine Leutheusser-Schnarrenberger (FDP), die wegen des Lauschangriffs 1996 als Justizministerin zurückgetreten war: »Auf dem Gesetzentwurf steht Zypries drauf, aber Schily ist drin.«[243] Ex-Innenminister

Gerhart Baum (FDP) droht mit dem Bundesverfassungsgericht, und nur wenige Tage nach Zypries' großartigem Einfall rät SPD-Fraktionschef Franz Müntefering, »den Referentenentwurf nicht weiterzuverfolgen«.

Und so geht es Jahr um Jahr:

- Im Januar 2005 schlägt Zypries vor, heimliche Vaterschaftstests mit Gefängnis zu bestrafen. Dreieinhalb Jahre später, im Juli 2008, ist ein solches Gesetz noch immer in der »Ressortabstimmung«, aber wenigstens nur noch von »Ordnungswidrigkeit« die Rede.

- Im Februar 2006 kippt das Bundesverfassungsgericht das Luftsicherheitsgesetz, im März 2006 das staatliche Wettmonopol, im November 2006 das Erbschaftssteuerrecht und die Zweitwohnsitzsteuer sowie im Februar 2007 die geplante Reform des Unterhaltsrechts. Die unterschiedliche Regelung der Dauer eines Unterhaltsanspruchs für die Betreuung von ehelichen und nichtehelichen Kindern verstoße gegen das Gleichheitsgebot des Grundgesetzes.

- Im November 2007 verteidigt Zypries im Deutschlandradio die Massenspeicherung von Telefon- und Internet-Verbindungsdaten: Die Bürger seien über das neue Gesetz »schlecht informiert«. Besser informiert ist das Bundesverfassungsgericht und setzt am 19. März 2008 das Gesetz teilweise aus.

- Im März 2008 legt sie gemeinsam mit Minister Seehofer ein Paket gegen unerlaubte Telefonwerbung vor. »Zypries schützt Telefonbetrüger«, urteilt *taz*-Autor Peter Mühlbauer in *Telepolis*: »Unseriöse Anbieter können weiter angeblich am Telefon geschlossene Verträge vortäuschen.«[244]

- Im Januar 2009 will sie mit einem Gesetzentwurf zur »Verständigung in Strafsachen« den berüchtigten Kuhhandel zugunsten der Reichen und Berühmten festschreiben. Selbst

der Präsident des Bundesgerichtshofs, Klaus Tolksdorf, geißelt die Deals wegen zu milder Strafen und hält deshalb den
Eindruck einer »Zweiklassengesellschaft« vor Gericht für
nachvollziehbar. Kein Wunder: Klaus Zumwinkel hinter-
zieht eine Million Euro Steuergelder und bleibt auf freiem
Fuß. Fast zeitgleich erhält ein 47-Jähriger für einen Einbruch bei Dieter Bohlen zwölf Jahre und drei Monate Gefängnis.

Manche Kritik allerdings gereicht Zypries zweifellos zur Ehre,
etwa wenn ihr ein Roland Koch Versagen zum Thema Auslän-
derkriminalität vorwirft.
Fazit: Selbstverständlich sind die meisten Gesetze einschließlich
der Fehler, Schildbürgerstreiche und Verfassungswidrigkeiten
in den Fachressorts entstanden. Gleichzeitig hat sich eingebür-
gert, die Entscheidung über Gesetze oder gar deren Formulie-
rung dem Bundesverfassungsgericht zu überlassen. Dann aber
erscheint das Zwischenschalten des Justizministeriums als reine
bürokratische Zeitverschwendung. In jedem Fall sollte Brigitte
Zypries wieder etwas tun, was sie wirklich kann: zum Beispiel
das Organisieren an der Elbe. Und es muss ja nicht unbedingt
wieder Fluthilfe sein: Dampferfahrten täten es auch.

Michael Müller (SPD), Stahlbetonbauer, Betriebswirt,
Parlamentarischer Staatssekretär beim
Bundesminister für Umwelt, Naturschutz und Reaktorsicherheit
Der belohnte Parteisoldat

Michael Müller, geboren am 10. Juli 1948 in Bernburg/Saale,
verkauft die Hartz-Gesetze als »links«.
Seit 1966 ist er in der SPD, von 1972 bis 1978 Juso- Bundesvize,
von 1975 bis 1983 Düsseldorfer Stadtrat, seit 1983 im Bun-

destag, ab 1992 umweltpolitischer Fraktionssprecher, ab 1998 Fraktionsvize und Sprecher der *Parlamentarischen Linken*, seit 2005 Staatssekretär.

Michael Müller ist ein braver Parteisoldat. Er macht der SPD-Obrigkeit nie Ärger, und wann immer man ihm ein Mikrofon hinhält, sagt er freundlich irgendwas Staats- und natürlich Parteitragendes.

Umwelt-Fachkompetenz erwirbt er sich zumindest formal in diversen Enquête-Kommissionen, und zwar als Fraktionssprecher bei »Vorsorge zum Schutz der Erdatmosphäre« (1987 bis 1990) und »Schutz der Erdatmosphäre« (1990 bis 1992) sowie als Vorsitzender von »Schutz des Menschen und der Umwelt« (1992 bis 1994).

Das Etikett »SPD-Linker« ist besonders für Müller denkbar irreführend. Schon im Wahlkampf 2005 ist er ein rigoroser Verfechter der Agenda 2010: »Der Reformkurs wird von der Linken getragen«, erklärt er gemeinsam mit Andrea Nahles. »Wir stellen den Grundkurs nicht in Frage.« Und auch er sieht den Hauptfeind nicht etwa in der Union, der FDP oder den Börsenzockern, sondern beim schon eher linken Konkurrenten. »Von der SPD-Linken wird sich niemand Oskar Lafontaine anschließen.« [245]

Dies schreit geradezu nach einer handfesten Anerkennung. »Der nächste freie Staatssekretärsposten ist deiner«, mag ihm Schröder signalisiert haben. Mit der Wahl ist der Agendakanzler zwar weg – aber Müller erhält die Belohnung trotzdem.

Und er weiß, was sich gehört: Im Vorfeld des Wahlkampfes 2009 versucht er jede Diskussion über die Agenda 2010 im Keim zu ersticken. So verdreht er im Oktober 2007 in einem gemeinsamen Papier von »Linken« und Vertretern des marktradikalen Seeheimer Kreises Ursache und Wirkung bei Agenda 2010 und Zukunftsangst der Bürger dahingehend, Schröders Sozialabbau habe »den Selbstbetrug beendet, wir lebten noch in gesicherten Verhältnissen«.[246]

Am 8. September 2008 erklärt er parteiinterne Forderungen nach Rücknahme der Agenda für »Quatsch« und mutmaßt: »Manche sehnen sich nach Opposition.«[247]

Und wenige Tage später verrät auch sein Abstimmungsverhalten im Bundestag ein originelles Verständnis von linker Politik: Er ist gegen die Rückkehr zur alten Pendlerpauschale, für die Fortsetzung des Darfur-Einsatzes der Bundeswehr, und zur Verlängerung des Libanon-Einsatzes hat er keine Meinung.

Peter Hintze (CDU), Pastor,
Parlamentarischer Staatssekretär für
Wirtschaft und Technologie
Mit Gott gegen die Roten Socken

Peter Hintze, geboren am 25. April 1950 in Bad Honnef, ist ein gottesfürchtiger Diener im Kreuzzug gegen *Das Böse*.

Von 1980 bis 1983 ist er Pastor, von 1983 bis 1990 Bundesbeauftragter für den Zivildienst, seit 1990 im Bundestag, ab 1991 Parlamentarischer Staatssekretär für Frauen und Jugend, von 1992 bis 1998 CDU-Generalsekretär, ab 2002 europapolitischer Fraktionssprecher und Vizepräsident der Europäischen Volkspartei (EVP), seit November 2005 Parlamentarischer Staatssekretär für Wirtschaft und Technologie, seit Februar 2007 außerdem Koordinator der Bundesregierung für die Luft- und Raumfahrt.

Leider wurde Pastor Hintze nie gefragt, ob er wie sein Glaubensbruder George W. Bush das Alter der Erde auf 6000 Jahre schätzt, seine Anweisungen zum Kreuzzug gegen den Weltbolschewisten ebenfalls von Gott persönlich im Traum erhält und sich als Koordinator der Bundesregierung für die Luft- und

Raumfahrt vom Gedenken an Christi Himmelfahrt leiten lässt. Und da sich in seinem Lebenslauf nicht der leiseste Hinweis auf irgendeine Art irdischer Wirtschaftskompetenz findet, ist nicht ausgeschlossen, dass er fehlendes Fachwissen durch seinen Glauben ersetzt. Letzteres kann nichts schaden, da sein ehemaliger Chef Michael Glos als Müllermeister ebenfalls recht ahnungslos wirkte. Und da wir momentan Wirtschaftskrise haben, heißt es ja wirklich: »Da hilft nur noch beten.«

Jedenfalls gilt der Stromberg der Politszene über alle Parteigrenzen hinweg als seltsamer Zeitgenosse, zumindest als treuer Gehilfe. So findet *FAZ*-Autor Eckart Lohse, Hintze stehe »mit großer Kontinuität in der zweiten Reihe. Er ist der Typ Politiker, der in dienender Funktion einem anderen gegenüber auftritt. Die Begriffe Sekretär und Stellvertreter tauchen unentwegt in seiner Vita auf.«[248]

Als CDU-Generalsekretär zum Beispiel stellt er im Wahlkampf 1994 mit der legendären »Rote-Socken-Kampagne« die damalige PDS als größte Bedrohung des freien Westens dar und verhilft ihr damit in den Bundestag. Mitte 2004 dagegen boxt er unter CDU-Chefin Angela Merkel parteipolitische Interessen in Europa durch: Kanzler Schröder will den belgischen Liberalen Verhofstadt als neuen Präsidenten der EU-Kommission, was Merkel und Hintze gemeinsam vereiteln.

Möglicherweise aber will die Kanzlerin ihn auch nur raus aus Deutschland haben und, wie nicht nur die *FAZ* vermutet, als Nachfolger des scheidenden EU-Industriekommissars Günter Verheugen durchsetzen.

Karl-Josef Wasserhövel (SPD), Geschichtsmagister, Bundesgeschäftsführer
Müntes Muttersöhnchen

Karl-Josef Wasserhövel, geboren am 17. August 1962 in Aachen, gehört zu Franz Müntefering »wie dessen weiße Packung Zigarillos«.[249]

Seit 1978 ist er in der SPD, von 1987 bis 1989 im Bundesvorstand der Juso-Hochschulgruppen, seit 1991 Magister der neueren Geschichte. 1995 wird er Redenschreiber des NRW-Arbeitsministers Franz Müntefering, später sein persönlicher Referent und Büroleiter, als dieser Karriere als SPD-Generalsekretär, Verkehrsminister und SPD-Fraktionschef im Bundestag macht. 2002 organisiert Wasserhövel den Online-Wahlkampf der SPD, ab März 2004 ist er Bundesgeschäftsführer, 2005 leitet er den gesamten Wahlkampf. Als er kurz nach der Wahl die Abstimmung über den Generalsekretärsposten gegen Andrea Nahles mit Pauken und Trompeten verliert, schmeißt Müntefering als Parteichef beleidigt hin, verschafft aber als Arbeitsminister seinem »Ziehsohn« *(Süddeutsche)* den Versorgungsjob eines beamteten (!) Staatssekretärs, bevor er sich von 2007 bis 2008 der Pflege seiner kranken Frau widmet. Als Müntefering nach deren Tod wieder Parteiboss ist, wird Kajo wieder Geschäftsführer und erneut Wahlkampfmanager.

Wasserhövel ist die lebende Illustration des Begriffs *Parteiendemokratie*: Er übte niemals einen bürgerlichen Beruf aus, sondern arbeitet zeitlebens für die SPD. Die Partei wiederum schanzt ihm dafür einen hochdotierten Versorgungsjob zu, der ihm ein Rundumsorglosleben bis ins hohe Alter garantiert. Auch Christoph Schwennicke von der *Süddeutschen Zeitung* fällt an Wasserhövels Aufstieg »vom Kofferträger zum Koordinator« besonders auf, dass »viele in der SPD süffisant lächelnd auf die groupiehafte Unterwerfung und bedingungslose Hingabe Wasserhövels an Franz Müntefering blicken«.[250]

Da der »Schattenmann« (*Berliner Zeitung*) Ende 2008 seinen Staatssekretärsjob aufgibt, muss die Steuerkasse an anderer Stelle angezapft werden, und so kandidiert er für den Bundestag. Mit anderen Worten: Einmal mehr nimmt eine Politgröße, die sich wegen anderer Aufgaben sowieso kaum um den Wahlkreis kümmern kann, einem vor Tatendrang strotzenden Vertreter der Basis die Chance auf ein Mandat. Dass ausgerechnet ein »Wessi« aus dem sturzkatholischen Aachen im Wahlkreis Treptow-Köpenick gegen Gregor Gysi gewinnen will, macht die Sache nur noch skurriler.

11. Komplett inkompetent?

Niemand ist vollkommen, nicht einmal vollkommen unfähig; aber einige Politiker kommen dem erstaunlich nahe. Dabei geht es vor allem um handwerkliche Fehler der haarsträubenden Art, die unter *jedem* politischen Gesichtspunkt Fehler bleiben – und die kurz nach ihrer Festschreibung in Gesetzesform »nachgebessert« und häufig durch weitere Fehler ersetzt werden. Warum derartiger Dilettantismus, der jedem Lehrling zu Abmahnung oder Rausschmiss verhelfen würde, so lange geduldet wird, ist eine andere Frage.

Ulla Schmidt (SPD), Lehrerin,
Bundesministerin für Gesundheit
Pleiten, Pech und Ulla

Ulla Schmidt, geboren am 13. Juni 1949 in Aachen, ist die ewige Azubi und immer für eine Pleite oder Panne gut.

Kurz vor dem zweiten Lehramtsstaatsexamen 1976 kandidiert sie noch schnell für den maoistischen KBW, arbeitet von 1976 bis 1990 als Sonderschullehrerin. 1983 tritt sie der SPD bei. Als ihr Ziehvater gilt ausgerechnet der damalige Aachener SPD-Chef und spätere Europa-Abgeordnete Dieter Schinzel. Ab 1989 ist Schmidt Aachener Ratsfrau, ab 1990 im Bundestag und ab 1991 im Fraktionsvorstand. Im Mai 1994 jedoch wird Mentor Schinzel mit angeblich fünf Millionen gefälschten Schweizer Franken als vermeintlicher Hehler in Aschaffenburg verhaftet. Für seine Millionenschulden aber hat Schmidt bei mehreren Banken gebürgt, denen sie nun einen Teil der Diäten, zwei Lebensversicherungen und ihren Privatwagen übereignen muss. Ab 1998 ist Schmidt Fraktionsvize für Arbeit und Soziales, Frauen, Familie und Senioren. Im Dezember 2000 schlägt der Sozialexperte der Unionsfraktion, Horst Seehofer, sie allen Ernstes als Ersatz für Arbeitsminister Walter Riester vor, ab 12. Januar 2001 ist sie Gesundheitsministerin und ab Oktober 2002 Ministerin für Gesundheit und Soziale Sicherung, ab 2005 wieder nur für Gesundheit.

Nicht zufällig ist Ulla Schmidt ein Liebling des Kabaretts, wirkt doch ihre beispiellose Pannenserie wie eine freie Erfindung bösartiger Satiriker: Schon die Gesundheitsreform vom November 1999 gerät zur Lachnummer, weil Ulla Schmidt einen fehlerhaften Gesetzentwurf in den Bundestag einbringt, was die Abstimmung um Stunden verzögert. Auch die Gesundheitsreform vom September 2003 ist ein Paradebeispiel Schmidtscher Inkompetenz. Zwar ist sie sich mit der Union zunächst einig, den Solidargedanken zurückzudrängen zugunsten der Devise »Lieber reich und gesund als arm und krank«, oder mit Ullas schwarzem Humor: »Weniger Beiträge für alle, auch wenn auf die Patienten Zusatzkosten zukommen.« [251] Aber dann gibt's doch eine Kampfabstimmung, und da sieben SPD-Abgeordnete trotz Schröders mittlerweile siebter Rücktrittserpressung dem Gesetz nicht zustimmen, bekommt Rot-Grün die Reform nur wegen des Schwänzens von gut zwei Dutzend Unionsleuten durch den Bundestag.

Anschließend aber geht der Ärger erst richtig los: Ob Zahnersatz oder Arzneimittelzuzahlung, ob Definition von »chronisch krank« oder Durchführung der Praxis- und Krankenhausgebühr: Fast alles muss nachgebessert werden. Schmidt selbst räumt »Detailprobleme« ein. Und sogar SPD-Fraktionschef Michael Müller spottet: »Durch die Fülle der Aktivitäten passieren mehr handwerkliche Fehler als sonst«. Schmidt hätte vorher in Planspielen testen sollen, »ob alles funktioniert«.[252] Selbst über Schmidts Ablösung wird in der SPD offen diskutiert.

Im Juni 2004 schließlich schwingt sich Ulla Schmidt zur Frontkämpferin gegen ihr eigenes Meisterwerk auf: »Ministerin rüttelt an Reform«, feixt *Spiegel Online*.

Diesen lehrbuchmäßigen Pfusch überbietet Ulla Schmidt noch mit der Gesundheitsreform vom Februar 2007, besonders mit dem neuen *Gesundheitsfonds*. Hier nur die markantesten Beispiele: Seit 2009 kassieren die Krankenkassen infolge eines Verteilerschlüssels mit dem pseudowissenschaftlichen Namen *Morbiditäts-RSA*[253] aus dem neuen Gesundheitsfonds umso mehr, je kränker ihre Patienten auf dem Papier sind. Umgekehrt aber lohnt es sich ebenso, an der Behandlung zu sparen. Für gesetzlich Versicherte bedeutet das: Sie müssen für schlechtere Leistungen mehr zahlen. Die Ausgaben der Krankenkassen für Arzneimittel schnellen allein von 2005 bis 2008 um gigantische 20,9 Prozent von 25,9 auf über 31 Milliarden Euro nach oben. Und das vor allem, weil Ulla Schmidt einmal mehr keine Höchstgrenzen für Arzneimittelpreise durchsetzen konnte – wieso eigentlich nicht? – und im September 2008 kleinlaut gestehen muss, »dass wir in Deutschland zu hohe Preise zahlen, dass Einsparpotenziale da sind«.[254] Dies aber steigert nicht nur die Kassenbeiträge für die Patienten – das ginge ja noch –, sondern damit auch die »Lohnnebenkosten«. Zudem kritisiert selbst Schmidts ehemaliger Vordenker, Staatssekretär Karl Lauterbach, die neue Honorarordnung des Gesundheitsfonds benachteilige die niedergelassenen Ärzte.

Zu Ulla Schmidt fällt einem unwillkürlich der französisch-mexikanische Film *La Chèvre* von 1981 ein, in dem Richard Depardieu die liebenswerte Pechmarie Corynne vor dem alltäglichen Unheil bewahren soll – leider meist vergeblich …

Um allerdings Missverständnisse zu vermeiden: Auch das permanente Desaster unterscheidet Ulla Schmidt in puncto Inkompetenz keineswegs von ihren Kabinettskollegen, und im Gegensatz zu denen scheint sie nicht an ihrem Sessel zu kleben. Schon kurz vor Weihnachten 2000 verriet sie dem *Spiegel*: »Was Neues anzufangen würde mir gar nix ausmachen.«[255]

Marion Caspers-Merk (SPD), Politikmagistra, Parlamentarische Staatssekretärin für Gesundheit
Caspers-Merk »kann Politik«

Marion Caspers-Merk, geboren am 24. April 1955 in Mannheim, ist eine der letzten und verbissensten Verteidiger der Agenda 2010.

Seit 1972 ist sie in der SPD, von 1975 bis 1986 SPD-Ortsvereinschefin von March (Freiburg), seit 1980 Magistra, von 1980 bis 1990 im Gemeinderat March, von 1983 bis 1990 Ortschaftsrätin in March-Buchheim, 1993 bis 2003 im SPD-Kreisvorstand Lörrach, seit 1990 im Bundestag, seit 1997 im Fraktionsvorstand, ab Januar 2001 bis 2005 Drogenbeauftragte der Bundesregierung, ab Oktober 2002 Staatssekretärin für Gesundheit und Soziale Sicherung, seit 2005 für Gesundheit.

Für Caspers-Merk ist das Gesundheitswesen zwar ein Buch mit sieben Siegeln, aber sie hält das auch noch für normal und steht dazu. Auf der Fachtagung »Sozialpolitische Reformen, mediale Vermittlung und öffentliche Akzeptanz – zum Scheitern verurteilt?« am 26. Oktober 2006 im Bundespresseamt erklärt sie beim Thema Verständlichkeit der erneuten Gesundheitsreform auf die Frage, ob sie genau wisse, was der Risikostrukturausgleich ist: »Nein das weiß ich nicht. Ich muss es auch nicht wissen, denn ich kann Politik!«[256]

Und Politik bedeutet für sie als Mitglied im wirtschaftsliberalen Scharfmacherclub *Seeheimer Kreis* vor allem blinde Verteidigung ihrer Ministerin und deren desaströser Reformen sowie des neoliberalen rot-grünen Erbes.

Dass Caspers-Merk selbst nach SPD-Verständnis auch nur im Entferntesten »links« wäre, sagen ihr weder Freund noch Feind nach: Als zum Beispiel der 45-köpfige SPD-Vorstand im Oktober 2007 die Verlängerung des Arbeitslosengeldes I für Ältere mit nur zwei Gegenstimmen fordert, gehört eine davon der Lehrerin Caspers-Merk.

Aber kann man ihr bei so viel demonstrativer Unbelehrbarkeit und Unwissenheit wirklich böse sein? Bei *Hart, aber fair* am 15. Oktober 2008 wirkt die gemütliche Dame einfach putzig, wie sie so über die vielen gemeinen Gesundheitslobbyisten schimpft – so wie das Dienstmädchen, das ein paar Fetzen vom Gespräch der Herrschaft aufgeschnappt hat, oder wie die fidele Kneipenwirtin, deren einzige Informationsquelle eben *Hart, aber fair* ist.

Und auch als sie kurz vor Beginn des Hamburger Parteitags im Oktober 2007 ein Papier zur Verteidigung und sogar Weiterentwicklung der Agenda 2010 mit unterzeichnet, fühlen sich gehässige Zeitgenossen an jene naiven Bürger erinnert, die Bankzertifikate zeichnen, ohne auch nur im mindesten zu ahnen, worum es überhaupt geht. Nun könnte man natürlich rhetorisch fragen, ob es nicht Dutzende – oder gar Millionen Bürger gibt, die mit der gleichen Nullkompetenz dieses Amt ebenso ausfüllen und dafür die fürstliche Entlohnung einstreichen würden. Andererseits sollte man sich freuen, dass Caspers-Merk – wie der Berliner sagt – »runter von der Straße« ist.

Ulrich Kasparick (SPD) Diplomtheologe,
Parlamentarischer Staatssekretär für
Verkehr, Bau und Stadtentwicklung
Ein gottesfürchtiger neoliberaler Krieger?

Ulrich Kasparick, geboren am 25. Oktober 1957 in Dahme/ Mark, ist bei Tiefensee richtig, weil da nur noch beten hilft.

Seit 1983 ist er Diplomtheologe und bis 1989 Jugendpfarrer in Jena, ab 1989 im ostdeutschen SPD-Vorläufer SDP, ab 1991 Vizechef des SPD-Landesbüros Brandenburg, von 1992 bis 1998 Chef des Landesbüros Sachsen-Anhalt der Friedrich-Ebert-Stiftung, seit 1998 im Bundestag, von Juli 2004 bis November 2005 Parlamentarischer Staatssekretär für Bildung und Forschung, seit November 2005 für Verkehr, Bau und Stadtentwicklung.

»Kein Pionier, keine FDJ-Mitgliedschaft; bis 1989 parteilos und Wahlverweigerer«, betont er in seinem Bundestagslebenslauf – wohl als Abgrenzung zu Ossis wie Angela Merkel.

Aber gegen die DDR-Diktatur waren auch Ronald Reagan und *Bild*, daher sagt das über Kasparicks Politikverständnis nicht viel aus. Denn ob Darfur oder Kosovo, Libanon oder Afghanistan: wann immer es im Bundestag um Kriegseinsätze geht, ist Kasparicks Ja-Stimme mit dabei, ebenso bei der Erhöhung der eignen Diäten und der Mehrwertsteuer oder bei der Vorratsdatenspeicherung, wohingegen er den Mindestlohn im Plenum ablehnt.

Nun könnte man den Pfarrer Kasparick als lebenden Beweis für die Überflüssigkeit der parlamentarischen Staatssekretäre werten oder ihn gleich in die Rubrik »Politiker, die die Welt nicht braucht« einordnen. Allerdings ist gerade in einer Behörde wie der des Skandalministers Wolfgang Tiefensee, jener Trotzburg von Lobbyismus und Inkompetenz, weder ein Selbstdarsteller noch ein echter Fachmann gefragt. Ob Kasparick etwas zu den hohen Spritpreisen sagt, oder in Dahme eine Wurst platzt ... und an seinen Diäten und Altersbezügen wird unser Staat auch nicht pleitegehen. Fest steht: Wer im Ministerium eine ruhige Kugel schiebt, kann nicht gleichzeitig von der Kanzel neoliberalen Kreuzzugsmüll als Gottes Wort verkaufen.

Annette Schavan (CDU), Philosophin,
Bundesministerin für Bildung und Forschung
Zwei Herzen, ach, in ihrer Brust

Annette Schavan, geboren am 10. Juni 1955 in Jüchen bei Neuss, verkörpert den Widerspruch zwischen Marktwirtschaft und Christentum innerhalb der Union.
Nach dem Studium von katholischer Theologie, Erziehungswissenschaft und Philosophie und der Promotion zur Dr. phil. ist sie ab 1980 Referentin der Bischöflichen Studienförderung *Cusanuswerk*, ab 1984 Abteilungsleiterin Außerschulische Bildung im Bistum Aachen, ab 1987 Geschäftsführerin der Frauen-Union der CDU, ab 1988 *Cusanus*-Leiterin, von 1994 bis 2005 Vizepräsidentin des ZK der deutschen Katholiken, ab 1995 Ministerin für Kultus, Jugend und Sport in Baden-Württemberg, außerdem ab 1996 im Landesvorstand und ab 1998 Bundesvize der CDU, ab 2001 im Landtag. Ende 2004 scheitert ihr Versuch, Erwin Teufel als Ministerpräsidenten und CDU-Chef Baden-Württembergs zu beerben, an mageren 39,4 Prozent in einer

Mitgliederbefragung, und so ist sie seit 2005 im Bundestag und Ministerin.

Schon 1998, also lange vor dem 11. September 2001, profiliert sich die gottesfürchtige Laienkatholikin als abendländische Kreuzzüglerin: Als Landesministerin verbietet sie Lehrerinnen das Kopftuch als »Botschaft, die nicht vereinbar ist mit unserem Grundgesetz, denn es ist ein Symbol für die Unterdrückung der Frau«. Ganz im Gegensatz zur Nonnenkluft natürlich, die Schavan weiterhin zulassen will: Womöglich hält sie auch das Priesterinnenverbot und den Zölibat der Amtskirche für einen Bestandteil der Bergpredigt. Mit diesem fundamentalistischen Unsinn räumt allerdings das Stuttgarter Verwaltungsgericht am 7. Juli 2006 auf und erlaubt einer deutschen Muslimin das Kopftuch, solange Ordensschwestern in der Schule auch Nonnentracht tragen dürften. Als die gottgefällige Schavan weiterstänkert und das Kopftuch als »Zeichen für eine kulturelle Abgrenzung und politischen Islamismus« bezeichnet, empfiehlt ihr der Grüne Volker Beck »etwas Nachhilfeunterricht in deutschem Verfassungsrecht«.

Aber ihre strenge Religiosität – lies: Liebedienerei vor der Amtskirche – hat dort seine Grenzen, wo die profanen Sachzwänge der Globalisierung – lies: Interessen der Industrie – anfangen. Als sie in diesem Sinne die Lockerung des Stammzellengesetzes im Frühjahr 2008 durch den Bundestag bringt, werfen ihr einige Bischöfe prompt »Barbarei« vor. Allerdings: So dumpf, bigott und verlogen kann ein Nein zur Genmanipulation gar nicht sein, als dass es nicht einem Freibrief zur Züchtung genügsamer, pflegeleichter Untertanen vorzuziehen wäre.

Aber eigentlich ist Schavan ja auch Bildungsministerin – man vergisst es leicht, weil sich zu diesem Thema Hinz und Kunz, Krethi und Plethi, Illner und Plasberg melden, nur die verantwortliche Ministerin kaum.

Nun ist ja das Thema Bildung auch kreuzgefährlich, wie die Studentenbewegung zeigte, die ja insgesamt extrem intellektuell und vor allem politisch war. Nie wieder eine übergebildete, überkritische Jugend, schwor sich wohl Helmut Kohl, als er gleich zur Machübernahme 1982 die »geistig-moralische Wende ausrief«, die erwartungsgemäß – so der Kabarettist Matthias Deutschmann – »das Privatfernsehen und die 0190er-Nummern« brachte. Das gewünschte Ergebnis: Statt einer neuen Klugscheißer- und Lehrerschwemme die Bildungskatastrophe. »Schon mit der Einführung des Privatfernsehens hätte man die Ganztagsschule einführen müssen« meint deshalb Heribert Prantl. »Sie ist weniger ein Zugeständnis an die zeitknappen Doppelverdiener-Eltern der Mittelschicht als eine Art Internat für Kinder aus der Unterschicht und aus sozialen Randgruppen: ein Ort der Schicksalskorrektur.«[257]

Ganz anders Frau Schavan: Nicht etwa eine grundlegende Hebung des echten Bildungsniveaus der Bevölkerung, sondern die »Leistungselite sichert die Zukunft unseres Landes«, wie sie die Pisa-gebeutelte Nation im Juni 2006 wissen lässt. Aber großzügigerweise räumt sie ein: »Ganztagsschulen sind wichtiger geworden.«[258]

Zwar macht sie im Jahre 2005 die Abschaffung des BAföG zum Wahlkampfversprechen, wird dann aber im Hinblick auf das Stimmvieh Studenten von der damaligen Kanzleraspirantin Merkel zurückgepfiffen. Seither hält sie es mit symbolischer Politik pur: So tun als ob und nichts dahinter. Folglich zeigt sich der Dachverband der deutschen Studierendenvertretungen über die geringe Anhebung für 2008 maßlos enttäuscht.

Einen kleinen Erfolg kann Schavan dennoch verbuchen: Laut einer Studie, die sie aus falscher Bescheidenheit lange geheim hält, verzichten 18 000 Abiturienten des Jahrgangs 2006 wegen der neuen Gebühren völlig freiwillig auf ein Studium.

Wie man es auch dreht und wendet: Annette Schavan ist der Archetyp einer Politikerin, die sich weniger um eine bestmögliche Arbeit bemüht als darum, ihre ständigen (zumeist bewussten) Stümpereien dem Wähler auch noch als Erfolge zu verkaufen.

Rolf Schwanitz (SPD), Diplomjurist, Diplomingenieurökonom, Parlamentarischer Staatssekretär für Gesundheit
Der geparkte Einpeitscher

Rolf Schwanitz, geboren am 2. April 1959 in Gera, will es vor allem den Wessis recht machen.

Seit 1979 ist er Baufacharbeiter, seit 1983 Diplomökonom, seit 1990 Diplomjurist, seit der Wende im November 1989 in der SPD, vom März bis Oktober 1990 in der Volkskammer, rechtspolitischer Fraktionssprecher und Justizstaatssekretär, seit Oktober 1990 im Bundestag, von 1991 bis 1993 Vizechef des SPD-Unterbezirks Vogtland, seit 1992 im Landesvorstand Sachsen, seit 1993 Landesvize, von Oktober 1998 bis 2005 Staatsminister beim Bundeskanzler und bis November 2002 Beauftragter für die neuen Bundesländer und seit November 2005 Gesundheitsstaatssekretär.

Von Gesundheitspolitik mag der Jurist keinen Schimmer haben – aber das Gehabe der Politiker der alten Bundesrepublik hat er schon in der ersten freigewählten Volkskammer drauf. «Ich dachte, der wär Wessi», erinnert sich der damalige Bürgerrechtler Werner Schulz.

Entsprechend ist Schwanitz heute ein eifriger Müntefering-Mann. Schon bei dessen erwähnter Abstimmungsniederlage und anschließendem Rücktritt vom Parteivorsitz Ende 2005 spuckt er Gift und Galle: »Alle, die Franz Müntefering gestern im Stich gelassen haben, sollten sich eine zweijährige Auszeit gönnen. Das gilt für Andrea Nahles an allererster Stelle.«[259]

Unschwer zu erraten, dass es Müntefering war, der dem Gesundheitslaien Schwanitz den Staatssekretärsjob verschafft hat. Qualifiziertere Leute wie etwa Karl Lauterbach wären sogar bei der SPD zu finden gewesen.

Auch seinen ersten großen Job setzt Schwanitz in den Sand. 1994 als Staatsminister für die neuen Länder eingesetzt, nimmt ihm Schröder das Amt 1998 wieder weg, weil er es »wie ein Beamter, nicht wie ein Politiker« ausgeübt habe. Und auch Sachsens damaliger Finanzminister Georg Milbradt empfindet Schwanitz zwar als »gradlinigen Verhandlungspartner und Vertreter der Ostinteressen«, allerdings sei er nur »ein guter Zuarbeiter, ein typischer Mann der zweiten Reihe«.[260]

Wesentlich munterer zeigt er sich im Wahlkampf 2005 mit einem eigenen Plakat gegen die Pläne der Kanzlerkandidatin Angela Merkel zum Irakkrieg. Es zeigt die Särge toter US-Soldaten unter dem Text: »Sie hätte Soldaten geschickt.«

Politiker wie Schwanitz braucht jede Partei: Ohne gefährliche Brillanz und Fachkompetenz, den Parteiführern stets zu Diensten, manchmal sogar als bissige Einpeitscher. Und wenn man zwischenzeitlich keine Verwendung für sie hat, parkt man sie eben in irgendeinem Ministerium.

Nina Hauer (SPD), Lehrerin, Anlageberaterin, Sprecherin Netzwerk Berlin

Eine Anlageberaterin will nach oben

Nina Hauer, (SPD), geboren am 30. Mai 1968 in Frankfurt am Main, ist der lebende Beweis der These, dass Vitamin B alles und Fachkompetenz nichts bedeutet.

Seit 1987 ist sie in der SPD, von 1992 bis 1995 Jusochefin Hessen-Süd, von 1995 bis 1997 Juso-Bundesvize, seit 1997 Studienrätin, von 1997 bis 1998 Lehrbeauftragte an der Fachhochschule und der Universität Gießen, bis Juli 1998 Gymnasiallehrerin an der Anne-Frank-Schule Großen-Linden. Seit 2001 Chefin der SPD Wetterau, seit 2003 im Landesvorstand Hessen, seit 1998 im Bundestag, wo sie genug Zeit hat, an einer Fernstudienklitsche mit dem tollen Namen University of Wales den Abschluss als geprüfte Finanz- und Anlageberaterin/MBA zu machen. Von 2002 bis 2004 ist sie Parlamentarische Geschäftsführerin und finanzpolitische Fraktionsvizesprecherin, außerdem im Finanzausschuss und Berichterstatterin der SPD-Fraktion für die Bereiche »Finanzmärkte, Banken, Versicherungen, Wertpapierwesen, Finanzaufsicht, Anlegerschutz«, »Basel II«, und »Real Estate Investment Trusts/Offene Immobilienfonds«, außerdem im Verwaltungsrat der mittlerweile berüchtigten *BaFin*.

Eine Lehrerin als Finanzexpertin? Prinzipiell gut möglich, vor allem bei einer Partei, deren »Finanzexperten« meist Lehrer sind. Aber eine Nina Hauer? Man will ja wohlklingende Titel nicht madig machen, aber nicht erst seit den Wirtschaftskrisen gilt der Magister of Business Administration (MBA) als »Schaumschlägerdiplom«. Und erst die *University of Wales!* Gerade unter Studenten ist es ein offenes Geheimnis, »dass die UoW scheinbar Titel wie warme Semmeln über alle möglichen Fernhochschulen vergibt«.[261]

Und auf diesem Ticket wird Hauer nun SPD-Finanzexpertin« und Sprecherin für all jene Bereiche, die mit dem Weltfinanzdesaster unmittelbar zusammenhängen. Dass so jemand in der *BaFin* sitzt, zeigt überdies, wie gering diese Behörde von allen Beteiligten geschätzt wurde.

Der einzig plausible Grund, warum Hauer mit ihrer Nummer bislang durchkommt und sogar im Finanzausschuss sitzt, liegt in ihrer kommunikativen Begabung. Als Sprecherin des *Netzwerks Berlin* vertritt sie jenen Zirkel meist jüngerer Sozialdemokraten, die fernab aller politischen Inhalte nur eines eint:

Der unbedingte Wille zur Karriere – und zwar egal, womit und wie. Nur möglichst schnell sollte es schon gehen.

Deshalb kann man es auch nicht irgendeiner politischen Überzeugung zuschreiben, dass Hauer im November 2008 für die Verlängerung des Afghanistan-Einsatzes und das polizeistaatliche BKA-Gesetz stimmt: Karrieristische Seilschaften wollen keinen Ärger mit der Parteispitze. »Wenn's schön macht«, würde sie auch für Schwimmwestenzwang in Badewannen und für die Umstellung des Kalenders auf das Dezimalsystem stimmen. Schade eigentlich, dass Mitbürger wie Nina Hauer vielen gutwilligen und noch dazu kompetenten Menschen den Platz im Bundestag wegnehmen.

12. Ewige Wiedergänger

Einige Politgrößen reden munter mit und versuchen sich als Ratgeber oder Quertreiber, üben sogar Macht und Einfluss aus, ohne derzeit irgendein Amt oder Mandat zu besitzen. Bei Gerhard Schröder, Wolfgang Clement und Joschka Fischer fällt auf, dass sie selbst zu ihrer aktiven Zeit in ihren Parteien alles andere als beliebt, geschweige denn verankert waren. Vielmehr profitierten sie von der eigennützigen Logik der Funktionäre und sogar der Basis. Mochte die Galionsfigur auch politisch, fachlich und menschlich noch so zweifelhaft sein: Wenn sie der Partei zur Macht verhelfen konnte, dann ließ man schon mal »fünfe gerade sein«.

Gerhard Schröder
Das »Besten«-Comeback

Jedes Volk hat den Regierungschef, den es verdient: Zu seiner aktiven Zeit war Gerhard Schröder ein Beleg für den Mangel an fachlich und sozial kompetenten Führungskräften, für die politische Naivität, Gleichgültigkeit und Leidensfähigkeit der Deutschen. Wird er nun ein Zeichen für ihre Vergesslichkeit?

Schon 2002 und 2005 mutete es skurril an, wie der Kanzler der Bosse im Brionizwirn der Oberschicht in den Wahlkampfexpress stieg und schwuppdiwupp im Blaumann der kleinen Leute wieder heraustrat – 2002 sogar mit der Fluthelferschaufel in der Hand.

Dass der Mann, der die heute allenthalben als unsozial kritisierte Agenda 2010 ebenso mit zu verantworten hat wie die weitere Öffnung der Arm-Reich-Schere, die Monopolbildung im Energiesektor, die unheilvolle Privatisierung des Gesundheitswesens, das Pisa-Desaster oder die Freibriefe für windige Spekulanten, und der heute russische Energieinteressen vertritt – dass ein solcher Mann sich überhaupt noch an die deutsche Öffentlichkeit traut, ist schon mutig genug, noch dazu, wo er nach Meinung nicht weniger bereits zu seiner Zeit als Regierungschef Lobbypolitik für seinen späteren Arbeitgeber betrieben hat.

Dass ebendieser Gazprom-Aufsichtsrat Schröder aber für seine Partei auch diesmal den Stimmenfänger von Hannover (bei Hameln!) geben will und sogar von seiner Parteiführung darum angebettelt wird, das ist schon die Entwicklung der Unverfrorenheit vom Ärgernis zur Wissenschaft. Was hätten die US-Medien wohl gesagt, wäre Josef Ackermann 2008 auf Long Island für John McCain in die Bütt gestiegen?

»Es schrödert wieder im Wahlkampf«, bemerkt die *Süddeut-*

sche Zeitung, die *Zeit* sieht in ihm den »Kanzlermacher« und die *Welt* sogar den »Schattenmann der SPD«.

Dass ausgerechnet Gerhard »*Bild-BamS*-Glotze« Schröder seinen damaligen Rattenschwanz an »Künstlern und Intellektuellen« – gemeint sind vermutlich Lichtgestalten wie Marius Müller-Westernhagen und Günter Grass – für das Duo Steinmeier/Müntefering reaktivieren soll, mag ja noch als Sarkasmus à la »Neues aus der Anstalt« anmuten. Ansonsten aber entspricht der Einsatz des ewigen Zugpferdes durchaus der Strategie, die Idee der Volkspartei samt den sozial Schwächeren im Wortsinne links liegen zu lassen und sich mit der Union um die vielbeschworene *Politische Mitte* zu streiten. Und logisch ist es obendrein: »Politisch ist Steinmeier ohne Schröder nicht denkbar«, wie *Welt*-Autor Günter Lachmann kurz und treffend feststellt.[262]

Entsprechend euphorisch reagieren die üblichen Verdächtigen: Johannes Kahrs, Sprecher des Seeheimer Kreises, würde sich »freuen, wenn Gerhard Schröder wieder aktiv in die Politik eingreifen würde. Das wäre ein Gewinn für Deutschland.« Und auch der frühere SPD-Vorsitzende Hans-Jochen Vogel würde es »sehr begrüßen, wenn Gerhard Schröder öffentlich für Frank-Walter Steinmeier eintritt. Das wäre für ihn und die Partei insgesamt eine große Hilfe.«[263]

Dass es sich bei Schröders derzeitiger Medienoffensive um ein echtes Comeback handelt, dürfte äußerst zweifelhaft sein und ohnehin mit der oft pathetisch beschworenen »Sorge um das Gemeinwohl« wie schon immer bei Schröder nicht das mindeste zu tun haben. Alles spricht für einen »Popularitätstest«. So wie ein alternder Star durch das Flanieren über den Berliner Ku´damm testet, ob man ihn noch erkennt, so probiert Schröder einfach aus, inwieweit die ihm eigene nassforsche Demagogie noch verfängt und wie viel er sich gegenüber den Medien und dem Volk noch herausnehmen kann. Für die Agenda-Fraktion der SPD aber ist es ein gewaltiges Armutszeugnis, einen amtierenden Freizeit-politiker wie Gerhard Schröder vorschicken zu müssen.

Joschka Fischer
Der große grüne Schatten

Vom Taxifahrer und anarchistischen Steinewerfer zum be-liebtesten deutschen Politiker und international anerkannten Staatsmann – das muss Joseph Martin (Joschka) Fischer erst einmal jemand nachmachen. Und auch, wie er die Grünen Schritt für Schritt, machtbewusst und zielstrebig von einer al-ternativen zu einer stinknormalen gesellschaftsfähigen Partei umgebogen hat: 1991 in Hessen die erste grüne Regierungs-beteiligung, 1995 im Falle des UN-Mandats in Bosnien das erste Ja zu Bundeswehreinsätzen, dann Aufgabe der Skepsis gegenüber Marktwirtschaft, schließlich als Außenminister en-ger Freund der US-Kollegin Madeleine Albright, was ihm ja auch einen Nachfolgejob als »Senior Strategic Counsel« in de-ren Beraterfirma *Albright-Group* einbringt. Überhaupt ist der Ex-Minister bestens beschäftigt: er hält jede Menge Vorträge für Heuschrecken wie *Barclays Capital* oder *Goldman Sachs*, ist Gastprofessor für internationale Wirtschaftspolitik an der Princeton University, »Senior Fellow« am *Liechtenstein Ins-titute der Woodrow Wilson School,* gründet die Beraterfirma Joschka Fischer Consulting, ist Gründungsmitglied und Vor-stand des vom Milliardär George Soros finanzierten *European Council on Foreign Relations.*
All dies bringt ihm vom *Spiegel* den Ehrentitel »Grüne Rau-pe Nimmersatt« ein: Schon allein Fischers »elegante Villa in Berlin-Grunewald würde als Residenz jedem kleineren euro-päischen Staat zur Ehre gereichen[264].«

Aus kleinen Verhältnissen nach oben um *jeden* Preis – diese Seelenverwandtschaft könnte auch die insgesamt prächtige Harmonie zwischen Schröder und Fischer erklären. Ohne Fischer kein Kanzler Schröder und ohne Schröder kein Liebling Fischer.

Es versteht sich allerdings von selbst, dass zu alledem zwei gehören: Fischer wäre nie das geworden, was er wurde, ohne Parteifunktionäre, die zu Recht als »Versorgungskarawane« bezeichnet werden: Die Zustimmung zu Kriegseinsätzen, zur Türöffnung für den Raubtierkapitalismus und zur Armut per Gesetz gab ja wohl nicht Fischer allein, sondern die gesamte Fraktion, häufig sogar gedeckt durch Beschlüsse der Basis. Und zumindest bei der Führungsgruppe liegt das Motiv auf der Hand: Wie kann man als mittelmäßiger Lehrer, Wissenschaftler, Jurist oder Künstler groß rauskommen, »reich, mächtig und berühmt« werden, wenn nicht durch die Politik? Und sind nicht gerade diese Ziele nach der Theorie der Marktwirtschaft und seines *homo oeconomicus* äußerst »rational« – während Solidarität, Humanismus und erst recht »Altruismus« als Fälle für den Psychiater gelten? Nun war ja schon Fischers ganzes Leben das eines prinzipienlosen Aufsteigers – eben eines *homo oeconomicus* in Reinkultur. Schwer nachvollziehbar eigentlich, dass uns die neoliberale Theorie damit ernsthaft weismachen will, es würde dem Gemeinwohl am meisten nutzen, wenn alle Menschen – zumindest die Männer – so wären wie Joschka Fischer.

Wenig erstaunlich und bezeichnend für die Grünen ist allerdings, dass Fischer auch vom politischen Altenteil aus munter ihre Politik mitbestimmt. Mal erklärt er die Kohle als Übergangstechnologie für unverzichtbar, mal bemerkt er zum Scheitern des rot-grünen Koalitionsversuchs in Hessen und den Folgen für die Neuwahlen, es werde »alles richtig reinhauen, nicht nur bei der SPD, ich fürchte, auch bei uns«. Resümee der *Süddeutschen Zeitung* im November 2008: »Joschka nervt die Grünen.«[265]

Wolfgang Clement
Amoklauf im Konzern-Interesse

Als Wolfgang Clement kurz vor der hessischen Landtagswahl 2008 de facto dazu aufrief, die SPD wegen der Atompolitik Andrea Ypsilantis nicht zu wählen, da sprach weniger der Parteifreund als vielmehr der *RWE*-Aufsichtsrat. Immerhin würde ein Verzicht auf den Atomausstieg dem Konzern etwa 3, 5 Milliarden Euro einbringen. Da nun aber Ypsilanti exakt die offizielle Parteilinie vertrat, hätte Clement unverzüglich aus der Partei ausgeschlossen werden müssen. Dass dies nicht geschah, wirft ein Schlaglicht auf die politisch-moralische Verfassung der SPD.

Überhaupt lohnt eine Betrachtung der politischen Vergangenheit Wolfgang Clements: Allein während seiner vier Jahre als NRW-Ministerpräsident befassten sich Untersuchungsausschüsse des Landtags unter anderem mit möglichen »Verfehlungen, Interessenverquickungen und Patronagepraktiken« Clements. Eine seiner ersten Amtshandlungen, die Zusammenlegung von Justiz- und Innenministerium wurde kurz darauf vom NRW-Verfassungsgerichtshof wieder kassiert.

Clements Einsatz für den umstrittenen Braunkohle-Tagebau Garzweiler II kann man durchaus damit in Zusammenhang bringen, dass er jetzt im Aufsichtsrat des Tagebaubetreibers *RWE Power AG* sitzt. Aber ob nun Atomkraft oder Braunkohle: Clement hat weder eine Ausbildung in Wirtschaft noch in Energie- oder Umweltfragen. Er ist schlichter Boulevardjournalist, und sein Karrierehöhepunkt von 1986 bis 1989 war Chefredakteur der *Bild*-ähnlichen *Hamburger Morgenpost*.

Zu diesem Niveau passt auch seine unvergessene Broschüre vom Wahlkampfsommer 2005, die unter dem Titel *Vorrang für die Anständigen – Gegen Missbrauch, »Abzocke« und*

Selbstbedienung im Sozialstaat mit Begriffen wie »Schmarotzer« und »Parasiten« nicht nur nach Meinung von Christian Bommarius »die Spaltung der Gesellschaft effektiv und nachhaltig beschleunigte«.[266] Auch das Gesamturteil des renommierten Autors der *Berliner Zeitung* über Clement & Co. ist vernichtend: »Politiker seines Schlags halten den Vordergrund, den Fokus des Scheinwerferlichts für ihren natürlichen Weidegrund – zu klein, um andere darauf grasen zu lassen, aber groß genug, um sich mopsfidel zu mästen. Diese Charaktere sind so unangenehm wie langweilig; sie gleichen sich bis zur Ununterscheidbarkeit, mögen sie sich nun in Clement, Gerhard Schröder, Oskar Lafontaine, Edmund Stoiber oder Otto Schily manifestieren.«

Mehr noch als im Falle Gerhard Schröder gilt: Was ist das für ein rechter Parteiflügel, der solche Figuren zur Rettung der neoliberalen Agenda 2010 benötigt? Aber auch der Rest der Partei stellt sich ein Armutszeugnis aus: Als Clement im August 2008 eine halbherzige Entschuldigung hinwirft, sind alle Flügel hellauf begeistert und klappen die Akte Clement einstweilen zu. Dass auf massiven Druck Franz Münteferings die Bundesschiedskommission Clement nur rügt, aber nicht ausschließt, damit der Energie- und Zeitarbeitswirtschaft ihr lautester Lobbyist in der SPD erhalten bleibe, hatte der politische Gegner schon voreilig als Wahlkampfhilfe begrüßt, als Clement dann der Partei den Schrecken ohne Ende durch Austritt ersparte. Grund: »Ich sollte entmannt werden.«[267]

Horst Köhler
Vom Neoliberalen zum Volkstribun

Man möchte dem freundlichen Schwaben nicht zu nahe treten, aber schon laut Verfassung hat er eigentlich nichts zu sagen. Bestenfalls kann er einige Gesetze verzögern, indem er ihre Unterzeichnung verhindert. Andererseits genießt der Bundespräsident als solcher einen irrationalen Respekt: Wenn auch nur seine Krawatte kritisiert wird, motzt garantiert die Gegenseite in üblichem Idiotendeutsch, damit werde »das Amt des Bundespräsidenten beschädigt«.

Im Grunde ist der Bundespräsident nur für Stimmungsmache zuständig: Direkt gewählt werden darf er bekanntlich nicht, weil seine Macht angeblich sonst zu groß würde. So aber können sie denken: »Der hat uns gar nichts zu sagen. Den haben wir ja sowieso nicht gewählt.«

Und so redet Köhler viel, wenn die Legislaturperiode lang ist.

Das stört die Marktradikalen in Politik und Medien nicht weiter, solange er »auf Linie« bleibt und die »mangelnde Reformbereitschaft der Deutschen«, also ihre Skepsis gegenüber dem rücksichtslosen Abbau des Sozialstaats, scharf kritisiert.

Dies ändert sich schlagartig mit seiner Berliner Rede am 1. Oktober 2007, als er ganz ungewohnt humanistisch vom Leder zieht und fast der Linkspartei Konkurrenz macht:

»Die Globalisierung ist weder Naturereignis noch allein Folge des technischen Fortschritts ... Sie ist politisch gewollt und bewusst beschleunigt worden durch die Öffnung der Märkte und die Schaffung internationaler Institutionen ... Es greifen Abstiegsängste um sich ... Der Aufstieg der einen darf nicht der Abstieg der anderen sein! ... Die Arbeitnehmer sollten stärker als bisher an den Erträgen und am Kapital der Unter-

nehmen beteiligt werden ... Wer unverschuldet in Not gerät,
soll sich auch künftig auf das soziale Netz verlassen können ...
Es müssen endlich alle wirklich gleiche Zugangschancen zu
guter Bildung, wirtschaftlichem Erfolg und sozialem Aufstieg
haben ... Noch immer lebt ein großer Teil der Menschheit in
tiefster Armut. Das ist die hässliche Seite der Globalisierung,
die Rücksichtslosigkeit des Stärkeren, und leider ist daran auch
Europa beteiligt ... Lasst uns nicht übersehen, dass wir in einer
Welt leben und dass wir Fairplay brauchen statt Gemeinheit,
Brot und Bücher statt Aufrüstung, Respekt statt Überheblich-
keit.«[268]

Und weil er auch noch wiederholt das Wort »Menschenwür-
de« benutzt, springt die neoliberale Presse im Dreieck. »Köhler mimt den Sozi«, lästert Carsten Volkery im *Spiegel,* und
als Köhler im Mai 2008 die Finanzmärkte als »Monster« zu
bezeichnen wagt, dreht *Welt Online* verbal durch: »Köhlers
›Monster‹-Debatte gefährdet Deutschland.«[269]
Ob aus tieferer Einsicht oder weil er an seine Wiederwahl
denkt: »Horst Köhler hat sich bewegt«, wie Holger Schmale in
der *Berliner Zeitung* treffend bemerkt.
Dabei lässt er eigentlich schon früh erkennen, dass er nicht der
pflegeleichte neoliberale Mitläufer ist, als der er vor der Bundestagswahl 2005 vom Misserfolgsduo Merkel/Westerwelle
ins Amt gehievt worden war: Am 24. Oktober 2006 verweigert
Köhler dem vom Bundestag beschlossenen Flugsicherungs-
gesetz zur Privatisierung der Deutschen Flugsicherung (DFS)
ebenso die Unterschrift wie am 8. Dezember 2006 dem Verbraucherinformationsgesetz – beide Male wegen Verfassungs-
widrigkeit.
Anders als sein Vorgänger Roman Herzog, der mit seiner tumben neoliberalen »Ruckrede« die Herzen der Wohlhabenden

und ihrer Politiker im Sturm eroberte, erweist sich Köhler zusehends als zäher Brocken. Und je mehr er sich bei bis zu 80 Prozent Zustimmung der Bürger zum Volkstribun entwickelt, desto reservierter dürften ihm die Koalitionsspitzen gegenüberstehen.

Fest steht: Dafür, dass er nichts zu sagen hat, sagt er eine ganze Menge, zum Beispiel in seiner Weihnachtsansprache 2008: Nichts für die Ewigkeit, aber für das Archiv unfreiwilligen Humors ist sein Tipp, die »Krise als Chance« zu begreifen, der auch vom *Anstalt*-Kabarettisten Urban Priol hätte stammen können.

Heiner Geißler

Das ewig schlechte Gewissen der C-Parteien

Das unermüdliche Treiben des ewigen Unruhestifters Heiner Geißler ist nur zu verstehen, wenn man weiß, dass er ursprünglich katholischer Priester werden wollte und nach dem Abitur immerhin vier Jahre lang Mitglied der Jesuiten war. Zurück im weltlichen Leben, war er Amtsrichter, von 1965 bis 1967 und von 1980 bis 2002 im Bundestag, von 1982 bis 1985 Bundesminister für Jugend, Familie und Gesundheit, von 1977 bis 1989 CDU-Generalsekretär und von 1994 bis 2002 im CDU-Bundesvorstand. Kurzum: So einen kann man auch nach seinem Attac-Beitritt 2007 nicht ohne weiteres zum Stalinisten oder al-Qaida-Sympathisanten stempeln.

Was ihn auch bei Kreisen seiner eigenen Partei so verhasst macht, das ist sein kritischer Vergleich der Politik des »christlichen Abendlandes« und insbesondere der CDU mit dem Wort des überlieferten Christus, denn das kann ja eine C-Partei selbst bei neoliberaler Ausrichtung schlecht als nostalgischen Humbug abtun. So fragt Geißler unverblümt: *Was würde Je-*

sus heute sagen? Und er antwortet: »Millionen von Menschen haben durch … Manipulationen der reichen Länder ihr Vermögen und ihre Existenzgrundlage verloren … Jesus hätte nicht nur die Tische im Tempel umgeworfen.«[270]

Überhaupt ist für Geißler »das Menschenbild des Evangeliums eine unverzichtbare Voraussetzung für eine ethisch relevante Politik« und nur dadurch »das Wort christlich im Namen einer politischen Partei« zu rechtfertigen.

Insbesondere kritisiert er jene Parteifreunde, die sonntags in der Kirche als »politische Schausteller« die Frommen herauskehrten, aber nichts dabei fänden, »gleichzeitig tiefe Einschnitte ins soziale Netz, die Kürzung der Sozialhilfe zu verlangen, den Kündigungsschutz abzuschaffen, Lohndumping als Wettbewerbselement zuzulassen, statt einer Bürgerversicherung das Risiko von Krankheit und Pflegebedürftigkeit zu privatisieren und auf den Kapitalmarkt zu verfrachten.« Dies sei »mit der Botschaft des Evangeliums nicht zu vereinbaren«.[271]

In seinem legendären *Zeit*-Artikel »Wo bleibt euer Aufschrei?« vom November 2004 stellt er fest: »Den Menschen zeigt sich die hässliche Fratze eines unsittlichen und auch ökonomisch falschen Kapitalismus«, und am 16. August 2005 wettert er in der *Frankfurter Rundschau* gegen den »*modernen Kapitalismus*, der das menschenfreundliche Evangelium … ins Gegenteil verkehrt und schweren sozialen und ökonomischen Schaden verursacht, indem er buchstäblich über Leichen geht. Jesus hat das Geld nicht abgeschafft, aber moralisch entwertet und das Kapital in eine klare Ordnung gestellt: es hat den Menschen zu dienen und nicht sie zu beherrschen.«

Den Sozialdemokraten verhilft er zu Schaum vor dem Mund mit der Aussage »Lafontaine war der klügste SPD-Mann«[272], und die Polizeistaatler bringt er am Rande des G8-Gipfels in Heiligendamm im Juni 2007 auf die Palme mit seiner Laudatio auf das Recht der Versammlungsfreiheit: »Wenn mich einer anfasst, dann schlage ich zurück – und wenn es ein Polizist ist, dann schlage ich zurück. Wenn ich demonstriere, dann übe ich ein Grundrecht aus, dann lasse ich mich nicht anfassen, von niemandem.«[273] Und: »Die friedlichen Demonstranten gehen auf die Straße wegen der Gewalt, die auf der Welt zehntausendfach geschieht – jeden Tag. Die Strukturen, in denen Milliarden Menschen leben müssen. Die entfesselte, brutale Wirtschaftsdynamik durch den Raubtierkapitalismus.«[274]

Daraufhin fordert CDU-Mann Rainer Wend, Vizechef der Deutschen Polizeigewerkschaft, nicht nur Geißlers Parteiausschluss: »Polizeigewerkschaft droht mit Pistoleneinsatz«, titelte die *netzeitung*.

Nun könnte die Unionsführung den unliebsamen Christen einfach ignorieren und darauf vertrauen, dass ihre Klientel außer Gossenmedien sowieso nichts konsumiert und folglich Geißlers Argumente gar nicht kennt. Aber dummerweise sind eigenständiges Denken und humanistische Werte wie Seuchen, die sich unkontrolliert ausbreiten; und so empfinden immer mehr vom christlichen Menschenbild geprägte CDU-Abgeordnete wie etwa Uwe Schummer oder Norbert Röttgen die Bezeichnung »Geißler-Freund« keineswegs als Beleidigung.

Und je mehr Geißlers Einfluss auf die Köpfe steigt, desto schwieriger für den rechten Rand in der Partei: »Warum lässt die Parteiführung es zu«, fragt er, »dass einige sich besonders hervortun, wenn es gegen Minderheiten geht, seien es Sinti und Roma, Homosexuelle und Lesben oder Wehrmachtsdeserteure?«[275] Und auch die blindwütige Kritik an der Linkspartei dürfte durch Geißler zumindest ein wenig erschwert werden.

E. Von wem ist die Politik abhängig?

Ganz grob gesprochen, hat die Politik zwei Probleme: Jemand muss die Arbeit machen, zu der sie selbst ja offenbar nicht willens oder in der Lage ist, und jemand muss das Gesamtkunstwerk Politik finanzieren.

1. Wenn man nicht alles selber macht: Die Lobbyisten

Unfähige Politiker und überteuerte Würstchen als externe Berater: Dies schreit förmlich danach, dass die Wirtschaft die Dinge – sprich die Gesetzgebung – selbst in die Hand nimmt.

Eigentlich ist die enge Zusammenarbeit zwischen Politik und Wirtschaft in einer westlichen Marktwirtschaft nicht nur nicht anstößig, sondern sogar wünschenswert. Da es bekanntlich »der Gesellschaft nur gutgeht, wenn es der Wirtschaft gutgeht«, wäre es geradezu widersinnig, würde die Politik gegen die Wirtschaft arbeiten.

Auch rechtlich sei die enge Zusammenarbeit mit den Beratern »kaum angreifbar«, sagt der Bochumer Juraprofessor Martin Burgi, der seit Jahren über die Zusammenarbeit von Staat und Unternehmensberatern forscht. »Solange das Parlament letztendlich die Entscheidung fällt, ist das nicht zu beanstanden.«

Aber das ist es ja gerade: Die Volksvertreter haben zumeist keine blasse Ahnung, worüber sie überhaupt abstimmen, nicht einmal die Fachminister. Man denke nur an den legendären Streich des Nachrichtenmagazins *Fakt*: Im Wahlkampf 2002 präsentierte man der Finanzkoryphäe Eichel scheinheilig eine Passage aus dem CDU-Wahlprogramm als angebliche Textstelle aus dem SPD-Programm – und Eichel verteidigt das Unionskonzept mit (für seine Verhältnisse) äußerst enthusiastischen Worten. Und dieser »Experte« schafft dann im Jahr 1999 die Steuerpflicht für Unternehmensverkäufe ab, lässt die Heuschrecken ins Land und öffnet damit dem Raubtierkapitalismus Tür und Tor. Und sein Nachfolger Steinbrück preist die Heuschrecken als »wahren Segen«, kennt aber – siehe oben – nicht den Unterschied zwischen Abwicklung und Rettung einer Bank.

Aber selbst wenn jemand das geistige Rüstzeug hätte: Es ist nun einmal attraktiver, sich in Talkshows im Zank mit anderen Halbgebildeten im »Bullshitting« zu messen, auf Society-Partys zu vergnügen oder auf Weinfesten im heimischen Wahlkreis feiern zu lassen, als sich als blutiger Laie in eine meist recht komplexe Materie einzuarbeiten. Und hier kommen die Helferlein aus der Wirtschaft ins Spiel. Laut Bundestags-Homepage vom März 2008 vertreten etwa 4500 Lobbyisten die Interessen von über 1900 Organisationen gegenüber Parlament und Regierung.

Zu ihrer Infrastruktur gehören nicht nur Büros rund um das Berliner Machtzentrum, sondern auch Diskussionskreise wie das *Collegium* der 30 Dax-Unternehmen, die *Junge Lobby* und der *Dreißiger Multiplikatoren-Kreis*. Von hier dringt nichts nach außen, so dass der Kontakt mit Ministeriumsmitarbeitern »intensiv gepflegt werden kann. Hier werden auch Marschrouten bei größeren Vorhaben festgelegt, Sachbündnisse geschmiedet und Kontaktnetzwerke geknüpft.«[276]

Da ist es dann nur noch ein ebenso kleiner wie logischer Schritt, dass die Konzerne ihre Mitarbeiter gleich in die Ministerien entsenden.

1.1 Lobbyisten in Ministerien

Weit über hundert externe Mitarbeiter haben in Bundesministerien ihren Schreibtisch, greifen Behördeninterna ab und schreiben an Gesetzestexten mit. Ihr Einsatz dauert laut Bundesrechnungshof von wenigen Wochen bis zu fünf Jahren, zwei Drittel länger als sechs Monate. Und in mehr als 60 Prozent der Fälle tragen die obersten Bundesbehörden die Kosten gar nicht oder nur in geringem Umfang.

Grund genug für die obersten Finanzprüfer, die Bundesverwaltung vor einem zu sorglosen Einsatz von Mitarbeitern aus Verbänden und Unternehmen zu warnen und ausdrücklich auf »erhöhte Risiken von Interessenkonflikten« hinzuweisen. Dabei stellt der Rechnungshof keinesfalls den Austausch zwischen Verwaltung und Unternehmen grundsätzlich in Frage. Allerdings dürfe ein vorübergehender oder ständiger Personalmangel nicht als Ausrede für den Einsatz externer Kräfte herhalten. Zudem sollten die externen Mitarbeiter sich höchstens sechs Monate in den Ministerien herumtreiben und nicht unbedingt federführend Gesetzentwürfe formulieren oder gar »Leitungs- oder Kontrollfunktionen« in den Ministerien ausüben. Ebenso sollten sie weder »ihre entsendende Stelle beaufsichtigen noch öffentliche Aufträge vergeben, noch Funktionen ausüben, die die Geschäftsinteressen ihres Arbeitgebers berühren«. Und schließlich solle – last, not least – der Status als externer Mitarbeiter intern und extern stets deutlich werden.

Der wohl folgenreichste Fall datiert aus rot-grüner Zeit: Nach *Monitor*-Recherchen hatte eine Hausjuristin des *Bundesverbands Investment und Asset Management (BVI)* von Januar bis August 2003 einen eigenen Schreibtisch in der Abteilung »Nationale und Internationale Finanz- und Währungspolitik« des Ministeriums, wurde aber weiter von ihrer Firma bezahlt. Das

»Heuschreckenweibchen« soll eifrig genau jenes *Investment-modernisierungsgesetz* mitformuliert haben, das den Hedge-fonds, deren öffentlicher Vertrieb bis dato bei uns verboten war, den Weg auf den deutschen Markt ebnete. Entlarvende Ausrede der damaligen Staatssekretärin Barbara Hendricks (SPD), einer gelernten Lehrerin: »Für diese Arbeiten werden vertiefte Spezialkenntnisse aus dem Bereich des Kapitalmarkts benötigt, insbesondere um eine Einschätzung der möglichen Auswirkungen von den Gesetzgebungsvorhaben der Bundesregierung auf die betreffenden Unternehmen und den Kapitalmarkt als Ganzes vornehmen zu können.«[277]

Lobbyisten nach Ministerien[278]

Bundeskanzleramt

AOK

BKK

Kreditanstalt für Wiederaufbau

Auswärtiges Amt

BDI

BP

Daimler

Deutsche Bank

DGB

DW – Media Services

EADS

E.on

Kreditanstalt für Wiederaufbau

Lufthansa

Robert-Bosch-Stiftung

SAP
Siemens
Wintershall

Bundesministerium für Bildung und Forschung
Deutsche Ausgleichsbank
Deutsche Bank

Bundesministerium der Finanzen
BASF
Bundesverband Deutscher Banken
Bundesverband Investment und Asset Management (BVI)
Bundesverband Öffentlicher Banken Deutschlands (VÖB)
Deutsche Bank
Deutsche Börse
Deutsche Telekom
DZ Bank AG
Dresdner Bank
HSH Bank
IBM
Kreditanstalt für Wiederaufbau
Zentraler Kreditausschuss

Bundesministerium für Gesundheit
Bertelsmann-Stiftung
Deutsche Bank
Kassenärztliche Vereinigung Bayern (KVB)
Werbe- und Vertriebsgesellschaft Deutsche Apotheker

Bundesministerium des Innern

Deutsche Bank
SAP

Bundesministerium für Umwelt, Naturschutz und Reaktorsicherheit

BASF
Bayer
Henkel

Bundesministerium für Verkehr, Bau und Stadtentwicklung

Bundesverband Öffentlicher Banken Deutschlands (VÖB)
Daimler
Deutsche Flugsicherung
Deutscher Aero-Club
Fraport
Hauptverband der deutschen Bauindustrie
Invest in Germany
Kreditanstalt für Wiederaufbau

Bundesministerium für Verteidigung

BwFuhrparkService GmbH
CC CompuNet
CONET
ESG
IABG
IBM
Roland Berger
Schenker
SEAR

Teleplan

weisser und böhle

Wels

Bundesministerium für Wirtschaft und Technologie

ABB

AKA Ausfuhr GmbH

Alstom

BASF

Bayer

BDI

Berliner Volksbank

Bundesverband der deutschen Gas- und Wasserwirtschaft

Commerzbank

Daimler

Deutsche Industriebank

Deutsche Telekom

Deutscher Industrie- und Handelskammertag (DIHK)

EFEZ Deutschland

Euler Hermes

EuroNorm

HypoVereinsbank

IBM

ING BHF Bank

Institut für Angewandte Wirtschaftsforschung

Kreditanstalt für Wiederaufbau

Landesbank Baden-Württemberg

Landesbank Berlin

Lanxess

Laubag

LichtBlick
Morgan Stanley
PricewaterhouseCoopers
Thyssengas
TÜV Süd
Verband der chemischen Industrie
Verband deutscher Maschinen- und Anlagenbau
Verband forschender Arzneimittelhersteller
Verband kommunaler Unternehmen
Vivento
Wingas
Wuppertaler Stadtwerke

Bundesministerium für wirtschaftliche Zusammenarbeit und Entwicklung

Alstom
ABB
Berliner Wasserbetriebe
Kreditanstalt für Wiederaufbau
PricewaterhouseCoopers

Bundespresseamt

BASF

Denkt man diese Entwicklung konsequent zu Ende und erinnert sich an den neoliberalen Privatisierungswahn, dann fragt man sich, warum die Bundesregierung nicht gleich an eine Heuschrecke verkauft wird. Als sachkundiger Rechtsanwalt würde Friedrich Merz seine Dienste wohl kaum verweigern.

2. Finanziell: Was erhält die Politik von wem?

Wenn Geld die Welt regiert, ist die finanzielle Ausstattung und damit Abhängigkeit der Politik sicher nicht das Unwichtigste, und auch laut Grundgesetz müssen die politischen Parteien ebenso wie die Volksvertreter die materiellen Voraussetzungen erhalten, um die ihnen in der parlamentarischen Demokratie zugewiesenen Aufgaben erfüllen zu können. Gleichwohl liegt es im Wesen der freiheitlichen Marktwirtschaft, dass der Staat sich die Finanzierung des politischen Betriebs mit den Privaten teilt.

2.1. Die Einkünfte vom Staat

Diäten and more und Vergünstigungen

Grundidee für die Alimentierung der Volksvertreter ist es, dass jeder Bürger unabhängig von seinen finanziellen Verhältnissen ein Amt oder Mandat wahrnehmen kann. Wer also *prinzipiell* gegen Politikereinkommen hetzt und »das Parlament als Raff-kartell beschimpft« (Heribert Prantl), wie etwa manche Gossen-medien, der hat womöglich grundsätzlich etwas gegen unsere Spielart der Demokratie und hätte lieber ein System wie in den USA, wo grundsätzlich fast nur die Superreichen oder deren Strohmänner in politische Spitzenämter gelangen können.

Eine ganz andere Frage ist die Höhe der Einkommen: Je üppiger die Amtsgehälter und Diäten, desto mehr hängt man an ihnen und desto weniger möchte man sie aufs Spiel setzen. Das heißt aber konkret: Desto eher vermeidet man – unabhängig von der eigenen Meinung – jeglichen ernsthaften Zoff mit den entscheidenden Leuten in der Regierung oder der Partei. Und hier spielen dann »außerpolitische« Dinge wie Qualifikation,

Berufschancen und natürlich die eigenen Finanzen eine Rolle: Insofern sind etwa Studienabbrecher, Erzieher oder Handwerker sicherlich erpressbarer als Ärzte, Unternehmer oder eben Rechtsanwälte.

Reichlich verwegen ist es allerdings, hohe Politikereinkommen mit der Gefahr zu rechtfertigen, sie würden dann lieber »in der Wirtschaft« oder in anderen lukrativen Jobs arbeiten. Sollen sie es doch tun! Wieso ist es eigentlich nicht möglich, unter 80 Millionen Menschen einige »Idealisten« zu finden, die sich nicht gleich verdrücken, wenn ihnen der Politikjob nicht zu überdurchschnittlichem Wohlstand verhilft. Witzigerweise lassen gerade Volksvertreter in puncto eigener Einkünfte nichts anbrennen, die an die Adresse der sozial Schwachen das große Kennedy-Wort zitieren: »Fragt nicht, was euer Land für euch tun kann – fragt lieber, was ihr für euer Land tun könnt.«

Ärger um Politiker-Entlohnung gibt's sowieso nur bei mieser Arbeit. Ein Willy Brandt oder ein Helmut Schmidt wurden nie gefragt, ob ihr Einkommen nicht zu hoch sei.

Seit einiger Zeit aber sorgt dieses Thema für Dauerstress: »Das Wort ›Diäten‹ oder gar ›Diätenerhöhung‹ funktioniert wie das Klingelzeichen beim Pawlowschen Experiment«, stellt Heribert Prantl fest. Ärgern sich die Bürger zu Recht?

Kanzlerin Merkel zum Beispiel erhält rund 15833 Euro brutto und 2000 Euro Zuschläge plus 12270,96 Euro steuerfreie Dienstaufwandsentschädigung monatlich, ein Minister 12860 plus 3681,36 Euro.

Auch die Übergangsgelder können sich sehen lassen. So erhält ein Minister, solange er nichts anderes findet, für drei Amtsjahre rund 250000 Euro in den drei darauffolgenden Jahren. Sogar bei einer Amtszeit von einem Tag bekäme er noch rund 57000 Euro.[279]

Auch die Abgeordneten nagen nicht am Hungertuch: Sie erhalten seit 1. Januar 2009 – wenn auch steuerpflichtig – monatlich 7668 Euro. Die steuerfreie Kostenpauschale von derzeit 3782 Euro wird jährlich den Lebenshaltungskosten angepasst. Die Erhöhungen an die Beamtenbesoldungsgruppe B6 und R6, also an die Bezüge von Bürgermeistern mittelgroßer Städte mit bis zu 250 000 Einwohnern und von Richtern an einem obersten Gerichtshof des Bundes, zu koppeln vermeidet zum einen die leidige öffentliche Debatte. Zum anderen führt der Innenminister die Verhandlungen über Beamteneinkommen: Da Wolfgang Schäuble aber auch MdB ist, bestimmt er über sein eigenes Einkommen mit.

Darüber hinaus erhalten die Abgeordneten noch Sonderleistungen: So können sie alle Verkehrsmittel der Deutschen Bahn gratis nutzen, und im Raum Berlin steht ihnen zusätzlich ein Dienstwagen aus der Flotte des Bundestags zur Verfügung. Außerdem werden die Kosten von Flug und Schlafwagen auf Nachweis sowie die Ausgaben für Telekommunikation, Büro und Geschäftsbedarf bis zu 9000 Euro beglichen.

Und auch für das Alter ist vorgesorgt: Nach einem Jahr Bundestag stehen einem rund 192 Euro zu, vom 2. bis zum 27. Jahr erhöht sich die Pension um 3 Prozent pro Jahr auf maximal 67,5 Prozent oder derzeit 5175 Euro. Wer vor 2008 schon MdB war, dem bringen acht Jahre Bundestag ab dem 65. Lebensjahr immerhin monatlich 1722 Euro Pension, 18 Jahre sogar 4697 Euro, und zwar schon mit 55 Jahren.

Am 7. Mai 2008 beschließt die Bundesregierung per Gesetzentwurf die Erhöhung ihrer eigenen Einkommen für 2008 und 2009 um insgesamt 770 Euro. Nach teilweise wütenden Protesten aus dem Volk und sogar aus den eigenen Fraktionen sowie dem Verzicht des Bundestags auf eine Diätenerhöhung sieht auch das Kabinett schon 14 Tage später notgedrungen von der Anhebung ab.

Die Kanzlerin sowie die meisten der Minister und Staatssekretäre haben aber nicht nur wegen des Vergleichs mit den Einkommen und Altersvorsorgen der Normalbürger Grund für ein schlechtes Gewissen: Abgeordnetenmandate für Regierungsmitglieder sind nämlich erstens verfassungsrechtlich bedenklich[280], weil sie damit der Exekutive *und* der Legislative angehören, was gegen das Gebot der Gewaltenteilung verstößt, und sie zweitens ihr Bundestagsmandat de facto gar nicht wahrnehmen und folglich auch nicht die entsprechenden Bezüge beanspruchen dürften. Sogar der heutige saarländische Ministerpräsident Peter Müller befand schon 1993, »dass derjenige, der Minister ist, für die Abgeordnetentätigkeit ausfällt ... deshalb soll er als Abgeordneter auch nicht mehr besoldet werden«.[281]

Auch für die Parteien sorgt Vater Staat

Auch die staatliche Parteienfinanzierung soll verhindern, dass die Parteien zum Spielball der Superreichen und ihrer Konzerne werden. Dennoch ist auch der staatliche Zuschuss abhängig von »Privat«, nämlich von Mitgliedsbeiträgen und Spenden. Damit dies aber nicht ein Fass ohne Boden wird, liegt die absolute jährliche Obergrenze derzeit bei 133 Millionen Euro.

Im Einzelnen gibt's jährlich je 0,85 Euro für die ersten vier Millionen Stimmen[282] bei Europa-, Bundestags- und Landtagswahlen, danach 0,70 Euro. 0,38 Euro für jeden Euro an Beiträgen oder Spenden, dabei werden nur 3300 Euro pro natürliche Person berücksichtigt. 2007 kassierte die CDU 44,80 Millionen Euro, die SPD 43,48, die Grünen 10,08, die CSU 10,71, die FDP 9,99 und die Linke 9,09 Millionen Euro.

Aber auch die Unabhängigkeit von der Wirtschaft ist Anlass für manche Heuchelei. So machte im Sommer 2007 ein Gerücht die Runde, wonach die Koalitionsparteien die Staatszuschüsse an die Parteien um 20 Millionen Euro auf 153 Millionen pro

Jahr anheben wollten, um Verluste wegen der sinkenden Mitgliederzahlen auszugleichen. Sofort echauffierte sich die Opposition, Verfassungsrechtler Hans Herbert von Arnim nannte das Ansinnen »verfassungswidrig«, und für den *Spiegel* endet der Vorstoß als »schneller Tod der Selbstbedienungsoffensive«.[283]

Der wichtigere Gesichtspunkt aber ist: Der Gesetzgeber, der an dieser Stelle Parteispenden nicht einmal hypothetisch als Bestechungslohn in Betracht zieht, zahlt zu Spenden 38 Prozent dazu – da drängt sich doch zumindest der Gedanke geradezu auf, durch »Luftbuchungen« Staatsgelder abzuschöpfen, wie ein Beispiel zeigt: Ein steuerlich gemeinsam veranlagtes Paar spendet 1500 Euro, der Staat schenkt ihm (über die Steuerabsetzbarkeit) 337,50 Euro, der Partei 570 Euro.[284] Wenn die Partei dem Spenderpärchen für eine fiktive »Studie« 1616,25 Euro zahlt, dann haben Pärchen und Partei je 453,75 Euro vom Steuerzahler abgegriffen.[285]

Aufschlussreich ist aber nicht nur die absolute Höhe, sondern auch der Anteil der Spenden an den Gesamteinnahmen einer Partei. Im Wahlkampfjahr 2005 zum Beispiel kassierte die CDU 33,25 Millionen Euro (21,2 Prozent Anteil), die CSU 9,35 Millionen (22,5), die SPD 14,16 Millionen (8,4), die FDP 11,75 Millionen (36,2), Die Linke 2,23 Millionen (9,9) und Bündnis 90/Grüne 4,43 Millionen Euro (16,6).[286]

2.2. Die Parteispenden: Legale Bestechung?

Selbstverständlich sind Parteispenden »an sich« nichts Verwerfliches, und es wäre auch widersinnig zu glauben, der Spender würde sich von seinem Obolus nichts versprechen. Natürlich wollen Barack Obamas Millionen von Kleinspendern für ihr Geld, dass der erste schwarze US-Präsident Schluss macht mit Rassismus, Angriffskriegen, Volksverarmung, Umweltzerstörung und Orwellstaat. Dennoch würde kein vernünftiger Mensch Obama für korrupt erklären, weil er das Geld der kleinen Leute angenommen und ihnen im Gegenzug eine solche Politik versprochen hat.

Auch bei uns will natürlich eine Hartz-IV-Empfängerin für ihre fünf Euro Spendengeld ebenso eine Gegenleistung sehen wie der Baulöwe für seine 500000 Euro.

Der Unterschied ist nur der, dass die fünf Euro kaum etwas bewirken können, die 500000 Euro sehr wohl, weshalb man Großspenden aus der Wirtschaft auch »Landschaftspflege« nennt.[287]

Dazu sagt Hans Joachim Klenk, bis 1991 Leiter der Rechtsabteilung der Thyssen Industrie AG, im Oktober 2000 vor dem Untersuchungsausschuss »Parteispenden« des Bundestages: »Wir sind doch hier nicht unter Jungfrauen.« Auch in Deutschland sei es üblich, dass Unternehmen Politiker um Unterstützung bäten, insbesondere bei der Vergabe öffentlicher Aufträge. »Sich dann bei den Parteien oder den jeweils Beteiligten durch Spenden oder Ähnliches erkenntlich zu zeigen, das ist doch nichts Besonderes.«[288]

Wenn also alles so klar und selbstverständlich ist, dann fragt es sich doch, warum Parteispenden permanent die Justiz und die Öffentlichkeit beschäftigen, warum CDU und SPD ihre Parteispendenskandale hatten und der FDP-Ehrenvorsitzende Otto Graf Lambsdorff in die Flick-Affäre verwickelt war.

Fast sämtlichen anrüchigen Spenden ist eines gemeinsam: die Heimlichtuerei. Dies erscheint zunächst nicht zwangsläufig: Schließlich kommen die Politiker selbst bei windigsten Spendengeschichten mit der Methode *Frechheit siegt* mühelos durch: 1998 kauft das Hamburger Ehepaar Ingrid und Karl Ehlerding vom Bund 112000 Eisenbahnerwohnungen und spendet der

CDU kurz darauf umgerechnet drei Millionen Euro. Der damalige Kanzler Kohl und sein Verkehrsminister Matthias Wissmann streiten jeden Zusammenhang ab, und der Ausschuss »Parteispenden« gibt sich damit zufrieden. 2005 wird Holger Pfahls wegen Vorteilsannahme und Steuerhinterziehung zu zwei Jahren und drei Monaten verurteilt, weil er vom Waffenhändler Karlheinz Schreiber für Rüstungsgeschäfte rund zwei Millionen Euro Schmiergeld auf ein Schweizer Tarnkonto angenommen und nicht versteuert hatte. Hier sagt Helmut Kohl, Pfahls habe das Rüstungsgeschäft nicht beeinflusst – und das war's dann.

Man stelle sich einmal vor, man erwischt einen Schiedsrichter, der soeben fünf Elfmeter für den FC gepfiffen hat, mit einer »Spende« vom FC, und er behauptet, er hätte die Elfer auch so gepfiffen …

Wenn aber Politiker mit der bloßen Behauptung durchkommen, selbst die zeitliche Nähe von Spende und Empfängerleistung beweise keinen Kausalzusammenhang, dann sind als wirkliche Gründe für Geheimhaltung neben Steuerhinterziehung handfeste politische Motive zu vermuten: Auch wenn es als »legal« durchgeht, will keine Partei als von der Industrie oder »den Reichen« finanziert dastehen. Und umgekehrt wollen weder die Reichen noch die Konzerne zu deutlich zeigen, von welcher Partei sie sich die beste Beihilfe zur Gewinnmaximierung versprechen und mit welchen Beträgen sie nachhelfen wollen.

Geld aber kann auch in der Politik entscheidend sein: Dass die Parteien mit etwa 20 bis 30 Prozent ihrer jährlichen Ausgaben die Wahlkämpfe finanzieren, lässt den banalen Schluss zu, dass es sich lohnt: Dass man mit Geld Wählerstimmen und letztlich auch Wahlen gewinnen kann.

Bezeichnend ist daher auch die Liste der Großspender (ab 50 000 Euro) von 2008. So gab etwa die Deutsche Bank insgesamt 500 000 Euro – je 200 000 an CDU und FDP sowie 100 000 an die SPD –, alles übrigens im letzten Quartal. Das Bankhaus Sal. Oppenheim ließ jeweils 100 000 Euro für CDU und FDP springen, die Commerzbank gab CDU und SPD je 100 000 Euro. Die Linke erhielt als einzige Bundestagspartei keine einzige Großspende.

2.3. Regierungssponsoring –
»Dies Gesetz wird Ihnen präsentiert von ...«

Der Bericht des Innenministeriums über die »Sponsoringleistungen an die Bundesverwaltung« für die Jahre 2005 und 2006 veranlasste *Welt Online* am 5. Juli 2007 zur Schlagzeile »*Bundesregierung lässt sich kräftig sponsern*«.
Tatsächlich stieg die Gesamtsumme gegenüber den Jahren 2003/4 von 55,2 auf 80,3 Millionen Euro

Wert der Geld- und Sachleistungen pro Behörde in Euro:

Gesundheit	49 737 154
Kulturstaatsminister Bernd Neumann	10 883 079 [289]
Bildung und Forschung	5 318 176
Auswärtiges Amt	3 837 285 [290]
Wirtschaft und Technologie	2 888 719 [291]
Inneres	2 691 660 [292]
Justiz	940 067
Bundespräsidialamt	935 737 [293]
Verteidigung	896 326
Finanzen	461 841 [294]
Ernährung, Landwirtschaft und Verbraucherschutz	424 228

Verkehr, Bau und Stadtentwicklung 338 904
Arbeit und Soziales 303 080
Bundesrat 217 100
Bundeskanzleramt . . . . 133 585 [295]
Bundespresseamt 124 500
Umwelt, Naturschutz und Reaktorsicherheit . . . 111 643
Bundesverfassungsgericht . . . . 47 290 [296]
Familie, Senioren, Frauen und Jugend 6 650
Wirtschaftliche Zusammenarbeit 4 000
Bundesrechnungshof 550
Gesamtsumme *80 301 574*

Wie wir bereits sehen konnten, sind die Grenzen zwischen Hilfsbereitschaft oder netter Geste einerseits und »Landschaftspflege« andererseits durchaus fließend. Ein Kriterium ist dabei die »Beachtlichkeit« (Juristenjargon): Wenn wir unserem Kontaktbereichsbeamten zu Silvester eine Flasche Cognac schenken, wird er uns deshalb noch lange nicht das Parken auf der Feuerwehreinfahrt durchgehen lassen. Zudem könnte er sich den Alkohol auch selbst kaufen. Richten wir dagegen dem Zollbeamten die Hochzeitsfeier für 50 Gäste aus, wird's schon problematisch.

So haben Privatfirmen das Sommerfest des Bundespräsidenten mit fast einer Million Euro gesponsert. Nun könnte man meinen, dies könne der Staat locker selbst bezahlen, aber im Zweijahresbericht heißt es, »dass die Geld-, Sach- und Dienstleistungen aus Sponsoring erneut überwiegend Projekten zugute gekommen sind, die ohne die Leistungen Dritter nicht oder nur in geringerem Umfang hätten verwirklicht werden können«.

Gleichzeitig wird das berüchtigte *do ut des* beschworen, das Geben, um zu nehmen: »Sponsoring unterstützt einerseits die öffentliche Hand bei der Erfüllung ihrer Aufgaben, andererseits eröffnet es dem Sponsor die Möglichkeit, einen Werbeeffekt oder sonst öffentlichkeitswirksamen Vorteil zu erreichen.«[297]

Wie weit aber darf sich der Staat mit der Wirtschaft gemein machen?

Das Problem spricht der Bericht durchaus an: »Beim Sponsoring sind die Integrität und Neutralität des Staates zu wahren. Daher ist schon jeder Anschein zu vermeiden, die Dienststellen oder ihre Beschäftigten ließen sich von den Interessen des Sponsors leiten oder behördliche Entscheidungen seien durch sachfremde Erwägungen beeinflusst.«

Wer nun einwendet, man solle nicht katholischer sein als der Papst, wäre aber sicher erstaunt, würde der Papst beim nächsten *urbi et orbi* verkündigen: »Dieser Segen wird Ihnen präsentiert von *Klosterbräu*.«

Besonders nassforsch in diesem Sinne wirkt die milde Gabe von 5,1 Millionen Euro für »Präventionsmaßnahmen zum Nichtrauchen von Kindern und Jugendlichen«: Sponsoren waren der *Verband der Cigarettenindustrie*, die *Philip Morris GmbH*, die *British American Tobacco (Germany) GmbH*, die *Reemtsma Cigarettenfabriken GmbH*, die *JT International Germany GmbH*, die *Austria Tabak GmbH* und Heinz van Landewyck.

Aber war da nicht mal etwas? Als der EU-Ministerrat am 2. Dezember 2002 ein Verbot für Tabakwerbung beschließt, geschieht dies gegen die Stimmen Deutschlands und Großbritanniens. Und gegen die entsprechende Tabakwerberichtlinie der EU-Kommission vom 26. Mai 2003 klagt die Bundesregierung kurz darauf beim Europäischen Gerichtshof.

Zugegeben: »Diese Klage wird Ihnen präsentiert von HB« stand nicht im Text …

3. Abhängigkeit und Korruption

3.1. Korruption – was ist das eigentlich?

Um integere Politiker von ihren Kollegen zu unterscheiden, hilft das Strafgesetzbuch kaum weiter. So ist bei uns den Abgeordneten lediglich der Verkauf ihrer Stimme verboten, nicht aber die Schmiergeldannahme für ihre übrige Tätigkeit als Volksvertreter. Die entsprechende UNO-Konvention *United Nations Convention against Corruption* (*UNCAC*) vom 31. Oktober 2003 trat zwar schon am 14. Dezember 2005 in Kraft und wurde bislang von 126 Staaten ratifiziert, nicht aber von Deutschland. Der Bürger sollte daher einen Politiker, der bei uns legal etwas tut, wofür er in den meisten anderen Ländern ins Gefängnis wandern würde, nicht unbedingt für den Ausbund an Integrität halten.

Korruption ist leicht erklärt: Der Bestochene bricht einen Vertrag oder eine Abmachung durch eine (meist geheime) weitere Abmachung mit *Dritten*. Bestes Beispiel ist der Bäckereiprokurist, der durch überteuerten Mehleinkauf den Inhaber schädigt und sich mit dem Lieferanten den Gewinn teilt. Ebenso haben Amts- und Mandatsträger einen Vertrag mit dem Volk in Gestalt seines Staates, und zwar nicht nur, weil der sie bezahlt. Begünstigt etwa ein Regierungsmitglied oder ein Volksvertreter irgendwelche *Dritte* und nimmt dafür eine Gegenleistung, so ist dies Korruption. Wer aber sind diese ominösen *Dritten*? Wenngleich uns in diesem Buch vor allem etwaige korrupte Verflechtungen von Politikern mit »der Wirtschaft« interessieren, so sollte man doch die Korruption innerhalb der Politik nicht unerwähnt lassen: Wenn beispielsweise ein Pazifist plötzlich für Kriegseinsätze stimmt und kurz darauf Staatssekretär wird, so ist die Vermutung nicht ganz abwegig, er habe sich »kaufen« lassen.

Überhaupt ist es ja ein Irrglaube, Politiker ließen sich nur mit Geld kaufen, eher im Gegenteil. Nur die wenigsten gehen in die Politik, um steinreich zu werden. Viel wichtiger sind für sie das Gefühl der politischen Macht, die Medienpräsenz und das Sozialprestige – was dem zu Recht miserablen Ansehen der politischen Klasse keineswegs widerspricht.

»Wer Politiker auf schnelle Autos reduziert«, schreibt *Zeit*-Autor Patrik Schwarz, »unterschätzt ihre wahre Leidenschaft.«[298] Und Wolfgang Clement beantwortet die Frage »Was ist das Brot des Politikers, woraus bezieht er Genugtuung?« ganz offen und eitel: »Für die Politik ist das die öffentliche Wahrnehmung.« Auch die frühere Familienministerin Renate Schmidt, die vor ihrer Politkarriere Versandhausangestellte war, bekennt unverblümt: »Ich bin seit 1987 dran gewöhnt, wichtig zu sein.«[299] Unvergessen bleibt auch das selbstmitleidige »Und was wird dann aus mir?« der schleswig-holsteinischen Ministerpräsidentin Heide Simonis nach der verlorenen Landtagswahl im Frühjahr 2005 auf die Frage nach einer großen Koalition unter einem CDU-Ministerpräsidenten – ebenso wie ein Jahr später ihr öffentlichkeitsheischender Auftritt in einem mit abgehalfterter Pseudoprominenz bestückten Tanzklamauk bei RTL.

Insofern ist auch gegenüber den politischen »Rampenhuren« (Medienjargon), die von einer Talkshow zur nächsten spazieren, Misstrauen angebracht: Erkaufen sich solche Leute ihre permanente Medienpräsenz mit gespielten Rollen als kritikloses Parteisprachrohr, als Parteilinker vom Dienst oder als ewiger »Querdenker«?

3.2. Dankeschönjobs:
Es gibt ein Leben nach der Politik

Die Dankeschönjobs werden bei uns – ähnlich wie die hierzulande trotz UNO-Anmahnung immer noch erlaubten Dankeschönspenden – als eine völlig überraschende Geste eines zufriedenen Unternehmens hingestellt. Dazu ein Beispiel: Sagt ein Zwölfjähriger seiner Großmutter ein Gedicht auf, so tut er es beim ersten Mal vielleicht einfach, um ihr eine Freude zu machen; und die 20 Euro von der Oma kommen völlig überraschend. Wenn er aber nach zwei Monaten wieder 20 Euro für ein Gedicht erhält und sich das Ganze periodisch wiederholt, dann ist es ein »Deal«: Gedicht gegen Geld. Selbstverständlich ist dazu keinerlei Vereinbarung nötig, und der Junge tut auch jedes Mal ganz überrascht ...

Genauso verhält es sich mit den Dankeschönjobs: Ein konzernfreundlicher Minister kann ziemlich sicher sein, später einmal mit irgendeinem lukrativen Job belohnt zu werden. Das muss auch so sein, denn jeder Dankeschönjob ist ein Wink für aktive Politiker, sich ebenfalls eine solche Gefälligkeit zu verdienen.

Die Dankeschönliste deutscher Spitzenpolitiker ist ellenlang (hier nur ein Auszug):

- Werner Müller genehmigt als rot-grüner Wirtschaftsminister trotz strikter Ablehnung durch das Bundeskartellamt die Fusion von E.on mit *Ruhrgas* und ist anschließend Chef der Ruhrkohle AG (RAG), die zu einem Drittel der E.on gehört.
- Alfred Tacke gibt 2002 als Müllers Staatssekretär die Ministererlaubnis und wird danach Chef der RAG-Tochter *Steag*. »Nicht legitim, aber anrüchig« findet das der *Spiegel*[300], und die wirtschaftspolitische CDU/CSU-Fraktionssprecherin Dagmar Wöhrl fragt, ob die Fusionsgenehmigung »in

irgendeinem Zusammenhang mit dem finanziell sicher äußerst lukrativen Berufswechsel Tackes« stehe.

- Gerhard Schröder fördert 2005 massiv die Ostsee-Pipeline und sitzt jetzt im Aufsichtsrat der Betreiberfirma *Nord Stream AG*, einem Gemeinschaftsunternehmen von E.on und BASF und Schröders Brötchengeber *Gazprom*.

- Wolfgang Clement liberalisiert Ende 2002 als Wirtschaftsminister mit dem *Gesetz für moderne Dienstleistungen am Arbeitsmarkt* die Zeitarbeit und sitzt anschließend im Aufsichtsrat der *Zeitarbeitsfirma Deutscher Industrie Service AG*, außerdem der *Dussmann*-Gruppe, der *Landau Media AG*, der *RWE Power AG* und dem *DuMont* Verlag sowie im Beirat der US-Bank *Citigroup*.

- Otto Schily setzt sich als Innenminister massiv für die Einführung des *biometrischen Reisepasses* ein und sitzt anschließend im Aufsichtsrat von *Byometric Systems AG* und *SAFE ID Solutions AG*, beides Hersteller biometrischer Anwendungen.

- Caio Koch-Weser ist von 1999 bis November 2005 beamteter Finanzstaatssekretär und seit Anfang 2006 Berater des Vorstandschefs (»Vice Chairman«) der Deutschen Bank, sprich: »Teuerster Frühstücksdirektor des Konzerns« (*Spiegel*). Noch im Oktober 2005 zeichnet Koch-Weser eine Regierungsbürgschaft für Kredite der Deutschen Bank zur Finanzierung der Ostsee-Pipeline ab. *Transparency International* sieht darin einen Interessenskonflikt, da Koch-Wesers Abteilung im Finanzministerium für die nationale und internationale Finanz- und Währungspolitik zuständig und daher auch für den Verkauf von deutschen Auslandsforderungen gegenüber Russland verantwortlich gewesen sei. Ein Ermittlungsverfahren gegen Koch-Weser stellt die Staatsanwaltschaft Berlin jedoch 2007 ein.

- Matthias Berninger (Grüne) ist 2001 bis 2005 Parlamentarischer Staatssekretär bei der Bundesministerin für Verbraucherschutz, Ernährung und Landwirtschaft, seit Februar 2007 beim US-Süßwarenkonzern *Mars* und seit August 2008 als *Global Head of Public Policy* weltweit für »Gesundheit, Ernährung und Nachhaltigkeit« zuständig.

- Matthias Wissmann (CDU) ist ab 2005 Verkehrsminister und wechselt Mitte 2007 in den Chefsessel des *Verbandes der Automobilindustrie*. Gerade in der Klimadebatte, so die Welt süffisant, »fehlt es vor allem an einem eloquenten, Talkshow-affinen Außendarsteller und an einem Strippenzieher, der weiß, wie die Politik im Bund und auf europäischer Ebene läuft. Beide Aufgaben sind Wissmann wie auf den Leib geschneidert.«[301]

- Hildegard Müller (CDU) ist ab 2005 Staatsministerin im Bundeskanzleramt und wechselt im Oktober 2008 zum Bundesverband der Energie- und Wasserwirtschaft (BDEW). Schon als Chefin der Jungen Union wird Müller von der Wirtschaft gefördert. So beschließt der Vorstand der *Dresdner Bank* im August 2000, ihr für drei Jahre einen Betrag von 20 000 Mark jährlich für eine Halbtagsstelle bei der Jungen Union zur Verfügung zu stellen. Genauso lange soll ihr die Bank sogar eine Sekretärin für ihre politische Arbeit gestellt haben. Schlagzeilen macht sie Anfang 2005, als bekannt wird, dass sie auch nach ihrer Wahl in den Bundestag 2002 bis zu 2000 Euro monatlich von der Dresdner Bank kassiert hat. Zudem war sie als Aufsichtsrat der *Nova* und Beirat der *Barmenia* eng mit der Versicherungsbranche verbandelt.

- Margareta Wolf (Grüne), von 2001 bis 2002 Staatssekretärin für Wirtschaft, dann bis 2005 für Umwelt, Naturschutz und Reaktorsicherheit, ist seit Anfang 2007 Managing

Director bei der Strategie- und Kommunikationsberatung *Deekeling Arndt Advisors (DAA)*, sitzt aber trotzdem noch ein volles Jahr im Bundestag und dessen Wirtschaftsausschuss. Da Wolf keinerlei Berufsausbildung angibt, dürfte es DAA vor allem auf ihr Insiderwissen und ihre Kontakte ankommen. Weil sie für die *DAA* vor allem die Öffentlichkeitsarbeit der Kernenergie-Lobby betreut, gibt es im Juli 2008 Ärger mit den Grünen, der mit Wolfs Parteiaustritt endet.

Um derlei »Missverständnissen« ein Ende zu bereiten, fordert LobbyControl eine dreijährige Karenzzeit. »Es darf nicht sein, dass Spitzenpolitiker nahtlos in Vorstände und Aufsichtsräte wechseln oder ihre noch warmen Kontakte und Insiderinformationen durch Beratungstätigkeiten für die Privatwirtschaft in privilegierten Einfluss umsetzen.«[302]

3.3. Die Nebenjobs

Statt Schlips und Kragen sollten die Politiker im Bundestag Trikots tragen, mit den Logos der Firmen, von denen sie bezahlt werden. Um Kontakte zu vereinfachen, könnte auch gleich die Kontonummer des Politikers auf dem Rücken gut lesbar angebracht sein.[303]

Die Nebentätigkeit von Abgeordneten erinnert irgendwie an den Schüleraustausch: Weil so viele Wirtschaftsvertreter in den Ministerien die Arbeit der Politiker machen, müssen auch möglichst viele Volksvertreter nebenbei für die Wirtschaft arbeiten. Und da die Politiker ebenso wie die Konzerne nichts anderes im

Sinne haben als das Blühen des Deutschen Vaterlandes, können ein gegenseitiges Kennenlernen und ein gemeinsames Arbeiten bis hin zum Zusammenwachsen unserem Gemeinwesen eigentlich nur förderlich sein.

Nun sieht das unsere Neidgesellschaft allerdings bedeutend humorloser und rückt diese zwischenmenschlichen Beziehungen in die Nähe der Korruption. Abgeordnete würden vom Staat ja gerade deshalb so fürstlich entlohnt, um ihre grundgesetzliche Unabhängigkeit zu garantieren. Dies wäre aber bei einem Nebenjob für Unternehmen oder Verbände – frei nach der Maxime *Wes Brot ich ess, des Lied ich sing* – nicht mehr gewährleistet.

Und entsprechend merken missgünstige Zeitgenossen an, ihnen selbst gestatte der Arbeitgeber Nebenjobs nur eingeschränkt oder gar nicht, weil er von ihnen den vollen und nicht den teilweisen Einsatz der Arbeitskraft erwarte. Und manch ein gemeiner Mitbürger hätte bestimmte Politiker womöglich gar nicht erst in den Bundestag gewählt, wenn sie verkündet hätten, sie stünden für einen Riesenbatzen Geld im Dienste eines Konzerns, und wenn dann noch Zeit übrig sei, kümmerten sie sich gern um die Interessen des Volkes.

Zwar behaupten auch *schwarze Schafe* wie der Rheinländer CDU-Abgeordnete und Lobbyverweigerer Uwe Schummer, er sei mit seiner 70-Stunden-Woche Volksvertretung voll ausgelastet. Er legt sich auf seiner Internetseite in einem unterschriebenen Bürgervertrag sogar fest, keine Nebeneinkünfte anzunehmen und seine Bezüge einmal im Jahr offenzulegen.

Auch seinem SPD-Kollegen Ulrich Kelber fehlt für bezahlte Nebengeschäfte schlicht die Zeit: »Bundestagsabgeordneter ist auf jeden Fall ein Vollzeitjob. Ich bin persönlich meistens morgens um 7.00 Uhr im Büro und selten vor Mitternacht wieder raus.«[304]

Die Heerschar der anderen aber kann sich die Arbeit offenbar besser organisieren, wie etwa die Rechtsanwältin Annette Kramme mit ihren über 200 (!) Mandanten oder Heinz Riesenhuber (CDU) mit seinen 19 Nebenjobs, darunter Posten in elf Aufsichts-, Verwaltungs- oder Beiräten.[305]

Dass diese Effektivitätsgenies mit ihrer Genialität nicht hausieren gehen und ihre Nebeneinkünfte nicht an die große Glocke hängen, spricht eigentlich für ihre an Selbstverleugnung grenzende Bescheidenheit.

So viel sympathische Zurückhaltung allerdings konnte selbst das Bundesverfassungsgericht nicht mit ansehen: Im Juli 2007 erklärten die Karlsruher Richter das Abgeordnetengesetz vom Oktober 2005 für rechtens, wonach die Nebenverdienste der Bundestagsabgeordneten – wenn auch nur recht vage anhand von drei Stufen[306] – für jedermann einsehbar sein müssen. Damit wies das Gericht eine Klage von Friedrich Merz und acht anderen MdB zurück, wonach ihre Nebeneinkünfte niemanden etwas angingen und auch der Bundestag keineswegs im Mittelpunkt der Abgeordnetentätigkeit stehen und folglich die meiste Zeit in Anspruch nehmen müsse. Kritiker wie Parteienrechtler Hans-Herbert von Arnim fordern allerdings nun die Offenlegung der exakten Summe. »Der Wähler muss selbst einschätzen können, ob ein Abgeordneter Diener zweier Herren ist.«[307]

Oder gleich mehrerer, wie Kläger Merz: Der frühere Unions-Fraktionschef räumt mit 21 »anzeigepflichtigen Nebentätigkeiten« jährlich mindestens 70 000 Euro ab.[308]

Laut Internetseite des Bundestags arbeitet Merz unter anderem als:

- Rechtsanwalt in der Anwaltssozietät *Mayer, Brown, Rowe & Maw LLP, Berlin/Frankfurt*

- Aufsichtsrats- und Beiratsvorsitzender *AXA Konzern AG*,
- Aufsichtsrat *AXA Versicherung AG*,
- Aufsichtsrat *DBV-Winterthur Holding AG*,
- Aufsichtsrat *Deutsche Börse AG*
- Aufsichtsrat *Interseroh AG*, Köln
- Aufsichtsrat *IVG Immobilien AG*, Bonn
- Verwaltungsrat *BASF Antwerpen N.V.*,
- Verwaltungsrat *Stadler Rail AG*, Bussnang/Schweiz
- Wirtschaftsrat Ballspielverein *Borussia 09 e.V. Dortmund*
- Beirat *Borussia Dortmund Geschäftsführungs-GmbH*,
- Zentraler Beirat *Commerzbank AG*.

All dies bedeutet außer Geld natürlich auch Zeitaufwand. Wann soll einer da noch das Volk vertreten?

Nun dürfen Merz und die anderen Hinzuverdiener aber gerade *nicht* behaupten, der Nebenjob sei nur ein Klacks. Denn der Lohn fürs Nichtstun ist ja noch anrüchiger, wie auch Hans-Herbert von Arnim hervorhebt: Zahlungen ohne normale Gegenleistung »begründen den bösen Schein, dass politischer Einfluss oder Insiderwissen gekauft wird«.[309] Dabei geht es beileibe nicht nur um den Einfluss auf parlamentarische Entscheidungen: »Auch der Zugang zum Machthaber, den Abgeordnete vermitteln, ist Unternehmen und Verbänden oft viel Geld wert. Das Gleiche gilt für die frühzeitige Information, was politisch ansteht. Dürfte das ›große Geld‹ sich unbeschränkt politischen Einfluss kaufen, hätten wir Plutokratie statt Demokratie.«[310]

Abgeordnete mit den höchsten angegebenen
Mindest-Nebeneinkünften (2007) in Euro[311]

Walter Riester (SPD)	162 000
Barbara Hendricks (SPD)	161 000
Klaus Brandner (SPD)	129 500
Klaas Hübner (SPD)	120 000
Annette Kramme (SPD)	112 500
Hans-Joachim Otte (FDP)	88 500
Karin Roth (SPD)	84 000
Peter Hintze (CDU)	84 000

Abgeordnete mit den meisten
angegebenen Arbeitgebern

Walter Riester (SPD)	53
Hermann Scheer (SPD)	31
Guido Westerwelle (FDP)	29
Wolfgang Thierse (SPD)	24
Friedrich Merz (CDU)	21
Heinz Riesenhuber (CDU)	21
Hans Michelbach (CSU)	18
Konrad Schily (FDP)	18
Norbert Lammert (CDU)	18
Georg Schirmbeck (CDU)	17

Im aktuellen Bundestag haben 366 von 612 Abgeordneten, also 60 Prozent der Volksvertreter, einen Nebenjob in der Privatwirtschaft. Nimmt man Tätigkeiten in staatlichen oder gemeinnützigen Einrichtungen mit hinzu, wie etwa in der Kreditanstalt für Wiederaufbau, beim Roten Kreuz oder bei den Kirchen, so kommt man auf über 80 Prozent.[312]

Die Musik spielt in den Ausschüssen

Nur besonders unbedarfte Mitbürger glauben, dass im Bundestagsplenum großartig um »die Wahrheit«, sprich: um politische Überzeugungen und Beschlüsse, gerungen wird. Sieht man einmal von den erwähnten Gesetzesvorlagen der Konzernvertreter in den Ministerien ab, so werden die Weichen bereits in den Ausschüssen gestellt. So sind sie nach der Geschäftsordnung des Deutschen Bundestages nur »vorbereitende Beschlussorgane«, in Wahrheit aber »haben ihre Beschlüsse faktisch zumeist Entscheidungscharakter«.[313] Auch nach Urteil des Bundesverfassungsgerichts arbeiten die Ausschüsse stets auf die endgültige Beschlussfassung durch das Plenum hin und nehmen damit zugleich einen Teil des Entscheidungsprozesses entlastend vorweg.[314]

Es liegt also auf der Hand, dass vor allem in den Ausschüssen die Lobbyarbeit der Abgeordneten gefragt ist. Wie aber kommen die Interessenvertreter in diese wichtigen Gremien? Offenbar viel leichter, als ohnehin schon befürchtet. »Persönliche Neigungen und Karriereinteressen spielen eine große Rolle, ebenso die Intention von Verbänden und Interessengruppierungen der Fraktionen«, sagt Parlamentsforscher Wolfgang Ismayr, obwohl – rein theoretisch – auch die »fachliche und kommunikative Kompetenz … gewährleistet« sein soll.

Kein Wunder also, dass diese Gremien wahre Tummelplätze der einschlägigen Nebenjobber sind.

Im Ausschuss für Bildung, Forschung und Technikfolgenabschätzung zum Beispiel sind mindestens 14 der 36 Mitglieder[315] mit einem an der Arbeit des Gremiums interessierten Privatunternehmen verbandelt:

- Vorsitz Klaus W. Lippold (CDU): Geschäftsführer Industrieverband Kunststoffbahnen e. V. (IVK), Frankfurt/Main, Geschäftsführer Vereinigung Hessischer Unternehmerverbände e.V., Beirat Deutsche Flugsicherung GmbH, Langen

- Georg Brunnhuber CDU: Aufsichtsrat Deutsche Bahn AG
- Enak Fermemann (CDU): Geschäftsführer Dr. Mingramm Immobilien, Handel, Unternehmensberatung GmbH, Cuxhaven, Vertreter des Gesellschafters Flughafenbetriebsgesellschaft Cuxhaven-Nordholz GmbH
- Dirk Fischer (CDU): Beirat Deutsche Flugsicherung GmbH, Langen
- Wilhelm Josef Sebastian (CDU): Geschäftsführer Bel Ahr GmbH, Berlin
- Gero Storjohann (CDU): Beirat Deutsche Bahn AG
- Gerhard Wachter (CDU): Aufsichtsrat Tectum Dienstleistungen GmbH, Paderborn
- Uwe Beckmeyer (SPD): Beirat BLG Logistics Group AG & Co. KG, Bremen, Aufsichtsrat Bremer Lagerhaus-Gesellschaft – Aktiengesellschaft von 1877
- Rainer Fornahl (SPD): Aufsichtsrat Leipziger Wohnungs- und Baugesellschaft mbH
- Hans-Joachim Hacker (SPD): Rechtsanwalt
- Jörg Vogelsänger (SPD): Beiratsvorsitzender Busverkehr Oder-Spree GmbH, Fürstenwalde
- Petra Weis (SPD): Kuratorin Bundesverband für Wohneigentum e.V., Beirat Verband Wohneigentum e.V.
- Margrit Wetzel, (SPD): Gesellschafterin Eisenbahn- und Verkehrsbetriebe Elbe-Weser GmbH (EVB), Zeven, Beirat Hydro Aluminium Beschäftigungsgesellschaft mbH (HAB), Stade, Gesellschafterin Verkehrsgesellschaft Nord-Ost-Niedersachsen mbH (VNO), Stade
- Horst Friedrich (FDP): Berater SUPOL Tank GmbH, Göritz/Thüringen, Beirat Deutsche Flugsicherung GmbH, Langen

- Winfried Hermann (Grüne): Beirat Deutsche Flugsicherung GmbH, Langen

Noch extremer geht es im Finanzausschuss zu, wo gleich 21 der 36 Mitglieder Lobbyisten in eigener oder fremder Sache sind:

- Vorsitz Eduard Oswald (CDU): Beirat Deutsche Flugsicherung GmbH, Langen, Kurator Hochschule der Sparkassen-Finanzgruppe GmbH, Bonn
- Otto Bernhard (CDU): Unternehmensberater mit 21 Mandanten
- Leo Dautzenberg (CDU): Beirat Bundesverband der Dienstleistungswirtschaft (BDWi), stellvertretendes Mitglied Verwaltungsrat Bundesanstalt für Finanzdienstleistungsaufsicht, Geschäftsführer NEUPHONE Handels GmbH, Unternehmensberater mit drei »Vertragspartnern«
- Klaus-Peter Flosbach (CDU): Finanzberater mit acht »Vertragspartnern«
- Olav Gutting (CDU): Rechtsanwalt Kanzlei Gutting Steuerberater und Rechtsanwälte, Oberhausen, Aufsichtsrat Volksbank-Bruhrain-Kraich-Hardt eG, Oberhausen-Rheinhausen, Aufsichtsrat WirSol AG, Waghäusel
- Manfred Kolbe (CDU): Notar mit fünf Mandanten
- Hans Michelbach (CSU): Unternehmer, Industrie- und Handelskammer Würzburg-Schweinfurt, Industrie- und Handelskammer zu Coburg, Präsidium Bundesvereinigung der Deutschen Arbeitgeberverbände, Vorsitz Steuerausschuss Bundesvereinigung Deutscher Handelsverbände
- Albrecht Ruprecht (CSU): Beratung Rupprecht Consulting, Weiden, Beirat Fronteris Biodiesel VC GmbH, Regensburg
- Lothar Binding (SPD): Beteiligung an: Bildungsstätte Stangenrod, Angelika und Lothar Binding GbR, Grünberg

- Norbert Schindler (CDU): Aufsichtsrat CropEnergies AG, Mannheim, Ausschuss Vorsorge und Versicherungsfragen R+V- Lebensversicherung

- Christian Freiherr von Stetten (CDU): Vorsitz Aufsichtsrat Schloß Stetten Betreuungs AG, Künzelsau, außerdem Beteiligung an: Dr. v. Stetten Grundstücks KG, Hohenloher-Ticket-Service GmbH, Messe- und Betriebsgesellschaft Stetten mbH, Residenz Dienstleistungsgesellschaft mbH, Schloß Stetten Betreuungs AG, Stetten Bau GmbH, Künzelsau, Unternehmensentwicklungs- und Förderungsgesellschaft Hohenlohe mbH, alle Künzelsau

- Gabriele Frechen (SPD): Beteiligung an: Steuerkanzlei Frechen Melzer Pilz, Hürth

- Florian Pronold (SPD): Rechtsanwalt Kanzlei Paluka, Sobola & Partner, Regensburg

- Ortwin Runde (SPD): Beirat Barmer Ersatzkasse, Schlichtungsstelle Verband Kirchlich Diakonischer Arbeitgeber (VKDA) in der Nordelbischen Kirche

- Bernd Scheelen (SPD): Aufsichtsrat Städtische Werke Krefeld AG, Verwaltungsrat Sparkasse Krefeld

- Reinhard Schulz (SPD): Geschäftsführender Gesellschafter von Schultz Projekt Consult GbR und Schultz Projektentwicklungs GmbH, Everswinkel, Aufsichtsrat Vattenfall Europe Mining AG, Vertrauensmann Landesbausparkasse NRW

- Frank Schäffler (FDP): »Berater« Frank Schäffler, Finanzdienstleistungen, Berater MLP AG, Wiesloch

- Hermann Otto Solms (FDP): Aufsichtsratsvorsitz Piper Generalvertretung Deutschland AG, Calden, Beirat Thelen-Consult, Berlin, Beirat Bundesverband der Dienstleistungswirtschaft (BDWi), Beirat Universum Verlagsanstalt GmbH & Co. KG

- Carl-Ludwig Thiele (FDP): Geschäftsführer Schindhelm Rechtsanwaltsgesellschaft mbH, Osnabrück, Aufsichtsrat SIGNAL Krankenversicherung a.G, Aufsichtsrat Stephanswerk GmbH Wohnungsbau, Osnabrück, Verwaltungsrat Sparkasse Osnabrück
- Axel Troost (Die Linke): Gesellschafter Beschäftigungs- und Qualifizierungsgesellschaft mbH, Bremerhaven, Geschäftsführender Gesellschafter PIW Progress-Institut für Wirtschaftsforschung GmbH, Bremen
- Gerhard Schick (Grüne) Projektmanager Bertelsmann-Stiftung

3.4. Die schleichende bargeldlose Korruption

Dass dieses System des Lobbyismus so gut funktioniert, liegt sicherlich nicht an einem angeborenen »schlechten Charakter« unserer Volksvertreter – obwohl wir ja gesehen haben, dass sich nur ein gewisser Menschenschlag durchsetzt: das ist in der Politik eben kaum anders als in der Zunft der Heiratsschwindler, Schlammcatcher oder Paparazzi.

Vielmehr liegt es – so abgenutzt und nach Universalausrede das klingen mag – »am System«. Der humanistisch gesinnte Bundestagsnovize sieht sich von Anfang an und nicht zu Unrecht in der Situation eines Fastfood-Leiharbeiters, der den gesamten Konzern auf Nouvelle Cuisine umstellen will. Was würde er wohl auf seine bloße Frage hin erleben, ob ein MdB gleichzeitig im Beirat einer Versicherung und im Sozialausschuss oder im Aufsichtsrat eines Pharmariesen und im Gesundheitsausschuss sitzen darf? Hinzu kommt, dass der Hinweis der Fraktionsführung, ohne die Partei säße er gar nicht im Bundestag, zweifellos richtig ist. So wird er also über kurz oder lang Bedenken Bedenken und Gewissen Gewissen sein lassen und seine eigenen Deals machen, sich vielleicht sogar einem Netzwerk, einer Seilschaft oder einem Parteiflügel anschließen. Schon bald jedenfalls werden ihm Kungelei und Kuhhandel nicht mehr als korrupte Verflechtungen zu Lasten des Volkssouveräns, sondern als »notwendige Kompromisse im Dienste der guten Sache« verkommen, wobei die »gute Sache« oft sein eigener Aufstieg ist: Als Fraktionsvorstand, Staatssekretär oder gar Minister kann er ja schließlich viel mehr für das »Gemeinwohl« erreichen, oder? Soll er dieses hehre Ziel jetzt durch die einzige Gegenstimme seiner Fraktion zu Gesetzen zur Legalisierung der Heuschrecken oder der Staatsschnüffelei aufs Spiel setzen? Im günstigen Fall würde man ihn für einen »humanistischen Streber« halten, der sich auf Kosten der anderen profilieren will, im ungünstigen für einen Nestbeschmutzer: Isoliert wäre er so oder so. Aber der einzige altruistische Hering im Haifischbecken der Karrieristen will er jedenfalls nicht sein.

Und was ist denn schon dabei, die angenehmen Seiten des Politikerlebens zu genießen, zum Beispiel eine »geachtete Persönlichkeit« zu sein, zu Talkshows und Empfängen eingeladen zu werden, Ausstellungen oder Sommerfeste eröffnen zu dürfen? Hatte nicht schon Montesquieu den Drang der Menschen, sich in den Vordergrund zu spielen, als eine Art Urtrieb beschrieben?

Bereichern will dieser Politiker sich keinesfalls, sein »Auskommen« haben dagegen schon: Allein eine gute Ausbildung für die Kinder verschlingt ein Heidengeld, und was würde es am Bildungssystem ändern, wenn sein Nachwuchs statt eines Elitegymnasiums die Gesamtschule im Problemkiez besuchte? Warum soll die Älteste nicht beim Parteifreund promovieren und der Schwiegermutter nicht durch »Vitamin B« die Wartezeit für die Nierentransplantation verkürzt werden? Würde nicht jeder andere an seiner Stelle genauso handeln?

Nicht nur Geld verdirbt den Charakter, auch »das Sein bestimmt das Bewusstsein«: Wenn sogar ein Günter Wallraff während seiner kurzen Stippvisite als »Hans Esser« bei *Bild* beängstigende Deformationen der Persönlichkeit bei sich feststellte, warum sollte es einem Politiker da anders gehen? Helmut Schmidts Polemik, »wer Visionen hat, soll zum Arzt gehen«, erscheint ihm zusehends plausibler. Schon bald ertappt er sich dabei, seine früheren Gesinnungsgenossen als »Gutmenschen«, »Phantasten« oder »Populisten« zu empfinden. Und irgendwann wird das ursprüngliche *Mittel* zum *Zweck* der »Weltverbesserung«, die Politikerlaufbahn zum *Selbstzweck*.

Zum Glück aber ist unser MdB nur einer von über 600 und folglich auch an der schlimmsten Entscheidung nicht einmal zu 1,7 Promille beteiligt. Sogar Kanzlerin, Minister und Fraktionschefs können sich ja formal korrekt darauf berufen, dass das Hohe Haus die Gesetze hätte ablehnen können. Und alle gemeinsam können dem Bürger erklären, dass er sie ja nicht hätte wählen müssen …

F. Die Tröpfe der Politik

Streben nach Macht bedeutet für unsere Politiker und ihre Parteien Kampf um Wählerstimmen. Um also beim Bürger besser dazustehen als die Konkurrenz, müssen sie sich mit einigen Abhängigkeiten herumschlagen.

1. Kaum erfunden und schon überholt: Tina

Spätestens mit dem Zusammenbruch des »alternativlosen« deregulierten Weltfinanzsystems erweist sich das Märchen vom »alternativlosen Sachzwang« als ideologischer Bumerang. »Was ist das eigentlich für ein System«, fragen immer mehr Menschen, »in dem Umweltzerstörung, Rohstofferoberungskriege, Arbeitslosigkeit, Sozialabbau und eine Verschlimmerung des Arm-Reich-Gefälles unausweichlich sind? Was ist das für eine *freie* Marktwirtschaft, in der es keinerlei *freie* Entscheidung gibt?«

Milliardensubventionen, Rettungsschirme, Notverstaatlichung: Für jeden, der vom marktradikalen Humbug der »Selbstheilungskräfte des Marktes« jemals auch nur ein Wort geglaubt hat, ist die Wirtschaftskrise eine heilsame Lehre – fast scheint die Wirklichkeit noch banaler als von Kapitalismuskritikern behauptet. Der Neoliberalismus erweist sich nicht einmal als eine – wenn auch falsche – Theorie, sondern lediglich als ein Geflecht dümmlicher Vorwände zur globalen Umverteilung von Arm nach Reich.

Nicht zufällig wurde der Ausdruck *Tina*-Prinzip (»There is

no alternative«) vom stets satireverdächtigen Soziologen und Attac-Mitbegründer Pierre Bourdieu erfunden, um die teils idiotischen Universalausreden gewisser Politiker lächerlich zu machen. Ebenfalls nicht zufällig war dies die Lieblingsredewendung der allerdings humorfreien »Mutter des Rechtspopulismus« (*Zeit*), der britischen Premierministerin Thatcher.

Viele »Sachzwänge« und Abhängigkeiten unserer Politiker sind *erstens* das Ergebnis früherer Entscheidungen und Taten und *zweitens* nur »alternativlos« für das Erreichen ihrer ureigensten Ziele und der ihrer Klientel. So ist zum Beispiel die Privatisierung von Wohnungen meist durchaus *alternativlos* für das Wohl von Renditejägern, aber gleichzeitig eine Katastrophe für die Mieter. Dann wiederum kann es für den Staat durchaus *alternativlos* werden, sowohl den Bewohnern einen Teil der astronomischen Mieten als auch den Investoren die Renovierung der völlig verwahrlosten Häuser zu bezahlen.

Eine der unverfrorensten Legenden ist der »Sachzwang zum Sozialabbau« infolge eines ebenfalls frei erfundenen staatlichen »Sachzwangs zum Sparen«:

Erstens ist der ausgeglichene, wenn nicht sogar schuldenfreie Haushalt genauso wenig das »allgemeingültige« oberste Staatsziel, sondern das der Neoliberalen. Sozialstaatler sehen Vollbeschäftigung als bedeutend wichtiger an. Ironischerweise rückte auch Steinbrück angesichts der Finanzkrise im Herbst 2008 unverzüglich von seinem Plan eines schuldenfreien Haushalts ab und schwenkte von der neoliberal-monetaristischen auf die verhasste, von Helmut Schmidt erfolgreich angewandte und von Oskar Lafontaine geforderte keynesianische Finanzpolitik um – Reizwort: *Konjunkturprogramm*. »Es droht eine Neuverschuldung von sieben Milliarden Euro. Der Staatshaushalt ist damit massiv gefährdet«, schnaubte prompt *Welt Online*. Es erstaunt eigentlich immer wieder, dass die urgroßmütterliche Untertanenweisheit »Schuldenmachen ist unehrenhaft« in einem Volk der »Kreditnehmer« vom Kleinunternehmer über den Hauskäufer bis hin zum Ratenzahler überhaupt noch Gehör findet. Selbst Angela Merkel bedient diese Milchmädchenlogik auf dem Parteitag im November 2008: »Man hätte nur die schwäbische Hausfrau fragen sollen. Sie hätte uns eine ebenso kurze wie richtige Lebensweisheit gesagt, die da lautet: Man kann nicht auf Dauer über seine Verhältnisse leben.« Dabei wird umgekehrt ein Schuh draus: Gerade dass die Banken das Schuldenmachen erschweren, verschärft die Finanzkrise zusätzlich.

Zweitens ist allein der Gedanke völlig absurd, eines der reichsten Länder der Erde – Bruttoinlandsprodukt 2007 über 2,4 Billionen Euro – wäre zu arm für eine menschenwürdige Sozialpolitik. Die Finanzmittel sind da, sie sind nur falsch verteilt; und weil der Staat den Superreichen in Form von Steuergeschenken das Geld hinterherwirft, fehlt es ihm natürlich für die Bevölkerung.

Drittens zeigt der simple Vergleich mit anderen Marktwirtschaften, dass diese massive Umverteilung nach oben keineswegs *alternativlos* ist. Schweden, Dänemark, die Niederlande und Belgien, Finnland, Frankreich und Österreich haben allesamt bedeutend höhere Spitzensteuersätze als unsere 45 Prozent, von der bei uns nicht erhobenen Vermögensteuer ganz zu schweigen: In den USA bringt diese Abgabe 3,1 Prozent des Bruttoinlandsprodukts ein.

Spielräume gibt es also genug. Folglich ist das, was die Politik derzeit daraus macht, aus der Sicht der Bevölkerung dilettantisch, aus der Sicht der Reichen allerdings recht effektiv.

So sieht das auch – mit umgekehrten Vorzeichen – Ex-Bundespräsident Roman Herzog, der im Frühjahr 2008 die Reformpolitik der vergangenen zehn Jahre »dilettantisch« nennt. Es sei

»zu vieles hochtrabend Reform genannt worden, was in Wahrheit Kleckerkram war«. Eine Entlastung der Bruttolöhne von Steuern und Abgaben sei der beste Weg, mehr Reformbereitschaft unter den Deutschen zu wecken.[316]

2. Die Wirtschaft:
Nur wenn der Pilot seinen Stoff kriegt …

Das Dogma »Nur wenn's der Wirtschaft gutgeht, geht es dem Volk gut« beschreibt das ewige, weil grundsätzliche Problem der Marktwirtschaft. In der Regel ist es Quelle schamloser Erpressungen: »Weil es Arbeitsplätze rettet«, fordern die Konzerne Steuergeschenke, Subventionen, Freibriefe für Umweltzerstörung oder Gesundheitsgefährdung. Dies alles gilt jedoch nicht für die gesamte Wirtschaft: Mit Recht haben sich unzählige Mittelständler während der Wirtschaftskrise darüber beschwert, dass *ihnen* der Staat keineswegs aus der Klemme helfe und ihnen nur der Weg zum Konkursrichter bliebe.

Für die Großkonzerne allerdings gilt: *to big to fail* – zu groß, um sie pleitegehen zu lassen. Es ist wie mit einem drogensüchtigen Piloten: Verweigert man ihm den Stoff, stürzt das ganze Flugzeug ab. Und so verwundert es kaum, dass während der Krise ein »notleidendes« Unternehmen nach dem anderen die Hand aufhielt – schon machte das Wort vom »Fass ohne Boden« die Runde. Doch selbst in Zeiten des Aufschwungs kassieren die Konzerne, die ja angeblich ohne die Einmischung des ungeliebten Staates am besten zurechtkommen, ungeniert Steuergelder bis zum Abwinken ab.

Allein bei der ebenso gepriesenen wie obskuren Förderrente, die ja angeblich die ökonomische Überlegenheit gegenüber staatlicher Vorsorge beweist, sponsert der Staat die Versicherer mit jährlich zwei Milliarden Euro. Dabei stimmt jenes eherne Gesetz keineswegs. Selbst Christian Wulff warnt: »Der Satz ›Wenn es dem Betrieb gutgeht, geht es auch uns Beschäftigten gut‹ ist wegen einzelner Manager nicht mehr mehrheitsfähig.«

Was Wunder, schließlich ist der vergangene Aufschwung komplett an der Bevölkerung vorbeigegangen: Die Beschäftigten und nahezu alle Normalbürger haben real weniger in der Tasche als davor.

Umgekehrt aber rettet der erpresste Staat mit seinen exorbitanten Finanzspritzen nicht so sehr die Arbeitsplätze als vielmehr die Traumgagen der Superverdiener.

Als zum Beispiel die Bundesregierung im November 2008 als Gegenleistung für das 500 Milliarden teure Bankenhilfspaket die Vorstandsgehälter der Betroffenen auf 500 000 Euro begrenzt, vergisst sie die astronomischen Bezüge der Investmentbanker. Die Folge erläutert der Frankfurter Bankenprofessor Thomas Heidorn: »Kommt eine solche Bank nun unter den Schutzschirm des Rettungsfonds, müssen diese Gelder trotzdem weiterhin gezahlt werden, obwohl eigentlich keine großen Gewinne gemacht werden. Und letztlich bezahlt dann der Steuerzahler die übertriebenen Gehälter.«[317]

Dieser Staatsbonus für Großverdiener ist allerdings kein Einzelfall, sondern die Regel, und das ist auch ganz zwangsläufig so: Ebenso wie nämlich der Fleischer des Adam Smith natürlich seine Produkte nicht zum Selbstkostenpreis verkauft, da er ja von seiner Arbeit leben will, so lohnt auch für einen Konzern die Produktion und die Beschäftigung von Arbeitskräften nur, wenn er unterm Strich auch die Managergehälter und die Renditen der Investoren verdient. Deshalb dienen sogar Kombilöhne nur dem Anschein nach einer menschenwürdigen Bezahlung der Mitarbeiter: in Wahrheit finanziert der Steuerzahler

damit auch die Traumgagen der Topmanager und das leistungs-
lose Einkommen der Aktionäre. Ein klassisches Beispiel für
das Abgreifen von »Steuermilliarden für den eigenen Luxus«
(*Süddeutsche*) liefern einmal mehr die USA, deren Wirtschafts-
bosse stets die großen Vorbilder unserer Spitzenmanager sind.
Im November 2008 bettelten die Chefs der drei großen US-
Autobauer vor dem Senat um Geld. »Der kalifornische Kon-
gressabgeordnete Brad Sherman bat die drei Topmanager Rick
Wagoner (General Motors), Alan Mulally (Ford) und Robert
Nardelli (Chrysler) um Handzeichen, wer denn zur Anreise
auf einen Flug mit dem Privatjet verzichtet hätte. Keine Hand
ging nach oben. Dann fragte er, ob einer von ihnen bereit wäre,
den Privatjet zu verkaufen und per Linienflug nach Hause zu-
rückzukehren. Wieder kein Handzeichen. Mehrere Abgeordnete schlugen danach noch in diese Kerbe. Genüsslich wurde das
Bild von arroganten Managern gezeichnet, die Steuermilliarden abgreifen wollen, um weiter ihrem Luxus zu frönen.«[318]
Auch in Deutschland ist der Verdacht aufgekommen, einige
Konzerne und Banken würden die Krise noch künstlich zuspit-
zen, um noch mehr Geld aus der Staatskasse herauszuleiern.
Ohnehin steht »die Wirtschaft« seit geraumer Zeit unter Ge-
neralverdacht, durch Einstellungen oder Entlassungen, Ver-
stärkung oder Drosselung der Produktion sowie durch positive
oder negative »Zukunftserwartungen« die Politik bis hin zu
Wahlen beeinflussen zu wollen. Motto: »Wenn nicht Schwarz-
Gelb kommt, dann vergeben wir keine Mittelstandskredite
mehr.« Oder: »Wenn Lafontaine mitregiert, stellen wir keinen
einzigen Azubi mehr ein.«
Auch deshalb ist mehr als fraglich, ob und inwieweit der Staat
der Erpressung durch die Konzerne in bewährter Manier nach-
geben *muss.* Immerhin ist die Abhängigkeit wechselseitig:
Wieso verlagern denn Opel oder BASF ihre Produktion nicht

einfach nach Indien? Wo sind sie denn geblieben, die Spielräume der Globalisierung? Natürlich wissen auch wirtschaftlich inkompetente Politiker wenigstens so viel, dass brachliegendes Kapital auf Dauer auch nicht im Sinne der Investoren ist und dass die Steuermilliarden nicht die Profite durch die – wie Marx sagt – »Ausbeutung der Ware Arbeitskraft« ersetzen können. Ganz grob gesprochen, ist also eine florierende Konjunktur für das Gemeinwesen und die Wirtschaft eine Win-win-Situation. Dies bedeutet aber, dass eine sozial orientierte Regierung bedeutend mehr für die Bevölkerung herausholen könnte – Stichwort *Sozialstaat* – als dies gegenwärtig geschieht.

Letzteres könnte sogar das bringen, was eigennützige Volksvertreter am meisten interessiert: Stimmengewinne! Umso unverständlicher und bezeichnender zugleich, dass man sich im Herbst 2008 zunächst um ein Konjunkturprogramm drückt, das ohnehin »in der Öffentlichkeit partout nicht Konjunkturprogramm heißen darf, weil es zu den wirtschaftspolitischen Grundüberzeugungen der Union gehört, dass solche Programme nicht wirken«.[319] Und weil Die Linke bereits seit Beginn der Krise zum Spott und Ärger der anderen Parteien ein solches Programm gefordert hat.

Insofern sind alle Vorschläge, von denen Wirtschaft und Bevölkerung gleichzeitig profitieren könnten, angesichts der realen politischen Verhältnisse – der Mehrheiten ebenso wie der Akteure – reine Theorie, also fromme Wünsche.

3. Aller Widerstand steht still –
Die Gewerkschaften

In der verklärten Welt der alten sozialen Marktwirtschaft vereinbarten die Gewerkschaften mit den Unternehmern die Bezahlung und die Arbeitsbedingungen der Arbeitnehmer (*Korporatismus*) – im Idealfall hatten Politik und Staat gar nichts damit zu tun (*Tarifautonomie*). Ohne oder gar gegen die Gewerkschaften lief nichts in der alten Bundesrepublik: »Alle Räder stehen still, wenn dein starker Arm es will.« Dieses Damoklesschwert des Arbeitskampfes wirkte so nachhaltig, dass es hierzulande die wenigsten Arbeitskämpfe aller westlichen Industrienationen gab.

Dieses Gewicht der Gewerkschaften hat sich mit dem neoliberalen Siegeszug und der damit verbundenen Demontage des Sozialstaats gründlich geändert. So kommt eine Studie der Hans-Böckler-Stiftung jüngst zu dem Schluss, die Gewerkschaften seien »auf dem Weg zu einem normalen Interessenverband, der allerdings noch von seinen traditionellen Positionen im Korporatismus der Bundesrepublik zehrt. Doch selbst die mythische Beziehung zwischen Gewerkschaften und Sozialdemokratie unter dem Dach der Arbeiterbewegung verwandelt sich in normale, wenngleich besonders intensive Lobbykontakte.«[320]

Trotz der rapiden Abnahme an Mitgliederzahlen und Einfluss sind die Gewerkschaften noch immer wichtigster Faktor zur Besänftigung der Arbeitnehmerschaft. In der rot-grünen Ära setzten sie in vorderster Front »maßvolle« Lohnabschlüsse und vor allem Hartz IV durch. Diese »Armut per Gesetz« könne man sowieso nicht verhindern, ist die DGB-Parole, und folglich beteiligt man sich offiziell an keiner einzigen Demonstration oder Aktion gegen die Agenda 2010. Zwischen die SPD-Genossen Gerhard Schröder und Michael Sommer passt kein Flugblatt, und selbst die kärglichen DGB-Proteste gegen die Regierung sind »moderat« und wirken inszeniert. Im Wahlkampf 2005 verzichtet DGB-Vize und SPD-Bundesvorstand Ingrid Engelen-Käfer zwar scheinheilig auf eine Wahlaussage, betont aber demonstrativ die Nähe zu SPD und Grünen. In ähnlicher

Manier präsentiert der DGB Hamburg Anfang 2008 Prüfsteine zur Bürgerschaftswahl, die nur SPD, GAL und Die Linke annähernd erfüllen.

Die These, die Gewerkschaften würden die Politik bestimmen, stellt daher die Wirklichkeit auf den Kopf – man denke nur an die erwähnte Zustimmung des »SPD-Gewerkschafters« Klaus Brandner zur Rente ab 67.

Dabei ist die Personalunion von DGB-Gewerkschaften und Politik noch immer charakteristisch. Derzeit sind 221 Bundestagsabgeordnete Mitglied in DGB-Gewerkschaften, darunter 161 von 222 der SPD, 36 von 53 der Partei Die Linke, 13 von 51 der Grünen, 10 von 223 der CDU/CSU und einer von 61 Abgeordneten der FDP. Doch lediglich etwa dreißig von ihnen sind »Hauptamtliche«, und davon wiederum etwa die Hälfte sind oder waren Funktionäre oder freigestellte Betriebsräte der IG Metall.

Allerdings gerät die Gewerkschaftsspitze mit zunehmendem Erstarken der Linkspartei auch innerhalb des DGB in Handlungszwang: Schließlich besagt eine alte Politweisheit, dass man eine Bewegung *anführen* muss, um sie in die Sackgasse zu *führen*. Stellt man sich nämlich offen auf die Seite der Arbeitgeber wie etwa die DGB-Gewerkschaft *Transnet* im Lokführerstreik, ist man schnell isoliert und kann seiner »Abwieglermission« nicht gerecht werden. Daher greift man wieder verstärkt zu markigen Sprüchen ebenso wie zu Arbeitskämpfen und Warnstreiks. Die Frage ist also nicht, inwieweit die Gewerkschaftsführer die Kreise der Politik stören, sondern ob sie auch künftig als Hilfstruppen der Politik agieren können. Dazu wiederum brauchen sie auch die Politik und die Wirtschaft: Denn einerseits ist es ja verlockend, im Sinne des Marktradikalismus die DGB-Organisationen zu zerschlagen, durch arbeitgeberfinanzierte »gelbe« Gewerkschaften und durch machtlose oder gar gekaufte

Betriebsräte zu ersetzen. Andererseits weiß man nie, welchen Gruppen sich verzweifelte, aber irgendwann kampfbereite Arbeitnehmer sich anschließen und zu welchen Mitteln sie greifen werden. Schließlich war der *soziale Friede* ein wesentlicher Grund für das *Wirtschaftswunder* im Nachkriegsdeutschland. Auch damals allerdings hat nie der Schwanz Gewerkschaft mit dem Hund Politik gewedelt, sondern umgekehrt.

4. Um Gottes willen – Die Kirchen

Die Amtskirche verhält sich zu den Christen wie die Gewerkschaftsführung zur Arbeitnehmerschaft. 31,2 Prozent der Deutschen gehören der katholischen, 30,8 Prozent der evangelischen Kirche an.

Diese Menschen sind selbstverständlich mehrheitlich keine Vorzeigechristen, andererseits kann man vermuten, dass sie die Ansprüche des christlichen Menschenbildes im Großen und Ganzen teilen.

Der europäische Durchschnittsbürger – egal ob Katholik, Protestant oder »Nichtchrist« – verbindet mit dem Menschenbild des überlieferten Christus Begriffe wie »Nächstenliebe«, »Barmherzigkeit«, »Abgeben«, »Teilen« oder »Geben ist seliger als nehmen«.

Und je mehr diese Bürger die christlichen Kirchen – ob zu Recht oder nicht – als Vertreter dieser Solidaritätsmoral sehen, desto größer deren Einfluss und ihre Gefahr für den Marktradikalismus.

Davon allerdings konnte in den letzten Jahren keine Rede sein, im Gegenteil: So lobte der Ratsvorsitzende der Evangelischen Kirche in Deutschland, Bischof Wolfgang Huber, im Frühjahr 2005 ausdrücklich die Agenda 2010: »Natürlich stehen wir den

Menschen zur Seite, die Sorgen um elementare Zukunftsfragen haben. Aber wir wollen ... gleichzeitig, dass unser Sozialstaat zukunftsfähig gemacht wird. Unsere Kirche sagt: Wir brauchen nicht weniger, sondern mehr Mut zu Reformen ... Ich weiß, dass Menschen, die aus einem relativ hohen Verdienst kommen, solche Einschnitte als sehr schmerzlich empfinden. Aber ich sage: Ein gewisser Abstieg wird unvermeidlich sein ... Auch wenn es für Menschen, die aus einem vorher besseren Lebensstandard kommen, nur schwer akzeptabel ist: Als Grundsicherung wird das zurzeit ausreichen müssen.«[321]

Noch begeisterter schwamm die katholische Kirche im neoliberalen Mainstream mit: So ließ sich die deutsche Bischofskonferenz ihr Impulspapier *Das Soziale neu denken* vom 12. Dezember 2003 direkt vom Industriesprachrohr Initiative Neue Soziale Marktwirtschaft schreiben, die ihrerseits von der Werbeagentur *Scholz & Friends* betreut wird. Und im Vorwort (»Wir danken herzlich folgenden Persönlichkeiten, die an der Erarbeitung des vorliegenden Impulstextes mitgewirkt haben«) wird namentlich der INSM-Kuratoriumsvorsitzende und Wirtschaftsprofessor Hans Tietmeyer[322] genannt, der jüngst auch als Aufsichtsrat der Desasterbank Hypo Real Estate in Erscheinung trat und bezeichnenderweise als Leiter der Vatikanbank im Gespräch ist.

Wenn sich die Kirchenführer also jetzt in ihrem Geifern gegen Gier, Spekulationswut und überhöhte Renditeziele förmlich überschlagen, dann kritisieren sie, was sie gerade eben noch selbst vertraten – und teilweise sogar praktizierten, wie an den 4,3 Milliarden Euro Zockerverlust der evangelischen Kirche zu sehen. Kein Wunder also, dass die Kirchen auf einmal gegen Raffgier sind.

Deshalb weiß man nicht so recht, ob aus Bischof Huber der edle Christ oder der wütende Spekulant spricht, wenn er Josef

Ackermann persönlich attackiert und gegen die Erhebung des Geldes zum Gott, die Gier als »Form des Götzendienstes« und den »Tanz ums Goldene Kalb« wettert.

Der Einfluss der Kirche – vor allem der katholischen – auf die Bevölkerung ist durchaus unterschiedlich: So schadet die Hetze mancher Bischöfe gegen Homosexuelle und Geschiedene weder einem Klaus Wowereit noch einer Angela Merkel, und auch die Ächtung von Pille und vorehelicher Sexualität ist unterhalb der bayerischen Hochalpen bedeutungslos.

Etwas ganz anderes ist es, wenn sich die Kirche in bestehende sozialpolitische Prozesse und Konflikte einmischt, und erst recht, wenn sie dies auf der Seite der Armen und Schwachen tut und mit Argumenten, die jeder als Worte Christi im Neuen Testament nachlesen kann. Besonders wichtig ist kirchlicher Rückhalt nicht zuletzt für jene Unionspolitiker, die bei ihrem Eintreten für die »gute alte« Soziale Marktwirtschaft nicht selten als »Ewiggestrige«, »Gutmenschen« oder gar »Herz-Jesu-Sozialisten« gemobbt werden.

5. Ich bin in den Medien – also bin ich

Da auch die wählerfreundlichste Politik nichts nutzt, wenn sie der Wähler nicht als solche erkennt und folglich der *Anschein* von Kompetenz wichtiger ist als echte Kompetenz, kommt den Medien im Kalkül eigennütziger Politiker eine Schlüsselstellung zu.

Daher ist die von vornherein also selbstgewählte »Abhängigkeit von den Medien« identisch mit deren Einfluss auf die Wähler. Beides kann eingebildet, vorgetäuscht oder real sein.

Eingebildet ist der Einfluss der Medien häufiger, als man bei Politikern vermuten möchte. Vor allem das Flaggschiff des

Springer-Verlags wird maßlos überschätzt. Meistens nämlich hat »Volkes Meinung« trotz grellster Schlagzeilen und »Ganz Deutschland«-Floskeln nicht viel mit der Meinung des Volkes zu tun. Nach Studien des *Zeit*-Autors und Medienforschers Kai-Hinrich Renner »ist der Einfluss, den die *Bild*-Zeitung auf die politische Meinungsbildung ihrer Leser hat, eher marginal. Wichtiger noch: *Bild* ist, wenn es um zentrale Fragen der Politik geht, nicht mehr kampagnenfähig.«[323] Würde zum Beispiel »Volkes Stimme« Mehrheiten und nicht nur den geistig-moralischen Bodensatz der Bevölkerung repräsentieren, so hätte es niemals eine rot-grüne Bundesregierung und erst recht keine rot-rote Koalition in Berlin gegeben, dafür vermutlich deutsche Soldaten im Irak und mehr ausländische Jugendliche im Gefängnis. Überhaupt lässt schon die Unmenge an »Presserats-Rügen für *Bild*« erahnen, wie ein Deutschland nach den Vorstellungen des Blattes aussähe.

Dennoch reagiert die Politik selbst auf völlig willkürlich vom Zaun gebrochene Themen (*Agenda setting*) oft in hektischem vorauseilendem Gehorsam. Egal, ob Kampfhunde, »Scheinasylanten« oder »Sozialschmarotzer« – wann immer die Gossenjournalie willkürlich irgendein, nicht selten volksverhetzendes Problem erfindet, reagiert die Politik in Windeseile mit irgendwelchen unausgegorenen Maßnahmen, Verordnungen oder Gesetzen: Sagenhafter Höhepunkt des peinlichen Schwachsinns war das Gesetz zu »Florida-Rolf«, das kaum 500 »Abzocker« betraf und überdies den Staat unterm Strich noch mehr kostete. Kein zivilisierter Bürger hatte den von *Bild* verordneten Wutschaum vor dem Mund, weil ein schwerkranker Rentner mit der monatlich aus Deutschland überwiesenen Sozialhilfe in Florida lebte – nur die braune Brut mit ihrem pathologischen Hass gegen sozial Schwächere fühlte sich bestätigt. Zweifellos hat die Angst vor *Bild* mit der eingangs erwähnten

»Überzeugung des Berufspolitikers« zu tun, er habe es »draußen im Lande mit Millionen von Idioten zu tun«[324] – was ihn im Umkehrschluss dann zu Wahlkämpfen für Schwachköpfe veranlasst.

Aber auch mit dem angeblichen *Mainstream* sieht es nicht viel besser aus. Da lässt man – von der *Initiative Neue Soziale Marktwirtschaft* über *Focus* und *Spiegel* bis hin zu *Maybrit Illner* und *Anne Will* – nichts unversucht, die neoliberale Giftbrühe in die Hirne argloser Normalbürger zu träufeln, und niemand dankt's einem. Gut die Hälfte der Bürger ist mit dem Raubtierkapitalismus unzufrieden, und fast ebenso viele halten zumindest die Idee des Sozialismus für gar nicht schlecht. Der raffgierige *homo oeconomicus* will einfach nicht zum Leitbild der Deutschen werden. Nicht die Arbeitslosen gelten als »asoziales Pack«, sondern die Spitzenmanager.

Vorgetäuscht ist der Einfluss der Medien auf das Volk, wenn Politiker damit – häufig im innerparteilichen Machtkampf – durch die Hintertür und gegen besseres Wissen eine nicht vorhandene Zustimmung der Bürger zu ihrer Politik oder Person suggerieren wollen. Vor allem das bewusste Verwechseln von *öffentlicher* mit *veröffentlichter* Meinung dient dazu, selbst primitivste Kampagnen wie etwa gegen »den Staat« und seine Beamten (»teurer, dumm, faul«) oder im Jahre 2008 gegen den damaligen SPD-Chef Kurt Beck und Die Linke als Koalitionspartner als mehrheitsfähig darzustellen. Zum Wahrheitsgehalt von Umfragen – die ja gerade beim Sturz von Beck durch Steinmeier und Müntefering eine große Rolle spielten – sei hier nur an die Erkenntnis der legendären Wahlforscherin Elisabeth Noelle-Neumann verwiesen, dass *Demoskopie* sich vorzüglich zur *Demagogie* eigne.

Das Ganze funktioniert am besten als Kuhhandel: Kaum eine andere Beziehung bietet sich für ein Geschäft zum gegenseitigen Vorteil besser an als die zwischen Politikern und Medien, also für Kumpanei auf Kosten der Bevölkerung. Der Politiker tauscht mit dem Journalisten zum Beispiel die Chance zur Selbstdarstellung in Interviews und Talkshows gegen »exklusives Insiderwissen« oder Hofberichterstattung gegen einen Platz in der Regierungsmaschine.

Zwar schleimen sich Journalisten beim Politiker nicht wegen etwaiger Hintergrundinformationen ein, »sondern aus der Sehnsucht heraus, mit im Scheinwerferlicht zu stehen, und ein Klaus Wowereit prahlt sogar, er könne »Journalisten instrumentalisieren«, weil er wisse, »worauf sie abfahren«.[325]

Andererseits aber diktieren die Medien gewisse Spielregeln, die nur ganz entfernt an seriösen Journalismus erinnern: Person schlägt Programm, Symbol schlägt Inhalt, Bauch schlägt Kopf. Peer Steinbrück als Eiche in der Wirtschaftskrise, Ursula von der Leyen als Retterin der deutschen Familie und Angela Merkel als Liebling der Weltpolitik ebenso wie Horst Seehofer als Fremdgänger, Klaus Wowereit als Partyprinz und Gabriele Pauli als Latex-Lady.

Nun konnten wir aber bereits sehen, wie bereitwillig gerade inkompetente Politiker auf diesen Nebelkerzenjournalismus eingehen und dass ihr ständiges Jammern über »die Medien« nur gespielt ist.

Folglich sind selbst primitivste Vereinfachung und billigste Meinungsmache kein Beweis für die Diktatur der Medien (*Mediokratie*), sondern für ein weitgehend ausgewogenes Geben und Nehmen. Überflüssig zu erwähnen übrigens, dass irgendeine Art von Fachwissen bei dieser Kumpanei nur eine marginale Rolle spielt und eher hinderlich ist. Man möchte ja zu gern (oder lieber nicht) Mäuschen sein etwa bei einem volkswirtschaftlichen »Hintergrundgespräch« zwischen einem Finanzstaatssekretär und einem *Focus*-Redakteur …

Real ist der Einfluss der Medien dagegen immer dann, wenn sie ihre Pflicht tun, zum Beispiel durch *Enthüllungsjournalismus*. Damit sind beileibe nicht nur Skandale gemeint, sondern auch die Darstellung von Inhalten. Fakten, Fakten, Fakten heißt hier das Schlüsselwort: Dass Gammelfleisch auf unseren Tellern landet und die Lieferanten noch immer geschützt werden, dass Hartz-Empfänger vermutlich keinen Cent von der Riester-Rente sehen, dass Konzernmitarbeiter an Gesetzen mitschreiben, dass der Steuerzahler mit dem 700-Milliarden-Schutzschirm auch die Traumeinkommen der Investmentbanker finanziert – all das wurde durch kritische Medien ebenso ans Tageslicht gezerrt wie die echten Skandale um die Spenden der Bundes-CDU, die Schwarzgelder der Hessen-CDU und den Müllklüngel der NRW-SPD. »Abhängigkeit« bedeutet hier für die Politik, sich bei »krummen Dingern« nicht erwischen oder notfalls sie ganz bleiben zu lassen. Nun könnte man meinen, *Enthüllung* oder *Demagogie* seien eine Frage des Standpunktes. Aber nehmen wir die spektakuläre Rettung von Opel im Vergleich mit den Gefahren bei der Riester-Rente: Die Opel-Rettung kann man durch die simple Frage als symbolische Politik entlarven, ob für dasselbe Geld die Rettung Tausender Klein- und Mittelstandsbetriebe nicht mehr Arbeitsplätze gesichert und bessere Konjunkturimpulse gebracht hätte. Dagegen sind die Lücken bei der Riester-Rente auch mit tausend Ausreden nicht wegzudiskutieren. Im ersten Fall also machen sich die Medien mit der Politik gemein, und die »Abhängigkeit« der Politik von den Medien ist nur vorgetäuscht. Im zweiten Fall ist die Abhängigkeit echt: Politik dieser Art darf nicht ans Tageslicht kommen, sonst kostet sie Wählerstimmen.

6. »Opposition ist Mist« – Das ist Mist

Müntefferings Credo »Opposition ist Mist« wird von der Partei Die Linke mal mehr, mal weniger eindrucksvoll widerlegt. Ob Mindestlohn, Hartz-IV-Korrektur, Renteneintrittsalter oder Kriegseinsätze, schließlich sogar das Konjunkturprogramm: die große Mehrheit der Bevölkerung teilt die Forderungen von Lafontaine und Co., so dass die Regierung an vielen Punkten (zuvor strikt abgelehnte) Zugeständnisse machen muss. Besonders die SPD übernimmt häufig Positionen der Linkspartei, um die Mitglieder- und Wählerwanderung dorthin zu stoppen.

Allerdings hat auch Die Linke – ähnlich wie der DGB – die Funktion, den »Volkszorn« in parlamentarische Bahnen zu lenken: Erst einmal in der Regierung, mutiert sie wie in Berlin bislang von der radikalen Kleine-Leute-Partei schlagartig zur handzahmen (wirtschaftsliberalen) »Sachzwangverwalterin« – Schröders Grüne lassen grüßen – und in der politischen Praxis zur Mehrheitsbeschafferin der SPD. In einer solchen Abrufposition allerdings erschöpft sich auch der derzeitige Einfluss von Grünen und FDP.

Auf Deutsch: Je mehr eine Opposition nach der Regierungsmacht schielt, desto mehr schwindet ihr Einfluss. Aber ist das so erstaunlich? Nach einer interessanten These von Franz Walter[326] leitet zumindest in der Bundesrepublik ein Regierungswechsel nicht etwa neue Epochen ein, sondern schließt lediglich weit fortgeschrittene Prozesse ab:

Um die Aussöhnung mit Polen und die Anerkennung der DDR, aber auch um Bildung für alle, Chancengleichheit, Universitätsreformen sowie staatliche Planung von Wirtschaft und Gesellschaft stritt man schon seit Mitte der sechziger Jahre.

Als Willy Brandt dann Kanzler wurde, wich »der Zauber all der damaligen Beglückungsslogans wie Emanzipation, Demokratisierung und Partizipation« schon bald der Reformmüdigkeit und Ernüchterung. So begann die *geistig-moralische Wende* bereits 1973, als der Schlachtruf »Keine Experimente« wieder populärer wurde, als Reformen und die neoliberale Ideologie vom schlanken Staat und der freien Marktwirtschaft ihren Siegeszug antrat. Vor allem in den Bundesländern errangen Ultrakonservative wie Hans Filbinger, Franz Josef Strauß und Alfred Dregger triumphale Wahlerfolge. »Erst wechselte also der Zeitgeist, erst changierte das gesellschaftliche Klima, bis zuletzt die politische Wende in Bonn den Schlussakt dieses Prozesses markierte.«

Als Helmut Kohl dann Kanzler wurde, gab es keinesfalls den erzreaktionären Erdrutsch. Vielmehr wurden die achtziger Jahre »zum schönsten Jahrzehnt rot-grüner Mentalitäten. In diesem Jahrzehnt legte sich das Land die vielen Fahrradwege zu, feierte noch unbekümmert multikulturelle Stadtteilfeste, demonstrierte für Frieden, gegen Umweltverschmutzung und staatlich oktroyierte Volksbefragungen, stellten etliche Kommunen und öffentliche Einrichtungen erstmals ganze Legionen von Gleichstellungs- beziehungsweise Frauenbeauftragten ein.«

Als Schröder dann Kanzler wurde, waren auch diese sozialen und kulturellen Umwälzungen schon fast abgeschlossen. Bisherige Reizthemen wie Umweltschutz oder Gleichberechtigung für Frauen, Homosexuelle und Ausländer waren zumindest verbal einvernehmlich abgehakt. »Wie sonst«, fragt Walter, »hätte eine protestantische, geschiedene Frau in einer lange hochkonservativen, entschieden patriarchalischen, überwiegend katholisch geformten Partei zur ersten Kanzlerin aufsteigen können?« Stattdessen veranstaltete ausgerechnet Rot-Grün ein neoliberales Feuerwerk aus Entstaatlichung, Sozialabbau, Umverteilung nach oben und weltweiter Bundeswehrpräsenz, das sich Schwarz-Gelb niemals getraut hätte.

Als Angela Merkel dann Kanzlerin wurde, war wiederum das neoliberale Projekt fast vollendet, die Forderungen der Wirtschaft nach mehr Deregulierung, Wettbewerb und Privatisierung weitgehend erfüllt.

Allerdings hat sich erneut der Zeitgeist gedreht. Das neoliberale Projekt erlebt mit der Weltwirtschaftskrise seine Götterdämmerung, und die Menschen sehnen sich wieder nach dem verleumdeten Sozialstaat. Immer lauter wird über Alternativen zum Kapitalismus nachgedacht; selbst die Union sieht sich genötigt, die *Soziale Marktwirtschaft* vom *Kapitalismus* abzugrenzen – und mehr oder minder verstohlen eine Position der linken Opposition nach der anderen zu übernehmen. Das beweist natürlich nicht unbedingt einen Sinneswandel der Regierung. Vielmehr versucht sie offenbar bis zum Wahltag, wenigstens die letzten Reste ihrer neoliberalen Mission zu retten.

7. Das Bundesverfassungsgericht – Bollwerk gegen die Verfassungsfeinde in der Regierung

Die Abhängigkeit von der Justiz spüren Gesetzgeber und Regierung natürlich immer dann, wenn sie die Verfassung Verfassung sein lassen und an Recht und Gesetz vorbeioperieren. So stoppte das Bundesverfassungsgericht in jüngster Zeit die Gesetze zur Luftsicherheit, zur Telekommunikationsüberwachung oder zur Online-Durchsuchung – nicht zufällig also Gesetze zum Abbau des Rechtsstaats – und entschied für die Gleichstellung der Homosexuellen ebenso wie für die Pressefreiheit und die alte Pendlerpauschale.

Die Prinzipientreue der Obersten Richter verdient auch deshalb Respekt, weil sie hier nicht irgendwelchen Neonazis, sondern der Regierung und der Koalitionsmehrheit ein ums andere Mal bescheinigen, sozusagen rechts neben unserer Verfassung zu stehen. Sensationell ist diese Standhaftigkeit geradezu, wenn man bedenkt, dass das Bundesfassungsgericht entgegen manchem Gehabe keineswegs von Gott dem Allmächtigen eingesetzt wurde, sondern von ebendiesen gescholtenen Bundestagsparteien nach Proporz aus der zweiten politischen Garnitur berufen wird, insbesondere die Präsidenten. So war CDU-Mann Roman Herzog (1987 bis 1994) vorher rheinland-pfälzischer Staatssekretär unter Ministerpräsident Helmut Kohl, SPD-Frau Jutta Limbach (1994 bis 2002) Berliner Justizsenatorin und CSU-Mann Hans Jürgen Papier (seit 2002) Vizechef der Ethikkommission der Bayerischen Landesärztekammer.

Dass die Richter sich offenbar nicht Struckscher oder Kauderscher Parteidisziplin, sondern schlicht dem Grundgesetz verpflichtet fühlen, lässt natürlich zuweilen die Schläfenadern der Gescholtenen anschwellen. Schon 2001 warnt der damalige Außenminister und Kosovo-Feldherr Joschka Fischer das BVerfG, dem Bundestag ein zu großes Mitspracherecht in der Außen- und Sicherheitspolitik einzuräumen.

Nun werden Urteile des Bundesverfassungsgerichts seit jeher als Einmischung des Rechts in die Politik kritisiert, vor allem deshalb, weil es logischerweise meist als »Niederlagenkorrektive der parlamentarischen Minderheit« gegen die Parlamentsmehrheit angerufen wird.[327] Wohlweislich wird dabei verschwiegen, dass das Gericht die Gesetze ausschließlich auf Verfassungsmäßigkeit prüft und sich keineswegs in Dinge einmischt, die es nichts angehen.

Das Ganze erinnert ein wenig an den Wettlauf zwischen Hase und Igel, wobei die Verfassungsfeinde gegenwärtig noch die Hasen sind. Damit dies auch noch lange so bleibt, ist allerdings auch der verfassungsmäßige Souverän gefragt.

8. Seine Majestät: Das Volk

Seine Majestät das Volk ist derzeit not amused. Da ist es kein Wunder, dass bei den Landtagswahlen längst die Nichtwähler die stärkste Gruppe stellen, 2008 in Niedersachsen zum Beispiel mit 43 Prozent (2002: 33 Prozent). Die strahlende Siegerin CDU (42,5 Prozent der *abgegebenen gültigen* Stimmen) erhielt nur 24,1 Prozent der Stimmen *aller* Wahlberechtigten, die SPD (30,3) 17,3, die FDP (8,2) 4,7, die Grünen (8,0) 4,6 und Partei Die Linke (7,1) nur 4,0 Prozent.

Nicht viel besser sieht es im Bund aus, wo der Anteil der Nichtwähler von 9,9 Prozent im Jahr 1972 über 20,9 Prozent in 2002 auf 22,3 Prozent bei der Wahl 2005 stetig gestiegen ist und damit zuletzt unter allen Wahlberechtigten nur knapp hinter dem wirklichen Anteil von CDU/CSU (26,88 Prozent) und SPD (26,18) lag.

Und dies war, wohlgemerkt, noch bevor die Weltfinanzkrise den ganz großen Beweis für die völlige Inkompetenz unserer Regierung erbrachte.

Jetzt erkennen also immer mehr Bürger, dass der Kaiser nackt ist, und schließen daraus, dass sie im Grunde bei den Wahlen keine Wahl haben.

Nun konnten wir ja schon sehen, dass nicht nur die Regierung und ihre Koalitionsmehrheit »Politik machen« können. Anders als in Diktaturen hat das Volk durchaus mehr als nur theoretische Möglichkeiten zur Einflussnahme auf die Politik. Schon heute können die internationalen NGOs – von Amnesty International über Greenpeace bis hin zum Weltsozialforum – nicht mehr ignoriert werden, und auch durch Meinungsumfragen, Demos, Bürgerinitiativen, Volksentscheide und Ähnliches artikulieren die Wähler zuweilen die schlimmste aller Drohungen: Bestimmte Parteien und Politiker bei der Wahl abzustrafen.

Und ganz so unwichtig sind Wahlen auch für frustrierte Bürger nun auch wieder nicht – nur durch Beschluss der gewählten Volksvertreter wird schließlich eine Forderung verwirklicht.

Festzuhalten bleibt das Banale, das so schwer zu machen scheint: die Demokratie ist nur so gut wie das Volk selbst – denn, wie der frühere Bundesverfassungsrichter Ernst-Wolfgang Böckenförde schreibt: »Der freiheitlich säkularisierte Staat lebt von Voraussetzungen, die er selbst nicht garantieren kann.«[328]

Allerdings muss sich für eine wirkliche Ausübung der Volksherrschaft durch das Volk einiges ändern. So stimmen nach einer Umfrage von Infratest dimap Anfang 2009 rund 66 Prozent unserer Mitbürger der Aussage zu: »Es genügt mir als politische Teilhabe, dass ich alle paar Jahre wählen kann.«

Und 29,8 Prozent sind gar »bereit, zum Teil auf demokratische Mitspracherechte zu verzichten, wenn dadurch der Wohlstand gesichert wird«.[329]

G. Und nun?

Auch und gerade angesichts einer »notleidenden Demokratie« und im Stadium der Politikerverdrossenheit sollte man das Beste daraus machen und einige »Eckpunkte« für den Kampf gegen Dilettantismus formulieren, ob man sie nun *Plattform*, *Kriterien* oder *Wahlprüfsteine* nennt.

Zuallererst sollte man der Chuzpe und dem Leichtsinn, mit der einige Volksvertreter sogar Milliardenschäden anrichten, einen Riegel vorschieben. Wieso müssen Politiker nicht genauso haften wie Normalbürger auch? Auch ein Arzt begeht ja seine »Kunstfehler« nicht absichtlich – das wäre ja noch schöner! – und nach bestem Wissen. Dennoch wird er zur Rechenschaft gezogen und hat daher eine Haftpflichtversicherung. Wieso gilt dies nicht auch für Politiker? Dann blieben die kostspielige Schlamperei und Stümperei wenigstens nicht am Steuerzahler, sondern an der hochgelobten Privatwirtschaft hängen. Und auch das Strafrecht sollte – vor allem bei Untreue in Millionenhöhe – konsequenter angewandt werden. Warum Schwarzfahrer zu Haftstrafen verurteilt werden, während hochkriminelle Wirtschaftskapitäne frei herumlaufen, bringt selbst besonnene Zeitgenossen in Rage.

Nur auf einer solchen Grundlage könnte man gegen den Schlendrian und die Invasion »überforderter« Politiker glaubhaft vorgehen.

1. Der Kampf gegen die Inkompetenz

Fachliche Kompetenz ist das mindeste, was man erwarten kann: Ein Deutschlehrer muss mindestens lesen und schreiben können. Damit ist er noch lange kein guter Lehrer, aber als Analphabet kann er es gar nicht sein.

Dass aber die Politik quasi Analphabeten als Lehrer verkauft, indem sie ganze Kohorten von Absolventen fachfremder Ausbildungen und in normalen Berufen vollständig unerfahrenen Menschen in höchste Positionen hievt, zeugt von beharrlicher Geringschätzung der Wähler: Nur wer sie für eine durch Unterschichtenmedien verblödete und indoktrinierte Masse hält, wagt es, eine Elektrotechnikerin über Landwirtschaft, einen Müllermeister über Wirtschaftspolitik, einen Englischlehrer über Umweltschutz oder einen Theologen über Verkehrswege sinnieren und sogar mitreden zu lassen. Dass die Politik damit durchkommt, weil ihre Einschätzung des Volkes teilweise zutrifft, ist ein ganz anderer Punkt aus dem Bereich: Jedes Volk hat die Regierung, die es verdient.

Andererseits ist nach neoliberaler Logik Fachkompetenz genau genommen gar nicht nötig: Folgt man dem Marktwirtschaftspapst Milton Friedman, so besteht »kompetente« Politik sowieso im Heraushalten der Politik aus fast allen Bereichen und in ihrer Beschränkung auf »law and order«.[330]

Zudem ist fachliche Inkompetenz gleichzeitig Folge und Bedingung dieses Systems. Je inkompetenter der Minister oder Staatssekretär (oder je größer sein Karriereknick), desto reibungsloser funktioniert er – ängstlich darauf bedacht, nicht als unfähig aufzufliegen und abserviert zu werden. Diese Spezies »Politiker« wäre in nahezu jedem anderen politischen System brauchbar. In der gerade zu Ende gehenden Ära des »Umbaus« des Sozialstaats hin zur (moral-)freien Marktwirtschaft betätigen sich viele von ihnen als intellektuell äußerst genügsame Propagandisten. Obwohl Kritiker dem Neoliberalismus sowieso schon »einfaches Gedankengut« bescheinigen, würde man dennoch seine vollmundigsten Vertreter gern bei »Wer wird Millionär?« erleben: Könnten sie wenigstens die 50-Euro-Frage über den Unterschied zwischen Einkommen aus Arbeit und aus Kapital beantworten?

Nun kann man sich über die zahllosen Marx-Arbeitskreise des Studentenverbandes SDS der Partei Die Linke lustig machen, aber wieso gibt es keine neoliberale Hayek-, Friedman- oder Pareto-Bewegung? Vielleicht, weil diese krude quasireligiöse Pseudoökonomie weder wissenschaftlich noch weltanschaulich irgendetwas hergibt?

Und klingt nicht – selbst als Illusion – »Freiheit, Gleichheit, Brüderlichkeit« irgendwie attraktiver als »Reichtum, Macht und Ruhm«?

Die betrübliche Dilettantenschwemme in der Spitzenpolitik erfordert neben der Haftung eine weitere sofortige Konsequenz: Um wenigstens die größten Stümper und Scharlatane von wichtigen Posten fernzuhalten, dürfte ohne Mindestqualifikation oder Eignungsprüfung vor einer unabhängigen und gesellschaftlich anerkannten Kommission niemand mehr Fachverantwortung erhalten. Wieso macht man es nicht endlich wie die EU, wo die künftigen Kommissare den derzeit 785 Abgeordneten des Europaparlaments Rede und Antwort über ihre persönliche und fachliche Eignung stehen müssen? Kurzum: Die Forderung nach einer »Pisastudie für Politiker« muss schnellstens verwirklicht werden!

Dies aber betrifft nur die reine Fachkompetenz. Würde man es aber dabei belassen und mit begnadeten Fachidioten zufrieden sein, so ginge man der neoliberalen Ideologie vom »wertfreien Sachzwang« auf den Leim.

2. Die neue alte Bedeutung von Kompetenz

Die Neoliberalen haben unser Land und andere Regionen auf den Standort reduziert. Zu Deutschland oder Dänemark, Argentinien oder Zypern fällt ihnen nichts anderes ein als Staatsverschuldung, Lohnnebenkosten, Einkommensteuer oder Umlaufrendite.

Durchschnittsbürger dagegen beurteilen ihre Heimat ebenso wie fremde Länder unter dem Aspekt der »Lebensqualität«: Französischer Charme und türkische Gastfreundschaft, italienische Großfamilie und mexikanische Herzlichkeit, südafrikanische Feierfreude und britische Höflichkeit, deutsche Gemütlichkeit sowieso. Und will man irgendwo hinziehen, geht es auch darum, wie man dort mit den Kindern und Alten, den Schülern und Studenten, den Kranken und Arbeitenden, den Arbeitslosen und sozial Schwächeren verfährt, es geht um grüne Innenstädte und Smog, um Tante-Emma-Läden und Spielplätze, um hektischen Lärm oder himmlische Ruhe, um verstopfte Straßen und Ausflugsziele.

Kurzum: Es geht den meisten Bürgern letztlich nicht um Euro und Cent, sondern um Gebrauchswert und Qualität. Sie arbeiten und verdienen Geld, um davon zu leben, nicht umgekehrt. Der Neoliberale aber pervertiert die Sache: Er produziert und verkauft nur, was den meisten Profit bringt. Ihm – wie allerdings auch manchem unbescholtenen Kleinaktionär – ist es völlig wurscht, ob ein Unternehmen Tretautos oder Tretminen, Biokost oder Biowaffen produziert.

Dass Lebensqualität erarbeitet und bezahlt sein will, versteht sich am Rande, aber zum einen sind national und global genug Ressourcen und Reichtümer vorhanden, und der Stand der Produktivität ermöglicht es, dass es auch künftig so sein wird. Zum anderen ist das Parlament durch die Verfassung nicht nur nicht daran gehindert, sondern sogar dazu verpflichtet, den gesellschaftlichen Reichtum gerecht zu verteilen. Selbst die Marktwirtschaftstheorie sagt ja, Leistung müsse sich lohnen.

Aus alledem folgt: »Kompetenz« darf nicht länger als »wertfreie« Fähigkeit gelten, irgendwelche angeblich »alternativlosen Sachzwänge« kritiklos und willfährig zu erfüllen: Es ist eben nicht egal, ob ein begnadeter Chemiker einen Grippe-Impfstoff oder Giftgas entwickelt und ob ein brillanter Mechaniker einen Krankenwagen oder einen Kampfbomber flottmacht.

Nun mag es Situationen geben wie die im Nachkriegsdeutschland, als Bundeskanzler Konrad Adenauer große Teile der Nazi-Beamtenschaft als »unersetzliche Fachleute« in den bundesdeutschen öffentlichen Dienst übernahm. Aber die rheinische Frohnatur gab dies wenigstens offen zu: »Wer kein sauberes Wasser hat, sollte schmutziges Wasser nicht wegschütten.«[331] Daraus folgt aber – auch wenn es später ganz und gar nicht so geschah –, dass man schmutziges Wasser möglichst schnell durch sauberes ersetzt und entsorgt.

Man kann die Qualifikation, die ein Politiker noch vor der Fachkompetenz mitbringen muss, auch *soziale* Kompetenz nennen: also den Willen und die Fähigkeit, das im Grundgesetz versprochene »Streben nach Glück« nicht auf die Freiheit zum Kauf eines Lottoscheins zu reduzieren.

In diesem Zusammenhang erinnert Heribert Prantl zum maßlosen Ärger der Koalition an den »Sozialismus im Grundgesetz« in Gestalt des Artikels 15: »Grund und Boden, Naturschätze und Produktionsmittel können zum Zwecke der Vergesellschaftung … in Gemeineigentum oder in andere Formen der Gemeinwirtschaft überführt werden.« Dieser sei »kein Überbleibsel aus der DDR: Im Grundgesetz befasst sich ein Artikel mit Vergesellschaftung – und verdeutlicht das wirtschaftliche Spektrum, das in Deutschland möglich wäre.« Allerdings stehe dieser Artikel

»immer noch genau so da, wie er 1949 hineingeschrieben wurde. Er ist so unbenutzt, dass man ihn eigentlich ins Ausland verkaufen könnte.« Und: »Man mag den Eindruck haben, dies sei schon geschehen, denn der in Deutschland unbenutzte Artikel trägt die Überschrift ›Vergesellschaftung‹. Und genau das haben die USA, Großbritannien und Island soeben mit einer ganzen Reihe von Banken in ihren Ländern gemacht.«[332]

Aktuell betreiben übrigens gerade die pathologisch neoliberalen Regierungen die keynesianische Politik der Staatsausgaben als Ausgleich für die fehlende private Nachfrage. Wenngleich dies wie gesehen nichts mit Sozialismus zu tun hat, so hat Keynes jedoch gegenüber den neoliberalen Päpsten einen »moralischen« Vorteil: Friedrich August von Hayek zum Beispiel, von dessen »bestechender Logik und überzeugenden Argumenten« unsere Kanzlerin hellauf begeistert ist, prahlte damit, er könne nicht sozial denken, denn er wisse gar nicht, was das sei. In den Augen Angela Merkels arbeitet dieser Mann »mit heraus, dass es dabei vor allem um die Gewährleistung individueller Freiheit als Voraussetzung für Fortschritt und Prosperität einer Gesellschaft geht«.[333]

»Das ganze Programm einer hemmungslosen Unterwerfung der Lebenswelt unter Imperative des Marktes muss auf den Prüfstand!«, fordert der Philosoph Jürgen Habermas: »Blamiert hat sich die Agenda, die Anlegerinteressen eine rücksichtslose Dominanz einräumt, die ungerührt wachsende soziale Ungleichheit, das Entstehen eines Prekariats, Kinderarmut, Niedriglöhne und so weiter in Kauf nimmt, die mit ihrem Privatisierungswahn Kernfunktionen des Staates aushöhlt, die die deliberativen Reste der politischen Öffentlichkeit an renditesteigernde Finanzinvestoren verscherbelt, Kultur und Bildung von den Interessen und Launen konjunkturempfindlicher Sponsoren abhängig macht.«[334]

Letztlich läuft auch bei der Politikerkompetenz alles auf die nur scheinbar abgedroschene Frage nach dem Sinn des Lebens hinaus. »Die Volksparteien haben ihren spezifischen Ethos verloren«, klagt Franz Walter. »Ihnen fehlen kreative Programmatiker, die neu über die Sinnfrage und Zielperspektive des politischen Tuns nachdenken.«[335]

Den Zusammenhang zwischen Neoliberalismus und einer der größten Wirtschaftskrisen aller Zeiten zu verschleiern oder aufzudecken – auch das macht den Unterschied zwischen einem verlogenen dilettantischen und einem integren kompetenten Politiker aus.

Nach ihrer Fasson selig werden können die Bürger nämlich nur, wenn der Staat diese Freiheit des Einzelnen *gegen* den Missbrauch dieser Freiheit durch Wirtschaftsmonster verteidigt – und den Bürgern zumindest ein Minimum an materiellen Voraussetzungen für ihr Streben nach Glück ermöglicht. Ein Mindestlohn wie in den meisten zivilisierten Ländern ist daher längst überfällig.

Ebenso hat der Staat zum Beispiel für Bildung *nicht* deshalb zu sorgen, damit das »Humankapital« noch profitabler verwertbar ist und für den Ellenbogenbürger Chancengleichheit beim skrupellosen Kampf um das Maximaleinkommen besteht, sondern weil Bildung ein Menschenrecht und der Einzelne eben mehr ist als seine Brauchbarkeit für die Marktwirtschaft und die Summe seiner Vermögenswerte.

Dass all dies aber keine nationale, sondern eine weltweite Frage ist, ergibt sich aus dem humanistischen Menschenbild. Die zusehende Verarmung der Mehrheit der Menschheit zugunsten des Reichtums einiger weniger und des Wohlstands einiger Teile der Industrienationen ist keineswegs ein »alternativloser Sachzwang der Globalisierung«. Vielmehr muss die Globalisierung der ungehemmten Märkte durch die Globalisierung des

Humanismus aufgehoben werden. Oder um es mit einem über 2000 Jahre alten Satz des Römers Cicero zu sagen:

Salus populi suprema lex esto –
Das Heil des Volkes sei das höchste Gesetz.

Das sollte das wichtigste Kriterium auch bei dieser Bundestagswahl sein.

Literatur

ALEMANN, ULRICH VON: *Das Parteiensystem der Bundesrepublik Deutschland*. Leske + Budrich, Opladen 2001.

ARNIM, HANS HERBERT VON: *Das System*. Droemer, München 2001.

ARNIM, HANS Herbert von: *Politik, Macht, Geld*. Knaur, München 2001.

BÖCKENFÖRDE, ERNST-WOLFGANG: *Staat, Gesellschaft, Freiheit*. Suhrkamp, Frankfurt am Main 1976.

BUTTERWEGGE, CHRISTOPH U.A.: *Kritik des Neoliberalismus*. VS Verlag für Sozialwissenschaften, Wiesbaden 2007.

DOWNS ANTHONY: *Ökonomische Theorie der Demokratie*. J. C. B Mohr (Paul Siebeck), Tübingen 1968.

GEISSLER, HEINER: *Was würde Jesus heute sagen? Die politische Botschaft des Evangeliums*. Rowohlt, Reinbek 2003.

HAYEK, FRIEDRICH AUGUST VON: *Die Verfassung der Freiheit*. Mohr Siebeck, Tübingen 1991.

HAYEK, FRIEDRICH AUGUST VON: *Grundsätze einer liberalen Gesellschaftsordnung. Aufsätze zur politischen Philosophie und Theorie. Band 5*. Mohr Siebeck, Tübingen 2002.

ISMAYR, WOLFGANG: *Der Deutsche Bundestag*. Leske + Budrich. Opladen 2000.

KEYNES, JOHN MAYNARD: *Essays in Persuasion*. Macmillan, London 1933.

DIETER KLUMPP U. A. (HRSG.): *next generation information society? Notwendigkeit einer Neuorientierung*. Thalheimer Verlag, Mössingen-Thalheim 2003.

MARX KARL: *Das Kapital. Erster Band*. in: Karl Marx/Friedrich Engels – Werke. Band 23. Dietz Verlag, Berlin/DDR 1969.

MONTESQUIEU: *Vom Geist der Gesetze*. Reclam, Stuttgart 2003.

MÜLLER, DIRK: *Crashkurs.*. Droemer, München 2009.

MÜLLER-VOGG, HUGO: *Beim Wort genommen. Roland Koch im Gespräch mit Hugo Müller-Vogg*. Societäts-Verlag, Frankfurt am Main 2002.

RICKENS, CHRISTIAN: *Die neuen Spießer*. Ullstein, Berlin 2007.

SARCINELLI, ULRICH: *Politikvermittlung und Demokratie*. Opladen 1998.

STEFFANI, WINFRIED: *Gewaltenteilung und Parteien im Wandel*. Westdeutscher Verlag, Opladen 1997.

VORLÄNDER, HANS (Hrsg.): *Die Deutungsmacht der Verfassungsgerichtsbarkeit*. VS-Verlag, Wiesbaden 2006.

WALTER, FRANZ: *Die ziellose Republik. Gezeitenwechsel in Gesellschaft und Politik*. Kiepenheuer & Witsch, Köln 2006.

WALTER, FRANZ: *Träume von Jamaika. Wie Politik funktioniert und was die Gesellschaft verändert*. Kiepenheuer & Witsch, Köln 2006.

WIECZOREK, THOMAS: *Das Koch-Buch*. Knaur, München 2005.

Anmerkungen

1 Robert Misik: »Der überforderte Kapitalismus«, in: *taz.de*, vom 12. Februar 2009.

2 »Experten liegen bei Umschwüngen voll daneben«, in: *Welt Online*, vom 10. Dezember 2008.

3 »Die Billionen-Bombe«, in: *Der Spiegel*, Nr. 39, vom 25. September 2006, S. 92

4 Helmut Schmidt: »Wie entkommen wir der Depressionsfalle?«, in: *Die Zeit*, Nr. 4 vom 15. Januar 2009, S. 19.

5 Nobelpreisträger Krugman attackiert Merkel und Steinbrück«, in: *Spiegel Online*, vom 13. Dezember 2008.

6 »Finanzministerium blockierte verschärfte Aufsicht«, in: *Spiegel Online*, vom 31. Januar 2009.

7 »Willkommenes Geschenk für Hersteller«, in: *Spiegel Online*, vom 13. Januar 2009.

8 »Merkel spricht sich gegen zu viel Klimaschutz aus«, in: *Spiegel Online*, vom 8. Dezember 2008.

9 Der frühere Direktor des UNO-Umweltprogramms warnte vor einer Aufgabe der EU-Klimaschutzziele. Dem *Kölner Stadt-Anzeiger* sagte Töpfer: »Klimaschutz kann nicht Verfügungsmasse einer wie auch immer gearteten konjunkturpolitischen Überlegung sein. Wer das macht, handelt ökonomisch und ökologisch unverantwortlich.«

10 Heribert Prantl: »Die Frau vom Finanzamt«, in: *sueddeutsche.de*, vom 15. Januar 2009.

11 Christian Bommarius: »Die ganze Wahrheit zu Hartz IV«, in: *Berliner Zeitung Online*, vom 28. Januar 2009.

12 Henryk M. Broder: »Das Kreuz mit dem Deutsch«, in: *Spiegel Online*, vom 6. Dezember 2008.

13 »Manager, Faule und Labile«, in: *sueddeutsche.de*, vom 23. Februar 2009. URL: www.sueddeutsche.de/,tt4m1/jobkarriere/774/459416/text/

14 Anthony Downs: *Ökonomische Theorie der Demokratie*. J. C. B Mohr (Paul Siebeck), Tübingen 1968, S. 290. Als Vorteile nennt Downs »Einkünfte, Prestige und Macht«. Ebenda, S. 34.

15 Ebenda, S. 50.

16 Franz Walter: »Wenn Volksparteien zur Allerweltspartei werden«, in: *Spiegel Online*, vom 4. Oktober 2008.

17 Heribert Prantl: »Das letzte Gefecht der Volksparteien«, in: *sueddeutsche.de*, vom 28. Juni 2008.

18 Franz Walter: »Im Herbst der Volksparteien«, in: *Spiegel Online*, vom 21. Januar 2009.

19 Franz Walter: »Warum der Union die Wähler weglaufen«, in: *Spiegel Online*, vom 22. Oktober 2008.

20 Heribert Prantl: »Merkels Melissengeist«, in: *sueddeutsche.de*, vom 1. Dezember 2008.

21 Kurt Kister: »Die Kanzlerparteichefin«, in: *sueddeutsche.de*, vom 14. Februar 2009.

22 »Inhaltsleerer geht's nimmer«, in: *sueddeutsche.de*, vom 1. Oktober 2008.

23 Christoph Butterwege: »Schöne Bescherung«, in: *junge welt*, vom 3. Dezember 2008, S. 3.

24 Reinhard Wittmann: »Wie der bayerische Seppl entstand«, in: *bayerische-sprache. de*.

25 »Der SPD-Genosse denkt, was Lafontaine sagt«, in: *Welt Online*, vom 4. Juli 2007.

26 Franz Walter: »Linkspartei in ergrauender Gesellschaft«, in: *rls standpunkte* 18/2005, S. 4.

27 Franz Walter: »So kommen die Sozialdemokraten endlich aus der Krise«, in: *Spiegel Online*, vom 17. Juni 2008.

28 Franz Walter: »Das Versagen der Brandt-Erben«, a. a. O.

29 Franz Walter: »Hindernis Westerwelle«, in: *taz.de*, vom 4. Januar 2008.

30 ARD-Sendung »*Guido Westerwelle – zu Gast bei Friedman*«, vom 6. Juni 2001.

31 Franz Walter: »Hindernis …«, ebenda.

32 Ebenda.

33 »Herzog wettert gegen dilettantische Politiker«, in: *Spiegel Online*, vom 15. April 2008.

34 Anthony Downs, a. a. O., S. 289.

35 Franz Walter: »Wie sich die Grünen neu erfunden haben«, in: *Spiegel Online*, vom 13. November 2008.

36 Ebenda.

37 Ebenda.

38 Franz Walter: »Jauch statt Bütikofer«, in: *Spiegel Online*, vom 25. November 2007.

39 Wurde nach der Wahl 1998 als Sozialminister gehandelt, dann aber als »kalter Krieger der Sozialpolitik« von Kanzler Schröder als Botschafter nach Israel abgeschoben.

40 Winfried Steffani: *Gewaltenteilung und Parteien im Wandel*. Westdeutscher Verlag, Opladen 1997, S. 167.

41 Ulrich von Alemann: *Das Parteiensystem der Bundesrepublik Deutschland*. Leske + Budrich, Opladen 2001, S. 143.

42 Anthony Downs, a. a. O., S. 289.

43 Michael J. Inacker: »Kumpanei statt Kompetenz«, in: In: *Die Welt.de*, vom 7.4.2000.

44 Konrad Paul Liessmann, a. a. O., S. 53

45 »Dann macht man Fehler oder verliert den Blick fürs große Ganze«, in: *Spiegel Online*, vom 26. Juli 2008.

46 Siehe Internetseite Gert Postel Fan-Club im Werner-Fuß-Zentrum, www.gertpostel.de.

47 Hans Herbert von Arnim: Das System. Droemer, München 2001, S. 41.

48 Ulrich von Alemann, a. a. O., S. 121 – 124.

49 »Kanzler Schröder boykottiert ›Bild‹«, in: *netzeitung.de*, vom 3. März 2004.

50 Konrad Adam: »Politische Kompetenz? Aber für was eigentlich?«, in: *Die Welt*, vom 3. Juli 2002, S. 3.

51 »Steinbrück setzt auf Imageberater« in: *netzeitung.de*, vom 19. Februar 2006.

52 Jens Tenscher: »Politik für das Fernsehen – Politik im Fernsehen. Theorien, Trends und Perspektiven«. in: Ulrich Sarcinelli: Politikvermittlung. und Demokratie. Westdeutscher Verlag, Opladen 1998, S. 184 ff.

53 Jens Jessen: »Symbolische Politik« in: *Aus Politik und Zeitgeschichte*, Nr. 20 vom 15. Mai 2006.

54 Der letzte Satz ist freigestellt.

55 Harry G. Frankfurt: Bullshit, Suhrkamp 2006, S. 63.

56 Gunter Hofmann/ Werner A. Perger: *Richard von Weizsäcker im Gespräch*. Eichborn, Frankfurt am Main 1992, S. 150

57 »Diese ganze Generation ist eine Fehlbesetzung.« Interview mit Wilhelm Hennis, in: *stern.de*, vom 28. Januar 2004. Hennis (geboren 1923) war Assistent bei der SPD-Ikone Carlo Schmid und später Professor für Politikwissenschaft in Hamburg.

58 »Grundberufe nach Berufsklassen«, in: *bundestag.de*.

59 Wolfgang Ismayr, a. a. O., S. 84.

60 Bundesrechnungshof: *Bemerkungen 2008*.

61 »Gesundheitsreform muss schon nachgebessert werden«, in *Spiegel Online*, vom 14. März 2007.

62 Bund der Steuerzahler: *Die öffentliche Verschwendung. 36. Schwarzbuch des Bundes der Steuerzahler*. Berlin 2008, S. 29.

63 Thomas Straubhaar: »Die Teilprivatisierung des Staates ist zu halbherzig«, in: *Welt Online*, vom 13. Januar 2008.

64 Mathias Döpfner: »So werden mit Steuergeld Arbeitsplätze vernichtet«, in: *Welt Online*, vom 10. Januar 2009.

65 Diese und die folgenden Angaben: Bund der Steuerzahler, a. a. O.

66 Stefan Berg/Michael Fröhlingsdorf/Felix Kurz/Gunther Latsch/Cordula Meyer/Harald Schumann: »Im Reich der Träume«, in: *Der Spiegel*, Nr. 6 vom 2. Februar 2004, S. 60.

67 »Diese ganze Generation ist eine Fehlbesetzung«. Interview mit Wilhelm Hennis, in: *stern.de*, vom 28. Januar 2004.

68 Reinhard Blomert: »Applaus auf dem Zauberberg«, in: *Berliner Zeitung*, vom 2. April 2005, Magazin, S. M01.

69 Franz Walter: »Neigt sich die Ära der Volksparteien ihrem Ende zu?«, Martfelder Schlossgespräche. Nr. 12, S. 24.

70 Heribert Prantl: »Die heilige Inquisition der SPD«, in: *sueddeutsche.de*, vom 2. August 2008.

71 Dieter Hildebrandt: »Ich halte Lafontaine für einen Demagogen«, in: *Spiegel Online*. vom 21. Dezember 2007.

72 Alexander Osang: »Das eiserne Mädchen – Teil 2«, in: *Spiegel Online*, vom 5. Juli 2001.

73 »Merkel gegen Freigabe von Foto«, in: *Spiegel Online*, vom 30. September 2005.

74 »Merkel als Hausbesetzerin: ›Ich bin einfach rein‹«, in: *sueddeutsche.de*, vom 27. Februar 2008.

75 Zitiert nach: Ludwig Niethammer: »Wer ist Angela Merkel?« in: *Internetzeitung World Socialist Web Site (www.wsws.org.)*, vom 20. April 2000.

76 »Ich wollte Eiskunstläuferin werden«, in: *stern.de*, vom 13. Mai 2004.

77 Christian Wulff: »Die neue CDU – In der Krise steckt für die Union eine Chance zur inneren Regeneration«, in: *Internetseite der CDU Niedersachsens*, vom 4. September 2002.

78 Christoph Schwennicke: »Merkels Patzer lassen Unions-Strategen zittern«. In: *Spiegel Online*, vom 16. Dezember 2007.

79 Holger Schmale: »Herrgottsakra!«, in: *Berlin Online*, vom 29. September 2008.

80 Heribert Prantl: »Merkels Melissengeist«, in: *sueddeutsche.de*, vom 1. Dezember 2008.

81 Christoph Schwennicke: »Die Frau an ihrer Seite«, in: *sueddeutsche.de*, vom 10. Juni 2007.

82 Ebenda.

83 Andreas Austilat: »Die Frau hinter ... Angela Merkel«, in: *Tagesspiegel.de*, vom 22. Dezember 2002.

84 Christoph Schwennicke: »Die Frau an ihrer Seite«, in: *sueddeutsche.de*, vom 10. Juni 2007.

85 Ralf Neukirch: »Merkels Milieu«, in: *Der Spiegel*, Nr. 2. vom 2. Januar 2008, S. 43.

86 Stefan Braun: »Merkel macht keine Fehler«, in: *sueddeutsche.de*, vom 3. Mai 2008.

87 Ebenda.

88 »Müntefering: Opposition ist Mist«, in: *Die Welt.de*, vom 21. März 2004.

89 Der unerbittlichste Agenda-Verteidiger, der Mann, der selbst dann noch Schröderianer blieb, als Schröder selbst schon von seiner Lehre abgefallen war.

90 Ebenda.

91 »Das sind so Spontansprudler«, in: *sueddeutsche.de*, vom 26. September 2009.

92 »Wie geht es uns, Herr Küppersbusch?«, in: *taz.de*, vom 8. September 2008.

93 Hans Peter Schütz: »Der Kanzler-Flüsterer«, in: *stern.de*, vom 8. Juli 2004.

94 Ebenda.

95 Ebenda.

96 Ebenda.

97 http://daserste.ndr.de/panorama/aktuell/steinmeier114.html

98 »Berlin steuerte Kampagne gegen Kurnaz' Rückkehr«, in: *Spiegel Online*, vom 8. März 2007.

99 Heribert Prantl: »Steinmeiers Schuld«, in: *sueddeutsche.de*, vom 24. Januar 2007.

100 Stefan Andreas Casdorff: »Wo es hinfegt«, in: *Tagesspiegel.de*, vom 21. September 2008.

101 »Amerikaner müssen sich selbst schützen«. Interview mit Bundesminister Struck, in: *Frankfurter Allgemeine Sonntagszeitung*, vom 2. März 2003, S. 1.

102 Hans-Jürgen Leersch: »Ein loyaler Parteisoldat schreibt Bundeswehr-Geschichte«, in: *Die Welt*, vom 15. Juli 2003, S. 2.

103 Zitiert nach dem wörtlichen Protokoll, in: Internetseite *artikel38.de*.

104 »Bahnstreik beendet – Fronten verhärtet«, in: *Spiegel Online*, vom 10. November 2007.

105 Dörthe Hein/Ulrich Scharlack (dpa): Volker Kauder im Porträt, in: *heute.de*, vom 22. Dezember 2004.

106 »Oettinger spielte Kauder«, in: *sueddeutsche.de*, vom 22. April 2007.

107 »Planet der Waffen«, in: *Die Zeit*, Nr. 19, vom 03. Mai 2007, S. 17.

108 »Volker Kauder hält Altersarmut für eine Mär«, in: *Welt Online*, vom 2. Mai 2008.

109 »Jugendliche und Alkohol: Junge Menschen haben einen Anspruch auf Erziehung«, in: *Internetseite der CDU/CSU-Bundestagsfraktion*, vom 8. Oktober 2008.

110 »Kauder will arbeitslose Akademiker zur Feldarbeit einsetzen«, in: *Spiegel Online*, vom 30. Mai 2006.

111 Der Andenpakt wurde 1979 von JU-Mitgliedern auf einer Südamerikareise gegründet. Vgl. dazu Thomas Wieczorek: Das *Koch-Buch*. Knaur, München 2005, S. 116 ff.

112 Sebastian Fischer: »Filbinger-Rede war in Oettingers Stab umstritten«, in: *Spiegel Online*, vom 12. April 2007,

113 Hans-Jürgen Jacobs: »Die Mixtur des Grauens«, in: *sueddeutsche.de*, vom 10. Januar 2008.

114 »Der Geheimbund der CDU-Männer ist am Ende«, in: *Welt Online*, vom 1. Februar 2008.

115 »Das Wulffs-Lächeln«, in: Die *Zeit*, Nr. 45 vom 1. November 2007, S. 2.

116 Matthias Geis: »Die sanfte Gefahr«, in: *Die Zeit*, Nr. 44 vom 21. Oktober 2004, S. 2.

117 Daniela Vates: »Die große Unsicherheit der CDU«, in: *Berliner Zeitung Online*, vom 23. Oktober 2008.

118 Christine Richter: »Klare Sache in Berlin«, in: *Berliner Zeitung Online*, vom 20. September 2005.

119 »Wowereits neue Bedeutung«, in: *Berliner Zeitung Online*, vom 18. September 2006.

120 »Wowereit: ›Mobbingkultur in der SPD‹«, in: *Tagesspiegel.de*, vom 19. September 2007.

121 »Grünen-Spitze gegen Beck-Vorstoß«, in: *Focus Online*, vom 6. Oktober 2007.

122 »›Lafontaine ist ein idealer Gegner‹«, in: *Financial Times Deutschland, ftd.de*, vom 4. August 2008.

123 Ansgar Graw: »Sprengsatz Seehofer«, in: *Die Welt.de*, vom 20. Juni 2003.

124 »Reform-Streit: Seehofer zeigt Merkel die Zähne«, in: *Die Welt*, vom 6. Oktober 2003, S. 2

125 Ulrich Clauss: »Parteien mit Fransen«, in: *Die Welt*, vom 5. Juli 2004, S. 6.

126 »Warum Seehofers Gesetz versagt«, in: *Report Mainz*, vom 29. September 2008.

127 »Spiegel-Gespräch – Es geht mit Schröder nicht mehr«, in: *Der Spiegel*, Nr. 33, vom 9. August 2004, S. 38.

128 »Wäre ich nur Kanzler geworden«, in: *Cicero* 6/2005, S. 66 f.

129 Werner A. Perger: »Der Schattenmann«, in: *Die Zeit*, Nr. 18 vom 24. April 2003, S. 2.

130 Ebenda.

131 A. a. O., S. 39.

132 Peter Dausend: »Theaterspieler, verpanzert in Ideologie: Oskar Lafontaine«, in: *Welt Online*, vom 10. August 2004.

133 Werner A. Perger: »Der Schattenmann«, in: *Die Zeit*, Nr. 18 vom 24. April 2003, S. 2.

134 Björn Hengst: »Erst draufhauen, dann wegducken«, in: *Spiegel Online*, vom 6. März 2006.

135 »Wowereit: Lafontaine gefährdet Rot-Rot in Berlin«, in *Tagesspiegel.de*, vom 24. Mai 2008.

136 Christoph Dieckmann: »Schuldig oder nicht«, in: *Die Zeit*, Nr. 23 vom 29. Mai 2008, S. 2.

137 Ebenda.

138 Ebenda.

139 Stefan Berg: »Gysi geißelt linken Antizionismus«, in: *Spiegel Online*, vom 15. April 2008.

140 Ebenda.

141 Jan Wehrheim: »Die überwachte Stadt«, Opladen 2006, S. 97.

142 Thorsten Denkler: »Der Versteher«, in: *sueddeutsche.de*, vom 26. September 2007.

143 »Schon da gewesen«, in: *Focus Online*, vom 17. Mai 2007.

144 Der Sekretär«, in: *Focus Online*, vom 25. Juni 2006.

145 Kai Biermann: »Ein Mann für alle«, in: *Zeit Online*, vom 4. September 2007.

146 Thorsten Denkler: »Der Versteher«, ebenda.

147 Ebenda.

148 »Der Sekretär«, ebenda.

149 Carsten Matthäus: »Zwitschern müsste man können«, in: *sueddeutsche.de*, vom 26. August 2008.

150 Ebenda.

151 Wegen der damals noch geltenden Unvereinbarkeit von Amt und Mandat kandidiert sie nicht erneut als Vorsitzende.

152 Richard Wagner: »Junge Mitte«, in: *FR-online*, vom 30. Dezember 2004.

153 »Mit Herzblut und Leidenschaft«, in: *zdf.de*, vom 10. Februar 2002

154 »Wie geht es uns, Herr Küppersbusch?«, in: *taz.de*, vom 7. September 2008.

155 »Zurück auf die deutsche Politbühne«, in: *ntv.de*, vom 4. September 2008.

156 Dirk Niebel: »Clement setzt ermutigendes Zeichen gegen Linkskurs der SPD«, FDP-Pressemitteilung, vom 7. August 2008.

157 Dirk Niebel: »Der Staat hat versagt, nicht die Politik«, in: Internetblog der FDP, vom 8. Oktober 2008.

158 Ebenda.

159 Mariam Lau: »Peer Steinbrück, der brutalstmögliche Sparer«, in: *Welt Online*, vom 11. April 2008.

160 Steinbrück war über seinen Abteilungsleiter J. Asmussen im Aufsichtsrat vertreten.

161 »KfW-Zahlung an Lehman empört Steinbrück«, in: *Handelsblatt.com*, vom 17. September 2008.

162 »Die Billionen-Bombe«, in: *Der Spiegel*, Nr. 39 vom 25. September 2006, S. 92.

163 »Wie auf einem Basar«, in: *sueddeutsche.de*, vom 20. September 2008.

164 »Steinbrück fürchtet Wettbewerbsnachteile ...« a. a. O.

165 »Hypo Real Estate wird nicht abgewickelt«, in: *sueddeutsche.de*, vom 29. September 2008.

166 Klaus-Peter Schmid: »Ein Raubein unter Ökonomen«, in: *Die Zeit*, Nr. 46 vom 10. November 2005, S. 25.

167 »Im Auge des Hurrikans«, in: *Welt Online*, vom 11. Oktober 2008.

168 Deutschland geißelt Sarkozys Protektionismusplan, in: *Spiegel Online*, vom 21. Oktober 2008.

169 Ebenda.

170 Ralf Fücks: Der Staat als Beute der Parteien, in: *sueddeutsche.de*, vom 10. Februar 2009.

171 »Glos giftet ...«

172 »SPD lockt ›Heuschrecken‹ an Bord der Bahn«, in: *Welt Online*, vom 15. April 2008.

173 »Tiefensee will Teile der Bahn noch 2008 verkaufen«, in: *Spiegel Online*, vom 8. Februar 2008.

174 »Mitarbeiter nennen ihn ›Pfütze‹«, in: *Bild am Sonntag*, vom 4. November 2008.

175 »Oswald Metzger bei tacheles.02«, in: Internet-Chat *tacheles.02*, vom 15. Mai 2002.

176 Dominik von Glass: »Grün ist das Wachstum – und blond die Hoffnung« in: *Frankfurter Allgemeine Sonntagszeitung*, vom 9. März 2003, zitiert in: Internetseite von Christine Scheel.

177 Vergleiche dazu den aufschlussreichen Artikel von Karsten Polke-Majewski, »Heftige Kritik der Grünen an SPD-Ländern«, in: *faz.net*, vom 14. März 2003.

178 »Scheel: Ströbele ›täuscht‹«, in: *tagesschau.de*, vom 2. Dezember 2003.

179 Stephan Haselberger: »Grünen-Politikerinnen wollen den Sozialstaat fit machen«, in: *Die Welt*, vom 24. Dezember 2002, S. 2.

180 »Scheel rechtfertigt Nebentätigkeiten«, in: *Die Welt*, vom 2. Dezember 2003, S. 2.

181 »Scheel gibt Nebenjobs auf«, in: *Spiegel Online*, vom 2. Dezember 2003.

182 »Trittin sieht Schwarz-Grün skeptisch«, in: *Focus Online*, vom 1. März 2008.

183 Laut Abgeordnetengesetz vom Oktober 2005 müssen die Nebenverdienste nach Stufen angegeben werden: Stufe 1 umfasst einmalige oder regelmäßige monatliche Einkünfte von 1000 bis 3500 Euro, Stufe 2 bis 7000 und Stufe 3 über 7000 Euro.

184 »Post-Mindestlohn trifft die Schwachen«, in: Internetseite von Guido Westerwelle, vom 11. Dezember 2007.

185 Franz Walter: »Hindernis Westerwelle«, in: *taz.de*, vom 4. Januar 2008.

186 »FDP ringt mit eigener Sprachlosigkeit«, in: *Handelsblatt.com*, vom 26. Oktober 2008.

187 »Niedersachsen zahlt bald wieder Blindengeld«, in: *Wirtschaftswoche, wiwo.de*, vom 23, Mai 2006. URL: www.wiwo.de/politik/niedersachsen-zahlt-bald-wieder-blindengeld-143279/

188 Christoph Seils: »Kurt Beck in Not«, in: *Zeit Online*, vom 5. April 2007.

189 »Einseitig und schädlich für die Kinder«, in: Interseite des Bistums Augsburg, vom 22. Februar 2007.

190 Dorothea Siems, ebenda.

191 Hannes Koch: »Fällt Trittin, fallen die Grünen«, in: *tageszeitung*, vom 10. Juli 1999, S. 12.

192 »Die Koalition steht nicht in Frage«, in: *tagesschau.de*, vom 1. Oktober 2008.

193 »Trittin sieht Schwarz-Grün skeptisch«, in: *Focus Online*, vom 1. März 2008.

194 Sigmar Gabriel: »Sagen, was Sache ist«, in: *Spiegel Online*, vom 14. März 2007.

195 Alwin Schröder: »Gottesgeschenk, Spalterin«, in: *Spiegel Online*, vom 1. November 2005,

196 »Nahles gibt Genossen Mitschuld am Beck-Rücktritt«, in: *Spiegel Online*, vom 7. September 2008,

197 »Der Maschinist wird Minister«, in: *stern.de*, vom 13. November 2007.

198 »Burgerbewegung gegen McDonald's«, in: *Spiegel Online*, vom 16. April 2004.

199 »Tiermehlverbot: Künast warnt vor Verbraucher-Verwirrung«, in: *Spiegel Online*, vom 19. Juni 2001.

200 »Aktion Verbandsklage! Bisherige Aktivitäten – Eine Übersicht«, in: Internetseite von *Menschen für Tierrechte – Bundesverband der Tierversuchsgegner e.V.*, vom 8. März 2004.

201 Renate Künast: »Im Zentrum steht der Verbraucher«, in: *European Business Network*.

202 »Künast und Kuhn führen die Grünen-Fraktion«, in: *faz.net*, vom 27. September 2005.

203 Ebenda.

204 Tina Hildebrandt, a. a. O., S. 31.

205 Ebenda.

206 »Grüne wollen Kuhn …«, ebenda.

207 Tina Hildebrandt, a. a. O., S. 31.

208 Ebenda.

209 »Nur Öko. Logisch!«, in: *Handelsblatt.com*, vom 9. März 2008.

210 »Fernsehen, bis es weh tut«, in: *Focus*, Nr. 35, vom 28. August 2006, S. 120.

211 Marc Beise: »Der Freiherr – kein Erhard, nirgends«, in: *sueddeutsche.de*, vom 9. Februar 2009.

212 »Schäubles Schreckenliste«, in: *Zeit Online*, vom 9. Juli 2007.

213 Videoaufzeichnung.

214 Milton Friedman: *Capitalism and Freedom*. The University of Chicago Press, Chicago und London 1962, S. 2.

215 Annette Ramelsberger »Der Letzte Wall«, in: *sueddeutsche.de*, vom 16.1.2008.

216 Heribert Prantl: »Ausdruck von Wichtigtuerei«, in: *sueddeutsche.de*, vom 19. Dezember 2008.

217 »Schäuble: Niemand in Deutschland will Überwachungsstaat«. Interview mit Wolfgang Schäuble im *Deutschlandradio* am 30. September. 2007. Internetseite des Ministeriums.

218 Zu Kochs Biographie siehe auch: Thomas Wieczorek: Das *Koch-Buch*. Knaur, München 2005.

219 Ebenda.

220 Matthias Geis: »Im Schatten der Schwester«, in: *Die Zeit*, Nr. 4 vom 17 Januar 2002, S. 4.

221 »Brutalstmögliche Quittung für den Populisten«, in: *Spiegel Online*, vom 27. Januar 2008.

222 »CSU-Politiker Geis liefert Rot-Grün Wahlkampfmunition«, in: *Spiegel Online*, vom 6. Februar 2002.

223 »Baumanns letzter Kampf«, in: *sueddeutsche.de*, vom 5. Mai 2008.

224 Sandra Schmid: »Pfälzischer Strippenzieher: Fritz Rudolf Körper«, in: *Das Parlament*, Nr. 50, vom 10. Dezember 2007.

225 Zitiert in: »Auf Verdacht Knast – schwerer Einbruch ins Jugendstrafrecht«, in: *Schattenblick*, vom 19 Juli 2007.

226 »Eine Haltung wie im Absolutismus«, in: *sueddeutsche.de*, vom 8. März 2006.

227 »Wieczorek-Zeul zieht Bilanz zur Konferenz zur Überprüfung der Millenniumsentwicklungsziele: Licht und Schatten«, in: Internetseite des Ministeriums, vom 26. September 2008.

228 Petra Bornhöft, Christian Reiermann, Michael Sauga: »Bürokratisches Monster«, in: *Der Spiegel*, Nr. 4 vom 22. Januar 2001, S. 94.

229 Petra Bornhöft, Hartmut Palmer, Alexander Richter: »Die Wacht am Rhein«, in: *Der Spiegel*, Nr. 18 vom 30. April 2001, S. 52 f.

230 Olaf Lippegaus: »Planung ohne Sinn – Überflüssige Straßen auf Steuerzahler-Kosten«, in: *Frontal 21*, vom 3. August 2004.

231 »BVDM im Verkehrsministerium« Internetseite des Bundesverbandes der Motorradfahrerfahrer, vom 10. September 2008.

232 Annette Jensen: »Der Wohltemperierte«, in: *Mitbestimmung* 11/2006, S. 59.

233 Ebenda, S. 59.

234 »Verraten und verkauft«. Resolution der Delegierten-Versammlung der IG Metall Saarbrücken, einstimmig beschlossen am 14. März 2007. Zitiert in: *labournet.de*.

235 Hugo Müller-Vogg: *Beim Wort genommen. Roland Koch im Gespräch mit Hugo Müller-Vogg*. Societäts-Verlag, Frankfurt/Main 2002, S. 81.

236 »Minister im Praktikum«, in: *sueddeutsche.de*, vom 1. November 2006.

237 Friedrich Kuhn: »Verteidigungsminister Jung schwer unter Beschuss«, in: *Spiegel Online*, vom 2. September 2006.

238 »Minister im Praktikum«, in: *sueddeutsche.de*, vom 1. November 2006.

239 Ebenda.

240 »Schröders Deichgräfin«, in: *stern.de*, vom 13. Oktober 2005.

241 Hans Herbert von Arnim: *Das System*. Droemer, München 2001, S. 40.

242 »Gewährleistung«, in: *plusminus*, vom 8. Juni 2004.

243 Ebenda.

244 Peter Mühlbauer: »Zypries schützt Telefonbetrüger«, in: *Telepolis*, vom 11. März 2008.

245 »Mit Agenda 2010 keine Chance«, in: *stern.de*, vom 26. Mai 2005.

246 »Die Agenda 2010 hat den Selbstbetrug beendet«, in: *sueddeutsche.de*, vom 24. Oktober 2007.

247 »Manche sehnen sich nach Opposition«, in: *sueddeutsche.de*, vom 8. September 2008.

248 Eckart Lohse: »Der Sekretär«, in: *faz.net*, vom 15. Juni 2008.

249 Christoph Schwennicke: »Der Mann hinter Müntefering«, in: *sueddeutsche.de*, vom 1. August 2005.

250 Ebenda.

251 Ferdinand Knauß: »Ein seltsames Paar«, in: *Financial Times Deutschland*, vom 22. Juli 2003, S. 2.

252 Ebenda.

253 RSA = Risikostrukturausgleich.

254 Sascha Adamek/Kim Otto: »Versprechen gebrochen: Gesundheitspolitik treibt Lohnnebenkosten in die Höhe«, in: *Monitor*, Nr. 583 vom 25. September 2008.

255 Horand Knaup: »Ein altes Ehepaar«, in: *Der Spiegel*, Nr. 50 vom 11. Dezember 2000, S. 55.

256 »Reformen werden von den Bürgern nicht akzeptiert – Schuld sind Medien«, in: *Kess-Weblog*, vom 26. Oktober 2006.

257 Heribert Prantl: »Fernsehen macht dick, faul und gewalttätig«, in: *sueddeutsche.de*, vom 10. Januar 2008.

258 »Ganztagsschulen sind wichtiger geworden.« Interview mit Ministerin Schavan für das Ganztagsschulportal www.ganztaegig-lernen.de der Deutschen Kinder- und Jugendstiftung, am 4. Januar 2008, in: Internetseite der Ministerin.

259 »Beck? Platzeck? Münte-Rückholaktion?«, in: *Spiegel Online*, vom 1. November 2005.

260 »Ich dachte, der wär' Wessi«, in: *Der Spiegel*, Nr. 33 vom 10. August 1998, Seite 37.

261 »University of Wales – schlechter Ruf?« in: Fernstudium-Infos, vom 26. Oktober 2008.

262 Günter Lachmann, ebenda.

263 Ebenda.

264 »Die grüne Raupe Nimmersatt«, in: *Spiegel Online*, vom 27. September 2008.

265 »Joschka nervt die Grünen«, in: *sueddeutsche.de*, vom 11. November 2008.

266 Christian Bommarius, ebenda.

267 »›Ich sollte entmannt werden‹«, in: *sueddeutsche.de*, vom 30. November 2009.

268 Holger Schmale: Horst Köhler, sozialdemokratisch«, in: *Berliner Zeitung Online*, vom 2. Oktober 2007.

269 »Köhlers Monster-Debatte gefährdet Deutschland«, in: *Welt Online*, vom 17. Mai 2008.

270 Ebenda, S. 67.

271 Ebenda.

272 »Lafontaine war der klügste SPD-Mann«, in: *stern.de*, vom 25. Februar 2008

273 »Polizeigewerkschaft für Parteiausschluss Geißlers«, in: *netzeitung.de*, vom 4. Juni 2007.

274 »Soll ich etwa wegen ein paar Trotzkisten nicht mitmachen?«, in: *sueddeutsche.de*, vom 4. Juni 2007.

275 Heiner Geißler: »Was würde Jesus heute sagen? ...«, a. a. O., S. 109.

276 Thomas Leif/Rudolf Speth »Die fünfte Gewalt«, in: *Zeit Online*, vom 2. März 2006.

277 »Lobbyistin ebnete Hedgefonds den Weg«, in: *stern.de*, vom 4. April 2008.

278 »Lobbyisten nach Ministerien«. in: Internetseite von LobbyControl.

279 Quelle: Internetseite des Bundes der Steuerzahler, vom 19. Mai 2008.

280 Siehe dazu: Hans Herbert von Arnim: *Politik, Macht, Geld.* Knaur 2001, S. 36 ff.

281 Abgeordneter Peter Müller, Landtag des Saarlandes, 10. Wahlperiode, 51. Sitzung am 7. Juli 1993, Protokoll, S. 2834, zitiert in: Hans Herbert von Arnim, ebenda.

282 Für die Parteiliste (meist Zweitstimme).

283 »Schneller Tod der Selbstbedienungs-Offensive«, in: *Spiegel Online*, vom 20. August 2007.

284 Nach § 34g des Einkommensteuergesetzes (EstG).

285 Rechnung Spender: -1500 +337,50 +1616,25 = 453,75. Rechnung Partei: +1500 + 570 – 1616,25 = 453,75.

286 Quelle: http://www.parteispenden.unklarheiten.de/?seite=auswertung

287 Der Ausdruck geht zurück auf den Waffenhändler Karl-Heinz Schreiber, siehe: »›Der Schaden für Deutschland steht noch bevor‹«, vom 11. Januar 2000.

288 Christian Bauschke: »Zuwendungen an Politiker sind doch nichts Ungewöhnliches«, in: *Welt Online*, vom 13. Oktober 2000.

289 Darunter mehr als 3,5 Millionen für das Jüdische Museum in Berlin.

290 In erster Linie für Veranstaltungen der Auslandsvertretungen.

291 Für die Ausrichtung von Messen. Im Rahmen der Expo 2005 in Hannover stellte etwa der Printenhersteller Lambertz 1000 Kilogramm Feingebäck im Wert von mehr als 6000 Euro zur Verfügung. Die Waldemar Behn GmbH steuerte zur selben Veranstaltung »5 Europaletten à 12000 Likörfläschchen à 20 ml« bei. Zu den Marken des Unternehmens gehören unter anderem »Kleiner Feigling« und »Küstennebel«.

292 Vornehmlich für Ausrüstungen des Technischen Hilfswerks.

293 Für das Sommerfest des Bundespräsidenten, unter anderem mit »Sachleistungen« von *Campari* (10000 Euro), *Henkel & Söhnlein* (15000 Euro) und Illycaffé (10000 Euro).

294 Die Telekom beteiligte sich mit 193000 Euro und die Bahn mit 265818 Euro an Dienstleistungen für das Jahrestreffen Wirtschaft, Politik und Bundesunternehmen im November 2005.

295 Von einem Geber für einen nationalen IT-Gipfel der Bundesregierung.

296 Ausschließlich Fachliteratur.

297 »Zweiter Zweijahresbericht…«, a. a. O., S. 9.

298 Patrik Schwarz: »Nach der Macht«, in: *Die Zeit*, Nr. 47 vom 17. November 2005, S. 69.

299 Ebenda.

300 Petra Bornhöft/Frank Dohmen/Konstantin von Hammerstein/Wolfgang Reuter: »In der Grauzone«, in: *Der Spiegel*, Nr. 38, vom 13. September 2004, S. 22 f.

301 »Die Autoindustrie hat einen neuen Cheflobbyisten«, in: *Welt Online*, vom 26. März 2007.

302 »Schröder und Co. gut versorgt«, in: *manager-magazin.de*, vom 16. November 2007.

303 *Wolfgang K. Albrecht-Schoeck*, in: *Der Spiegel*, Nr. 1 vom 3. Januar 2005, S. 12.

304 Christian Esser, Herbert Klar, Dana Nowak, Ulrich Stoll: »Angereicherte Diäten – Die Nebeneinkünfte der Politiker«, in: *Frontal 21*, vom 11. Januar 2005.

305 Quelle: Internetseite des Bundestags, Stichwort »Abgeordnete«.

306 Stufe 1 umfasst einmalige oder regelmäßige monatliche Einkünfte von 1000 bis 3500 Euro, Stufe 2 bis 7000 und Stufe 3 über 7000 Euro.

307 »Auskunft über Einkünfte verärgert Politiker«, in: *Spiegel Online*, vom 5. Juli 2007.

308 Internetseite *www.nebeneinkuenfte-bundestag.de.*

309 Hans Herbert von Arnim: »Gastkommentar: Diener zweier Herren«, in: *Financial Times Deutschland,* vom 13. Januar 2005, S. 26.

310 Ebenda.

311 Internetseite *www.nebeneinkuenfte-bundestag.de.*

312 Siehe dazu Karsten Mause: »Die Nebentätigkeiten der Bundestagsabgeordneten: Was offenbaren die veröffentlichten Daten?«, Europäische Akademie Bad Neuenahr-Ahrweiler, Januar 2008.

313 Wolfgang Ismayr, a. a. O, S. 167.

314 BverfGE 80, 188, 221, zitiert in: Wolfgang Ismayr, ebenda.

315 Bei den Rechtsanwälten weiß man das ja wegen der Schweigepflicht nicht so genau.

316 »Herzog wettert gegen dilettantische Politiker«, in: *Spiegel Online,* vom 15. April 2008.

317 »Die Absahner: Extra-Millionen für Pleitebanker«, in: *Monitor,* Nr. 585 vom 6. November 2008.

318 »Bittsteller im Privatjet«, in: *sueddeutsche.de,* vom 20. November 2008.

319 »Misserfolg garantiert«, in: *sueddeutsche.de,* vom 3. November 2008.

320 Ebenda, S. 53.

321 Zitiert in: Internetseite *Evangelische Kirche im Rheinland,* vom 17. Juni 2005.

322 Volkswirt Hans Tietmeyer war unter anderem von 1982 bis 1989 Finanzstaatssekretär und von 1993 bis 1999 Bundesbankpräsident.

323 Kai-Hinrich Renner:»›Florida-Rolf‹ und Bohlens Lebensbeichte: zum Agenda-Setting der ›Bild‹«, in: Bundeszentrale für politische Bildung, Dezember 2003.

324 Hans Magnus Enzensberger: »Die vollkommene Lehre. Das Nullmedium oder: Warum alle Klagen über das Fernsehen gegenstandslos sind«, in: *Der Spiegel,* Nr. 20 vom 16. Mai 1988. S. 234–244.

325 Lisa Wandt: »Treibhaus Berlin«, in: *Tagesspiegel.de,* vom 11. Oktober 2007.

326 Franz Walter: »Die Regierung, die niemand will«, in: *Spiegel Online,* vom 29. Juli 2008.

327 André Brodocz: »Die souveränen Deuter«, in: Hans Vorländer (Hrsg.): *Die Deutungsmacht der Verfassungsgerichtsbarkeit.* VS-Verlag, Wiesbaden 2006, S. 95.

328 Ernst-Wolfgang Böckenförde: *Staat, Gesellschaft, Freiheit.* Suhrkamp, Frankfurt am Main 1976, S. 60.

329 »Demokratie als Regierungsform«, Umfrage von Infratest dimap, in: *Monitor Special,* vom 8. Januar 2008.

330 Milton Friedman, Capitalism and Freedom, Chicago und London 1962, S. 14.

331 »Die Affäre Fischer oder: Der Aufstand der Diplomaten«, in: *Monitor,* Nr. 531 vom 7. April 2005.

332 Heribert Prantl: »Sozialismus im Grundgesetz«, in: *sueddeutsche.de,* vom 10. Oktober 2008.

333 Angela Merkel: »Das Prinzip individuelle Freiheit«, in: *Financial Times Deutschland,* vom 29. Januar 2005, S. 26.

334 »Nach dem Bankrott« in: *Die Zeit,* Nr. 46 vom 6. November 2008, S. 53.

335 Franz Walter: »Im Herbst der Volksparteien«, in: *Spiegel Online,* vom 21. Januar 2009.

Personenregister

Thomas Wieczorek

Die verblödete Republik

Wie uns Medien, Wirtschaft und Politik
für dumm verkaufen

So wenig Niveau war nie! Selbst Qualitätsmedien berichten
ausführlich und mit Hingabe über platteste Boulevardthemen,
während kritische Politsendungen im Nachtprogramm verschwinden.
Gleichzeitig wird mit strategisch geplanten und systematisch
inszenierten Kampagnen gezielte Desinformation betrieben –
so lange, bis alle der Botschaft glauben, die durch vermeintliche
Experten in die Köpfe gestreut wird.

Thomas Wieczorek deckt die Auswüchse und Abgründe der
Massenverblödung auf. Und er geht der Frage nach: Wer sind
die Drahtzieher im Hintergrund? Und welches Ziel verfolgen
sie?

Dieses Buch ist Aufklärung im besten Sinne –
für alle, die sich das Selberdenken nicht verbieten lassen!

Knaur Taschenbuch Verlag